Was ist Film
Peter Kubelkas Zyklisches Programm im Österreichischen Filmmuseum

Stefan Grissemann, Alexander Horwath, Regina Schlagnitweit (Hg.)

Mit Texten von Harry Tomicek, Stefan Grissemann, Thomas Korschil

und einem Gespräch mit Peter Kubelka

Österreichisches Filmmuseum
SYNEMA – Gesellschaft für Film und Medien

Ein Buch von SYNEMA ☰ Publikationen
Was ist Film. Peter Kubelkas Zyklisches Programm im Österreichischen Filmmuseum
Band 14 der FilmmuseumSynemaPublikationen

Grafisches Konzept, Gestaltung und Produktion: Gabi Adébisi-Schuster, Wien
Organisation: Regina Schlagnitweit
Druck: REMAprint
Gedruckt auf Forest-Stewardship-Council-zertifiziertem Papier
Verlags- und Herstellungsort: Wien
Coverfoto: Peter Kubelka, *Schwechater*

ISBN 978-3-901644-36-8

Das Österreichische Filmmuseum und SYNEMA – Gesellschaft für Film & Medien
sind vom Bundesministerium für Unterricht, Kunst und Kultur – Abteilung V/3 FILM
sowie von der Kulturabteilung der Stadt Wien geförderte Institutionen.

Inhalt

Vorwort

Film. Was Film ist, lässt sich nur im Kino erfahren. Und es lässt sich besprechen, aushandeln, zerlegen, nicht jedoch festmachen im Sinne einer Festung. Seit 1996 zeigt das Österreichische Filmmuseum Peter Kubelkas Programmzyklus *Was ist Film:* eine Filmgeschichte in Beispielen. Keine Festung, kein Kanon, kein Ranking der »besten« Filme – aber ein Statement. Das vielleicht radikalste, am stärksten zu den Wurzeln gehende Programm-Statement unter jenen, die das Medium Film grundsätzlich und umfassend zu definieren suchen: von mehrjährigen Zyklen im Museum of Modern Art der 30er und 40er Jahre (die »wichtigsten Filme der Filmgeschichte«) über das *Essential Cinema*, das die Anthology Film Archives ab 1970 zu entwerfen trachteten, bis hin zur revolvierenden *Magical History Tour* im Berliner Arsenal-Kino seit dem Jahr 2000. *Was ist Film* unterscheidet sich von diesen und ähnlichen Programmen zuvorderst durch die vehemente Selbstverständlichkeit, mit der Kubelka den *unabhängigen, nicht-industriellen Film* ins Zentrum gestellt hat: Filme, deren Macher nicht unter die Rubrik »Regie:« fallen, sondern das jeweilige Werk *in seiner Gesamtheit* verantworten.

Buch. Der vorliegende Band stellt den Versuch dar, das 63-teilige Programm von *Was ist Film* auf nicht-kinematografischer Ebene zu dokumentieren. Er soll dazu dienen, jenen, die sich ernsthaft mit Film beschäftigen (oder gerade damit beginnen), Anknüpfungspunkte jenseits der Kinoerfahrung zu geben. Das Gespräch zum Auftakt wiederum dokumentiert das Misstrauen des Kurators gegen derartige Vermittlungsschritte. Wie im Zyklus selbst stehen also auch hier Dokumente, die nicht auf ein und dasselbe hinauslaufen, neben- oder gegeneinander.

Texte. Der Versuch, etwas in Sprache zu überführen, das sich jenseits der Sprache ereignet: unmöglich. Und dennoch – als Annäherung: Vorschläge von Harry Tomicek, Stefan Grissemann und Thomas Korschil, wie man diese Werke nach der Anschauung im Kino weiterdenken (oder sich an sie erinnern) könnte. Manchmal sind die Vorschläge emphatisch, manchmal ganz sachlich, in jedem Fall suchen sie ihr Terrain jenseits der Filmkritik und der Filmwissenschaft. Sie beruhen auf »Foyertexten«, die von den drei Autoren in den Jahren 2005 bis 2007 zu den Dienstag-Vorführungen des Zyklischen Programms verfasst wurden. In zahlreichen Fällen waren diese Texte ursprünglich um ein Vielfaches länger und sind für dieses Buch von den Herausgebern bzw. Autoren bearbeitet worden. Einige Langversionen werden künftig online, auf www.filmmuseum.at, verfügbar sein.

Illustrationen. Etwas in statischen Bildern zu repräsentieren, das sich in der Bewegung ereignet: unmöglich. Und dennoch – als Annäherung: der Versuch, visuelle Erinnerungsstützen zu bieten, Bezugnahmen zu erleichtern. Anders als beim kommerziellen Kino sind vom unabhängigen Film verhältnismäßig wenige fotografische Referenzbilder in Umlauf. Wir haben daher versucht, den Bestand solcher Fotografien etwas zu erweitern. Es handelt sich insgesamt um unterschiedliche Bildtypen. Zumeist sind es Einzelkader und Bildfolgen, die den Filmstreifen selbst entnommen wurden, aber das Buch enthält auch Standfotos, die während der Dreharbeiten zu Publicity-Zwecken entstanden sind. Die Vielfalt und jeweiligen Charakteristika der Bilder verdanken sich dieser unterschiedlichen Herkunft.

Credits. Die knappen Angaben zu den einzelnen Werken und Programmen folgen Peter Kubelkas Festlegung. Dies betrifft die Nennung bzw. Nichtnennung von Beteiligten am Produktionsprozess, aber auch technische Aspekte wie die für *Was ist Film*-Vorführungen gewählte Projektionsgeschwindigkeit bei Stummfilmen. Im Anhang des Buches findet sich ein Index der im Zyklus vertretenen Künstler/innen mit Lebensdaten und kurzen Werk- bzw. Literaturhinweisen.

Teamwork. Unser Dank gilt an allererster Stelle Peter Kubelka, der uns trotz expliziter Vorbehalte gegen die Verschriftlichung und »Verbildlichung« seiner Filmprogramme freundlich und tatkräftig zur Seite stand und die Entstehung dieses Buches bis hin zur Feinjustierung der Fotos begleitet hat. Weiters danken wir Harry Tomicek und Thomas Korschil sowie den Mitarbeiter/innen des Filmmuseums, die in ihren jeweiligen Arbeitsbereichen zum Gelingen des Projekts beigetragen haben – vor allem Roland Fischer-Briand, Richard Hartenberger, Adelheid Heftberger, Eszter Kondor, Walter Moser, Edith Schlemmer, Georg Wasner und Florian Wrobel. Unser Dank gilt auch dem Filmclub 64, Michael Rausch-Schott, der sein Kubelka-Fotoporträt zur Verfügung stellte, und Gabi Adébisi-Schuster, der Grafikerin der FilmmuseumSynemaPublikationen, die das Kriterium der Benutzbarkeit eines Buches stets mit den Freuden der Anschauung zu vereinen weiß. Was die Macher/innen der rund 300 Filme betrifft, die in diesem Band dokumentiert sind, ist »Dank« kaum der geeignete Ausdruck. Das Buch soll ein Beitrag zu ihrer Würdigung sein: der Anerkennung ihrer beispielhaften Leistungen für den Film.

Stefan Grissemann, Alexander Horwath,
Regina Schlagnitweit, September 2010

»Keinesfalls durch das Sieb der Sprache«

Was soll Was ist Film *sein? Zur Konzeption des Zyklischen Programms*

Peter Kubelka im Gespräch mit Stefan Grissemann

In Vorbereitung dieses Buches stießen wir auf ein Problem: auf Ihre grundsätzlichen Vorbehalte gegen eine Diskussion oder Kommentierung der in Ihrem Programm »Was ist Film« präsentierten Arbeiten. Was stört Sie daran, über die von Ihnen gewählten Filme zu sprechen?

KUBELKA: Die Idee der Erläuterung oder gar Erklärung dieser Filme widerspricht meinem eigentlichen Vorsatz: Die Werke selbst sollen als Argumente und Beispiele stehen, *für sich*. Ich bin dagegen, dem Betrachter schon vorab zu erklären, was man in diesen Arbeiten sehen sollte. Ich denke, das Filmmuseum ist für Leute da, die ihr Leben dieser Kunst widmen wollen, die also Filmmacher werden wollen oder dies schon sind, sowie für Leute, die den Anspruch erheben, die Filme in ihrer originalen und möglichst reinen Form vermittelt zu bekommen. Das heißt: ohne Untertitel, ohne Synchronisation, in originaler Vorführgeschwindigkeit, im originalen Bildausschnitt und im Fall von Stummfilmen ohne Musik.

In Ihren Vorträgen, die Sie üblicherweise mit vielen Filmbeispielen bestücken, kommentieren und vermitteln Sie die einzelnen Arbeiten doch auch. Warum sind Sie in jenen Fällen nicht gegen Erläuterungen?

KUBELKA: Meine Filmvorträge kann man besuchen, man muss es aber nicht. Einerseits zu hören, was jemand gerade zu sagen hat, andererseits aber die 63 Programme des Zyklischen Programms ständig interpretiert zu haben, ist ein großer Unterschied. Ich will diese Filme sehen, wie sie sind. Wie sie gefunden wurden. Jeder Film ist auch ein Objekt der Archäologie.

Wenn ich Sie richtig verstehe, wenden Sie sich gegen eine Festschreibung bestimmter Interpretationen, nicht aber gegen performative, gesprochene Darstellungen? Ihre Vorträge haben etwas Flüchtiges, sind nur live so erlebbar und dann nie wieder.

KUBELKA: Genau. Würde ich nun für dieses Buch jeden Film kommentieren, könnte man das als bindendes Urteil desjenigen empfinden, der dieses Programm zusammengestellt hat, als Interpretation ex cathedra. Das möchte ich vermeiden; und ich möchte es übrigens auch vermeiden, dass die Filme von jemand anderem kommentiert werden. Es war immer mein Anliegen, gegen die heutige Diktatur der Sprache zu verdeutlichen, dass es eine Fülle anderer Medien gibt, die man, wenn sie einen harten Kern haben, der durch kein anderes Medium ersetzt werden kann, keinesfalls durch das Sieb der Sprache schicken darf. Denn dann wäre alles, was darin nicht hängen bleibt, einfach weg. Das Wesentliche an den Filmen dieser Auswahl ist gerade das, was mit Sprache oder irgendeinem anderen Medium nicht erreicht werden kann: der *harte Kern* des Films – das, was ihm seine Berechtigung als autonome Kunstgattung verschafft.

Aber auch dieses Buch ist doch nur ein Angebot, das niemand in Anspruch nehmen muss. Man kann die Filme des Zyklischen Programms ja problemlos weiterhin sehen, ohne das Buch dazu je zur Hand zu nehmen. Niemand wird zur Lektüre verurteilt. Aber jemand, der beispielsweise Probleme damit hat, die Filme des Gregory Markopoulos zu verstehen, hat damit die Möglichkeit, sich zusätzliche Informationen zu holen.

KUBELKA: Das ist ja gerade, was ich vermeiden will. Wenn einer den Markopoulos nicht zu verstehen glaubt, kann er sich ihm durch wiederholtes Sehen der Filme nähern. Er soll auf dem Wege des Filmlesens zu einem Verständnis kommen – und eben nicht durch eine sprachliche Erklärung, die das Wesentliche nicht vermitteln kann. Mir war stets wichtig, bei meinen eigenen Vorträgen auf die Zusammenstellung der Filme zu achten: Welche Arbeiten werden da nebeneinander gestellt? Das Modell für meine Programme ist die Filmmontage. Jedes Element reagiert auf das Nachfolgende und das Vorhergegangene.

Was entsteht in der Kombination? Mehr als die Summe der Einzelteile?

KUBELKA: Das ist das alte Prinzip der Metapher. Es bedarf immer der Verbindung zweier Teile, um etwas auszudrücken: zweier Wörter, zweier Noten, zweier Linien, zweier Meinungen, zweier Einzelbilder – oder eben zweier Filme.

Sie plädieren für die Praxis und erklären der Theorie eine Absage.

KUBELKA: Ja. Ein Beispiel: Man erklimmt einen Berg, ohne Sauerstoffflasche, und erreicht den Gipfel. Ein Zweiter fährt mit der Seilbahn dorthin. Nun ist das natürlich derselbe Berg, und beide Menschen erfreuen sich an der Spitze. Aber erlebt haben die beiden zwei völlig verschiedene Berge: einen leichten Seilbahnberg im einen Fall, der keine körperlichen Wirkungen ausübt und den man daher gleich wieder vergessen hat, dagegen einen erklommenen Berg im anderen Fall, der Todesrisiken birgt, zu Erschöpfungszuständen führt und so zu einem wichtigen Teil des Lebens werden kann. Genauso ist es mit dem Sehen von Filmen, die man zunächst vielleicht nicht versteht. Diese Filme sind keineswegs dunkel, unverständlich oder menschenfern. Sie zu begreifen bedarf nicht einmal so viel Kenntnis, wie es etwa braucht, um Fußball verstehen zu lernen, wenn man bedenkt, dass diese Fußballdoktoren ja Tausende Stunden ihres Lebens damit verbringen! Nur in der Kunst stellt man immer den Anspruch, es müsse sich gleich beim ersten Mal alles vermitteln. Nun muss sich natürlich nicht jeder Zuschauer gleich an die Berge heranwagen, die im Zyklus vorhanden sind – aber all jenen, die das doch wollen, sollte man dazu Gelegenheit in der bestmöglichen Form bieten. Ich empfehle ja auch, sich nicht nur *einige* dieser Filme, sondern *alle* Filme der Serie anzuschauen.

Was will das Zyklische Programm leisten?

KUBELKA: Es definiert durch Beispiele – und eben nicht durch beigelegte sprachliche Erläuterungen – den Film als eigenständige Kunstgattung, das heißt: Die nicht-ersetzbaren Teile, die kein anderes Medium erreichen kann, werden zu Werkzeugen, die neue Denkweisen vermitteln. Der Begriff des Werkzeugs ist mir da wichtig, denn die Evolution der Menschheit ist nicht durch abstraktes oder bewegungsloses Denken entstanden. Sie ist durch Werkzeuge, durch Medien entstanden. Zum Beispiel hatten die Steinwerkzeuge in der Altsteinzeit großes Gewicht, sie waren oft mehrere Kilo schwer. Dann aber kam der Moment, da die Menschheit technisch imstande war, kleinere und leichtere Werkzeuge herzustellen, die bestimmten Tätigkeiten speziell angepasst wurden. Das erst machte es möglich, dass die Menschen in Gegenden zogen, wo es die großen Steine nicht gab. Die Eroberung des europäischen Nordens nach dem langsamen Zurückweichen des Eises etwa 8000 vor Christus wurde erst möglich durch einen Fortschritt im Werkzeugbau. Man sieht also: Das Werkzeug ist das Instrument, womit wir die Welt erfahren. Und wir erfahren die Welt schon lange nicht mehr nackt, alles ist vermittelt. Wir glauben, dass wir eine Wirklichkeit vor uns haben, aber diese Wirklichkeit ist aus Mediennachrichten gebaut. Die Leute sagen nicht, ich will neue Ideen sehen, sie sagen nicht einmal, dass sie zum Beispiel eine Liebesgeschichte sehen wollen; sie sagen nur: Gehen wir ins Kino! Während andere wieder sagen: Gehen wir ins Theater! Das Medium diktiert die Erziehung und die Evolution.

Wenn Sie nun sagen, es werde niemand dazu verurteilt, dieses Buch zu lesen, stimmt das zwar; aber jeder *kann* es lesen. Und da gibt es das alte Gesetz: Was sein *kann*, passiert auch. Man sieht das gerade an der Trennung des Bildton-Mediums in Film und Digitalvideo. Der Film ist durch seinen Defekt, dass er nur in der Dunkelheit funktioniert, an das Filmereignis gebunden. Das digitale Medium ist auf finstere Räume nicht angewiesen. Es funktioniert überall, sogar auf winzigsten Bildschirmen, auch auf einer Armbanduhr. Dort sieht man nun, sagen wir, *Zemlja* von Dovženko in Armbanduhrgröße, und wenn man keine Zeit mehr hat, knipst man es aus, fängt später wieder an oder lässt es überhaupt bleiben. Man kann auch unter der Dusche, auf der Toilette Filme sehen; überall ist dieses dienstbare Material vorhanden. Dazu kommt noch etwas: Die digitale Welt, die gerade aufblüht – und ich bin im Übrigen nicht gegen sie, nur für den *Unterschied* –, bietet plötzlich die Möglichkeit, Filme auch gesendet zu bekommen und sie zu bearbeiten! Das beginnt bei der Formatgröße. Die neuen breiten Fernsehschirme sind ein Objekt der Begierde, jeder muss die sofort haben – aber es gibt kaum noch Filme, die dafür gemacht sind. Also werden alle existierenden Filme aufs passende Format gebracht, indem man entweder oben und unten Bildteile beschneidet oder das Bild grotesk in die Breite dehnt. Das wird von den Endverbrauchern tatsächlich gemacht: damit sie den teuren Schirm voll haben.

Woher wissen Sie, was die Konsumenten mit den Filmen tun?

KUBELKA: Ich habe das mit eigenen Augen gesehen, in Sport-Bars oder anderen Lokalen, in denen nebenbei das Fernsehen läuft.

Das wäre echte Kulturarmut: Wir benutzen die Kunst nur, um unsere Bildschirme voll zu kriegen.

KUBELKA: Man muss die Kunst unsentimental sehen. Es ist ganz einfach so: Weil es möglich ist, wird es gemacht. Und der Fernsehapparat ist eben schwerer und bedeutender als der einzelne Film, der da durchflitzt. Deshalb wird der angepasst. Ich sehe ja selbst gern fern, und ich besitze ein Gerät, auf dem ich jedes Format einstellen kann: 16:9, 14:9, aber auch klassisches Format. Jetzt stellt sich heraus, dass die Fernsehsender die meisten Filme schon beschnitten senden! Ich kriege also schon einen Film, den ich gar nicht mehr bearbeiten kann, obwohl mein Fernseher dies ermöglichen würde. In den digitalen Archiven bleiben oft nur noch die beschnittenen Versionen über. Jede Änderung der Bildschirmgrößentradition siebt die Filmgeschichte neu durch und produziert einen immensen Verlust. Das liegt eben daran, dass der Film im digitalen Bereich schlecht aufgehoben ist; dort gehört er nicht hin. Diesen Unterschied muss ein Filmmuseum daher polemisch betonen und verteidigen. Dort muss das Medium in seiner besten Form verteidigt werden. Wer Untertitel will, sollte woanders hingehen, in ein kommerzielles Kino zum Beispiel. Untertitel können aus Zeitmangel ja gar nicht den ganzen Dialog wiedergeben. Sie sind bloß eine Art erläuternde Zusammenfassung.

Kommentare zu den gezeigten Arbeiten gab es in den Filmmuseums-Faltprogrammen doch immer, auch als Sie das Haus noch leiteten.

KUBELKA: Das kam nicht von mir. Darauf bestand mein Kompagnon, Peter Konlechner.

Und Sie meinen jedenfalls, das Buch zum Zyklischen Programm sei kein Angebot, sondern eine Verordnung?

KUBELKA: Natürlich. Das wird, wenn es schon da liegt, jeder in Anspruch nehmen. Man holt sich das Buch und liest vorher durch, was man sehen wird. Deshalb will ich an dieser Stelle eines deutlich sagen: Ich ersuche dringend darum, die Kommentare zu den einzelnen Filmen erst *nach* dem Filmerlebnis zu lesen. Auf keinen Fall vorher!

Noch einmal gefragt: Wieso sind Sie so radikal gegen die sprachliche Vermittlung komplexer filmischer Arbeiten?

KUBELKA: Ich bin nicht gegen Vermittlung. Ich betreibe sie ja selbst oft, auch zu meinen eigenen Filmen. Ich meine aber, dass das Filmmuseum jene Menschen bevorzugen sollte, die diese Werke in ihren originalen Formen und unkommentiert sehen wollen. Es ist ja so, dass die sprachliche Vermittlung epidemisch um sich greift. In den Galerien wird zu jeder Ausstellung ein Buch publiziert, es werden Führungen gemacht und Referate gehalten: *Alles* wird vermittelt.

Sie meinen, die Vermittlung verdränge das Eigentliche?

KUBELKA: So ist es. Sie überdeckt das Eigentliche und nimmt ihm die Möglichkeit, für sich selbst zu sprechen. Es entsteht die auf Sprache beruhende Illusion von Verständnis. Musik kann man nur durch Hören verstehen. Speisen nur durch Essen. Film nur durch Film.

Ihre Erzählungen zu den von Ihnen gewählten Filmen wären doch auch Archäologie, denn Ihr Zyklisches Programm ist ja sehr autobiografisch. Man muss sich doch nicht durch jede Geschichte schon in seiner Rezeption gegängelt fühlen. Ist es nicht auch eine Art Gängelung, wenn man dem Zuschauer untersagt, sich über bestimmte Filme zu informieren?

KUBELKA: Das wäre es wohl, aber das geht ja ohnehin nicht. Man kann immer irgendwo nachschauen, in anderen Büchern Erkundigungen einziehen.

Dann bliebe aber jeder Film bei seinem schmalen, bereits existierenden Beschreibungskanon. Bietet ein Buch wie das vorliegende nicht auch die Chance auf Verbreiterung dieses Kanons?

KUBELKA: Schon, es gibt aber auch Filmmacher, die sich vehement gegen jede Interpretation ihrer Filme von außen verwehren – gerade Markopoulos zum Beispiel. Das habe ich immer respektiert. Sehen Sie, ich habe nicht viel dagegen, wenn sich jemand Gedanken über die Filme im Zyklischen Programm macht und historische Informationen zusammenträgt. Ich will nur nicht *selbst* als Kommentator dieser Filme auftreten. Gern jedoch erläutere ich das in einer Art Vorwort, in einem vorangestellten Gespräch über das Programm.

Was wir gerade tun. Übrigens: Wieso weist der Titel zur Reihe »Was ist Film« kein Fragezeichen auf?

KUBELKA: Weil dieser Titel eine polemische Behauptung ist. Sie besagt, dass ich mit den üblichen Filmgeschichten nicht einverstanden bin – und dass der Zyklus den Film definiert.

Es geht also auch um die Ambivalenz zwischen Behauptung und Frage.

KUBELKA: Genau. Denn wenn man den Zyklus sieht, wird die Frage ja beantwortet. Die Frage wird so zur Behauptung. Die Auswahl war übrigens nicht leicht zu machen, weil viele Filme seinerzeit gar nicht zugänglich waren. Da musste ich realistisch sein. Die hier vertretenen Filme sind nicht die *besten Filme aller Zeiten* und auch nicht die einzigen, die das Medium als unabhängige Kunstgattung definieren können. Aber sie haben alle eines gemeinsam: Jeder dieser Filme sagt etwas über die Welt, das von keinem anderen Medium mitgeteilt werden kann. Wenn man das filmische Medium ausradierte, entstünde dem kollektiven Gedächtnis der Menschheit ein schwerer Schaden.

Zur Vorgeschichte des Zyklischen Programms: Sie haben im Pariser Centre Pompidou bereits Mitte der siebziger Jahre etwas Ähnliches, allerdings weniger Umfangreiches versucht.

KUBELKA: Pontus Hultén, der Gründungsdirektor des Centre Pompidou, hatte mich beauftragt, eine Filmsammlung fürs Haus zu initiieren. Es verstand sich von selbst, dass sie jenen Arbeiten gelten würde, die der Bildenden Kunst nahe standen. Ich stellte ein Eröffnungsprogramm zusammen – und da spielten durchaus filmpolitische Argumente hinein. Ich habe mich übrigens immer als politischen Filmmacher gesehen, aber sehr entschieden *nicht* als einen, der soziale oder Parteienpolitik macht. Ich wollte ein Politiker sein, der den Film verteidigt.

In dieser Hinsicht sind Sie parteiisch.

KUBELKA: Ja, und ich will den Film als Phänomen insbesondere in dieser Zeit des Umbruchs in seiner Form herausarbeiten. Ich will, dass man irgendwo die Möglichkeit hat, sich anzuschauen, was Film wirklich ist. Mit dem Digitalen ist eine ungeheure Umwälzung im Gang. Man muss Film und Video heute streng voneinander absetzen, damit das eine nicht vom anderen verschlungen wird. Es darf da kein fließender Übergang zugelassen werden. Man kann Filme nicht einfach digitalisieren und glauben, sie blieben im Wesentlichen, was sie sind. Das tun sie eben nicht. Denn es gibt keine abstrakten Ideen und keine abstrakten Inhalte. Man kann sich vom Material nicht lösen. Es gibt *nur* Material. Es gibt Skulptur, Sprache, Musik, Mathematik: Die Zahlen allein gibt es nicht. Entweder stehen sie auf einem Papier, oder sie sind im Hirn gespeichert, oder sie werden ausgesprochen. Es gibt nichts Körperloses.

Was wäre dann mit Begriffen wie Glaube, Liebe, Hoffnung?

KUBELKA: Glaube, Liebe und Hoffnung sind auch erschaffen durch Musik, durch Literatur oder andere Medien. Filmmuseen bewahren nicht Inhalte, nicht die Geschichten der Filme, sondern Blechdosen mit Filmstreifen drin. Wenn diese verloren gehen, gibt es keine Filmgeschichte mehr. Deshalb bin ich so vehement gegen die Übertragung von Filmen in andere Medien. Man muss die Werke so sehen, wie sie geschaffen wurden. Nehmen wir das Kunsthistorische Museum in Wien: Dort hängt etwa das »Pelzchen« von Rubens, und das ist dasselbe Bild, das Rubens persönlich hergestellt hat, dessen Leinwand und Rahmen er tatsächlich in Händen hatte.

Auch wenn es sich im Lauf der Jahrhunderte verändert hat: Es wurde dunkler, bekam Risse – und der Rahmen ist möglicherweise in der Zwischenzeit auch schon ausgetauscht worden.

KUBELKA: Natürlich: Das Werk ist älter geworden. Aber es ist *als Bild* noch vorhanden. Der Kunstdruck dagegen ist eine Wiedergabe des Bildes, die nun allerhand neue Möglichkeiten eröffnet: Man kann das Bild des »Pelzchens« beispielsweise in Briefmarkengröße reproduzieren. Man kann eine Postkarte daraus machen oder ein Kunstbuch damit füllen.

Oder sich aus dem Sujet eine Fototapete für daheim machen.

KUBELKA: Man kann es auch in natürlicher Größe reproduzieren. Aber nichts davon würde, wenn das Original verloren gegangen wäre, es noch gestatten, Rubens und seine Malerei zu studieren. Ich hörte in Amerika einmal die Vorlesungen eines Kunstprofessors, der Malerei spannend besprach. Keiner der Studenten hatte die Gemälde, von denen er dozierte, je gesehen – die hingen alle in europäischen Museen. Der Professor zeigte die Arbeiten also als Diapositive. Das verwandelte seine Vorlesungen aber in einen Scherz. Denn die Dias waren natürlich alle gleich groß, so war Boschs »Garten der Lüste« plötzlich nicht größer als ein Holbein-Porträt. Da konnte man spüren, dass etwas ganz Entscheidendes fehlte: nämlich die Präsenz des Objekts, um das es ging. Dasselbe gilt für Live-Orchestermusik. Wenn man Beethovens Neunte im Konzertsaal hört, wie sie von 240 Ausführenden intoniert wird, und das dann mit einer Aufnahme derselben Symphonie vergleicht, die man sich am Handy anhört, ist diese Differenz sofort klar. Zu Beethoven daheim kann man kommen und gehen, kann nebenbei auch Zähneputzen oder bügeln.

Man könnte nun einwenden, dass der Film, im Unterschied zur Malerei, ja kein Original hat.

KUBELKA: Na, doch: Jedes Negativ, jede Filmkopie ist ein Original! Bei der alten Fotografie kam man – aus Geldgier – zuerst drauf: Als die Fotos in den Kunsthandel kamen, wollte man gute Preise. So erkannte man, dass sich die alten Kopien, die auf altem Papier und mit alter Chemie erstellt worden waren, von den neuen Reproduktionen massiv unterschieden, denn das frühere Verfahren konnte viel mehr Grau- und Zwischentöne darstellen. So kommt es, dass von bestimmten alten Fotos oft nur noch jeweils ein »Original« aus der Zeit seiner Entstehung existiert, denn rekonstruieren kann man die alte Fotoentwicklung nicht mehr. Dazu kommt die wirklich grauenhafte Wirklichkeitsferne des digitalen Bildes im Fernsehen. Es glänzt und glitzert und verändert das Sehen der so genannten Wirklichkeit. Da es eine *objektive* Wirklichkeit nicht gibt, verändert diese aufgedonnerte Vision unser Konzept von »Wirklichkeit«. Die Erhaltung der Einheit jenes Materials, in dem ein Werk geschaffen wurde, ist daher so bedeutend.

Sie kämpfen also, was das Kino betrifft, nicht um das jeweilige Original eines Films, das hätte ja keinen Sinn, sondern um das Originalmedium. Die Kopie Ihres Films Unsere Afrikareise, *die gerade jetzt irgendwo auf der Welt gezeigt wird, hatten Sie – anders als Rubens sein Gemälde – nie selbst in der Hand.*

KUBELKA: Das stimmt, aber das ist ein gradueller Unterschied, kein prinzipieller. Auch alte Fotos und alte Filme sind in gewissem Sinne Originale, weil sie unersetzlich geworden sind. Die Abgrenzung der Medien voneinander findet erst dann statt, wenn ein neues Medium sich von dem älteren absetzt. Davor nimmt man sein Medium nicht als einzigartig wahr, nur als normal. Die musikalische Notenschrift wurde erst entwickelt, als nicht mehr alle wussten, wie es richtig geht. Die früheste Notenschrift, die Choralnotation, drückt nur Teile der Musik aus: Wenn man nicht weiß, wie der Choral üblicherweise gesungen wird, kann man es der Notation auch nicht entnehmen. Das musste man damals aber nicht extra notieren, denn das wusste einst jeder. Erst durch das Digitale erhält nun der Film seine Abgrenzungen, seine konkrete Form.

Das Neue zwingt das Alte zu alternativer Entwicklung. Die Fotografie hat der Malerei einen gewaltigen Schub versetzt. Und das Theater musste sich unter dem Druck des Kinos auch erst neu konfigurieren.

KUBELKA: Richtig. Aber das eine schluckt das andere nicht einfach. Wie oft wurde das Theater seit 1900 für tot erklärt? Wie oft die Malerei? Darauf stütze ich meine Behauptung, dass auch der Film eine Zukunft haben wird – und ich setze da mein gesamtes filmisches Werk ein. Ich verweigere die Übertragung meiner Filme ins Digitale. Das Risiko ist mir bewusst.

Sie könnten mit digitalen Kopien Ihrer Filme einiges verdienen.

KUBELKA: Ja, und ich würde mir einen Platz in den universitären Unterrichtsprogrammen sichern, den ich ohne verfügbare DVD nicht habe. Film wird ja praktisch nur noch mit digitalen Mitteln unterrichtet, weil das viel bequemer ist. Kaum eine Filmabteilung der Welt projiziert noch Filme! Ich habe schon Kongresse der Internationalen Vereinigung der Filmarchive erlebt, wo man ausschließlich mit digitaler Projektion arbeitete! Ich nahm also Filmprojektoren mit, um die Kollegen daran zu erinnern, dass auch Schmalspurfilme in ihrer Weise unvergleichlich sind. Denn sie leisten Dinge, die das industrielle Kino mit seinen viel zu großen Kameras nie leisten könnte.

Es ist von seinem Luxus behindert. Günter Zehetners Super-8-Privatkino hat seine ganz eigene Virtuosität.

KUBELKA: Ja. Die Hauptforderung meines Unterrichts in Frankfurt war immer, dass man, wenn man Super-8-Filme dreht, keine Imitationen von Spielfilmen oder auch nur 16mm-Filmen herstellen dürfe. Die kleinen Filme müssen etwas können, was die Größeren nicht zuwege bringen. Sonst sind sie tatsächlich minderwertig.

Sie differenzieren also nicht nur zwischen analogem und digitalem Film, sondern auch zwischen den Filmformaten?

KUBELKA: Natürlich. Jedes Format hat seine eigenen Regeln. Klar, Super-8 und 16mm sind einander näher als 35mm-Film und Digitalvideo. Aber Zehetners Werke hätte man auf 16mm-Material nicht machen können. Schon weil die Kamera dafür zu schwer gewesen wäre. Dazu kommt die Frage der Kosten: Ein Film, der 200 Euro kostet, wird anders aussehen als einer, der 200 Millionen Euro kostet.

Und auch anders als einer, der nur zwei Euro kostet: Denn ein Amateurvideo kostet praktisch nichts. Damit kann man stundenlang filmen, während Zehetner sich darauf konzentrieren muss, in den knappen drei Minuten, die seine Filmrolle ihm gewährt, etwas auf den Punkt zu bringen.

KUBELKA: Da geht es um die Intensität des Herstellungsprozesses, denn das Digitale verführt zu dem Glauben, dass man, wenn man die Kamera zwei Stunden laufen lässt, schon etwas Gutes dabei sein werde. Was aber meist nicht so ist. Super-8 war, aus finanziellen Gründen, das Hauptmedium meiner Frankfurter Filmklasse. Ich wies die Studierenden an, ihre Filme nicht zu schneiden, sondern in der Kamera zu montieren. Dadurch zwang ich jeden Filmautor dazu, sich zu merken, wie seine Arbeit angefangen hatte, wie jede Einstellung aufhörte, was er ja wissen musste, wenn er daran weiterarbeiten wollte. Er musste sich also den gesamten Film, alle Szenenzeiten und Anschlüsse merken. Diese Beschränkungen steigerten die Intensität und Genauigkeit der Arbeit.

Zurück zum Centre Pompidou: Welche Programme stellten Sie damals zusammen?

KUBELKA: Ich programmierte nur die Eröffnungsveranstaltung, die aus einer Reihe von Filmabenden bestand. Damals erschien übrigens auch ein Buch dazu, in dem ich nur per Vorwort vertreten war. Ich habe mich schon damals nicht zu den einzelnen Werken geäußert. Über den Buchtitel habe ich mit Pontus Hultén energisch debattiert, mich aber leider nicht durchgesetzt: Ich wollte den Band »L'histoire du cinéma« nennen, also »*Die* Filmgeschichte«; damit wollte ich sagen, dass nicht Hollywood, nicht Pathé und nicht Cinecittà die Filmgeschichte schreiben, sondern die Arbeiten in unserem Programm! Bei dieser Behauptung bin ich bis heute geblieben. Das lässt sich mit der Literatur vergleichen: Es ist nicht Hedwig Courths-Mahler, die – trotz millionenfacher Verkäufe – die Literaturgeschichte definiert hat, es sind James Joyce, Brecht oder Musil, die einen Bruchteil dessen verkauft haben, was Courths-Mahler absetzte. Der Industriefilm ist letzten Endes auch nur ein Krieg um die Bestseller. Daher schreiben diese nicht die Filmgeschichte, das tun dann Regisseure wie Carl Theodor Dreyer.

In Ihrer Auswahl fürs Pompidou fanden sich bereits viele Filme, die heute im Zyklischen Programm laufen?

KUBELKA: Natürlich, das hatte schon große Ähnlichkeit mit meiner späteren Filmserie, aber auch mit jenen Programmen, die wir davor in den New Yorker Anthology Film Archives regelmäßig gezeigt hatten. Es gab jedoch eine Meinungsverschiedenheit zwischen Jonas Mekas und mir: Er wollte, dass *jeder* unabhängig produzierte Film in diese Sammlung kommen sollte. Damit hatte er gar nicht so Unrecht, das war eben seine Politik: Wenn damals ein Film wirklich unabhängig hergestellt worden war, konnte er nicht ganz uninteressant sein. Es gab ja ohnehin so wenige davon, weil es auch noch keine Filmdepartments an den Universitäten gab. Diese wurden dann zur Plattform für den unabhängigen Film. Und die Gewerkschaften übten ihre Diktatur aus: Stan Brakhage wurde sogar verprügelt, weil er seine Filme in einem nicht von der Gewerkschaft genehmigten Kino gezeigt hatte.

Es gab also bereits im Anthology eine Art Zyklisches Programm.

KUBELKA: Ja, das »Essential Cinema«. Darauf drängte ich, während Jonas die relativ unterschiedslose Feier des Unabhängigen bevorzugte. Wir einigten uns also darauf, *zwei* Schienen zu programmieren. Meine wurde sofort gemacht, Jonas' Filmreihe wurde erst später dazu gesetzt. Das »Essential Cinema«, das wir zwischen 1970 und 1975 zu 110 Programmen kompilierten, läuft übrigens immer noch.

Diese Kinoessenz stellten nicht Sie allein zusammen?

KUBELKA: Nein, es gab eine Jury, in der neben James Broughton, Ken Kelman und P. Adams Sitney auch Stan Brakhage, Jonas und ich saßen. Die Genese des New Yorker Programms war jener des Zyklischen Programms in Wien sehr ähnlich: Ich ging davon aus, dass wir für jemanden, der sich für die Kunstgattung Film interessiert, etwas tun müssten. Er sollte und müsste einen Ort haben, an dem ihm exklusiv Filme gezeigt würden, die das Medium als Kunstgattung vertreten könnten. Und es sollte eben nicht alles gezeigt werden. Jedes bedeutungslose Programm schreckt Interessenten ab. Das Programm sollte mit Autorität repräsentieren, was auch mein Wiener Zyklus vertritt: Filme, die *den Film* an sich definieren.

Das Essential Cinema läuft heute noch so, wie Sie es damals programmierten? Ohne Erweiterungen? Da laufen nur Filme, die vor 1975 entstanden sind?

KUBELKA: Ja, das beschlossen wir damals so. Wir wollten das limitieren; diese Auswahl reichte eben nur bis in die Siebziger – und sollte nicht mehr verlängert werden.

Die Anthology-Schiene war somit die Pioniertat. Es folgte das Centre Pompidou – und dann erst, viel später, kam das Zyklische Programm für das Filmmuseum. Wieso dauerte es gerade in Wien so lang, wo Sie doch seit 1964 schon Ihr eigenes Haus bespielten?

KUBELKA: Weil es finanziell lange Zeit nicht machbar war – und es Peter Konlechner nicht so sehr interessierte. Erst 1995, mit dem Projekt »hundertjahrekino«, konnte das Zyklische Programm realisiert werden. Hans Hurch hatte sich damals dafür stark gemacht.

Das heißt, die Idee dazu war immer da, aber sie konnte erst so spät umgesetzt werden.

KUBELKA: Es war meine Grundidee für das Filmmuseum. Auch weil mir eines ganz wichtig war: dass das ein echter *Zyklus* wird, keine versprengte Serie von Veranstaltungen. Dass sich dieses Programm stetig wiederholt, dass man einsteigen kann, wann immer es einem beliebt. Wenn sich jemand, sagen wir, zwei Jahre lang in Wien aufhält und sich intensiv mit Film befassen will, soll er im Filmmuseum alles Relevante dazu sehen können. Wer den Zyklus komplett gesehen hat, verfügt über eine Basis, hat ein Gefühl dafür, was *Film ist*. Nicht bloß eine angelesene Meinung, sondern eine echte Ansicht. So hat das Filmmuseum ja auch Generationen von Filminteressierten erzogen, die dann Filmmacher, Theoretiker oder gebildetes Publikum geworden sind. Sie wuchsen im Filmmuseum heran, mit dieser scheinbaren Arroganz, dass gesagt wird: Das ist der *Film*.

Stichwort Arroganz: Kann ein wie auch immer hochgebildetes Individuum im Alleingang die Essenz des ganzen Kinos erfassen? Müsste man dazu nicht wenigstens eine Cinephilen-Gruppe rekrutieren?

KUBELKA: Das ist die alte Frage: Demokratie oder Diktatur? Die Demokratie ist, wenn es um die Kunst geht, leider kompromissanfällig. In New York waren wir ja eine Jury, und wir hatten uns ausgemacht, es müsse in allen Belangen Einstimmigkeit geben. Das war dann aber so furchtbar, dass ich für mein weiteres Leben einen Schock davongetragen habe. Denn jeder von uns hatte Filme auf der Liste, die er unbedingt durchbringen wollte, und andere, die er gehasst hat. Nun kollidierten natürlich die Meinungen. Das war ungeheuer leidvoll: Ich erinnere mich daran, dass Brakhage wütend in den Schneesturm hinaus lief, während Sitney weinend am Küchenboden lag. Und Broughton liebte ja Cocteau über alles, wogegen wiederum ich energisch auftrat, denn ich konnte Cocteaus Arbeiten nicht akzeptieren.

Seine Filme laufen doch heute in Ihrem Zyklischen Programm.

KUBELKA: Mittlerweile hab' ich mich und meine Prinzipien auch verändert. Denn es geht mir ja nicht darum, bloß meine Lieblingsfilme zu zeigen, sondern auch jene, die ich vielleicht weniger mag, aber respektieren kann, weil sie *Film* sind. Jedenfalls war die New Yorker Jury eine so erschöpfende Erfahrung, dass ich die Auswahl fürs Pompidou und später auch für Wien allein verantwortet habe.

Sie ziehen die Kunstdiktatur der Kunstdemokratie also vor.

KUBELKA: Beides hat Vor- und Nachteile. Sicherlich wird jeder die Sammlung anders sehen als ich. Meine Auswahl ist eben *eine* Möglichkeit.

Wenn man als Zuschauer einen schlechten Tag hat, kann man im Kino bestimmten Filmen nicht gerecht werden. Halten Sie es für möglich, dass Arbeiten, die Sie nicht gewählt haben, doch eine Chance auf Ihren Kanon hätten, wenn Sie die Auswahl heute neu treffen müssten? Anders gefragt: Ist nicht jeder Kanon, den ein Einzelner vorschlägt, nur ein enger Ausschnitt aus dem eigenen Erlebten?

KUBELKA: Keineswegs soll das Zyklische Programm alles, was sich darin nicht findet, degradieren und ausschließen. Es ist ein Überblick, es sind Beispiele. Aber es ist eine Basis – und ich habe mich ja lange genug damit beschäftigt, um sagen zu können, die Auswahl ist gründlich getroffen.

Das Gegensatzpaar Fakt–Fiktion spielt in Ihrem Zyklus eine Hauptrolle. Da gibt es etwa Vertovs Kinopravda*, wo schon im Titel die Wahrheit in Anspruch genommen wird, es gibt Flahertys* Nanook of the North*, einen frühen Doku-Spielfilm. Halten Sie die Fragen, die diese Filme aufwerfen, für ein zentrales Thema des ganzen Programms?*

KUBELKA: Ja, denn ich will zeigen, dass es keine objektive Wirklichkeit gibt, aber auch, dass alle diese Filme auf je eigene Art Wirklichkeit abbilden. Auch wenn sie abstrakt scheinen, um diesen unglücklichen Begriff noch einmal zu nennen. Wenn wir ein Gemälde des abstrakten Expressionisten Jackson Pollock betrachten, stellen wir fest, dass es nicht *nichts* darstellt, sondern etwas sehr Konkretes: die Spuren des malerischen Prozesses. Das ist, was Pollock an der Welt als wichtig empfand. Sein Bild bietet daher ebenso sehr eine Weltsicht wie die Bilder der Realisten oder der Surrealisten.

Im Zyklischen Programm konfrontieren Sie Nanook *und die* Kinopravda *mit Brakhages lyrischem Familienfilm* Window Water Baby Moving. *Warum?*

KUBELKA: Um zu fragen: Welcher dieser drei Filme stellt nun die so genannte »wirkliche Welt« dar? Auch Flaherty hat Dinge rekonstruiert, die »wahr« sind, die es gibt in der Welt. Er ließ nur vor der Kamera wiederholen, was sich im Alltag seiner Helden ereignet. Sein Streben galt der Wahrheit. Es ist legitim, auf diese Weise »dokumentarisch« zu arbeiten. Sonst hätte auch die Porträtmalerei, für die man früher stundenlang Modell sitzen musste, keinen dokumentarischen Charakter. Eigentlich ist diese Posenhaftigkeit ja völlig unnatürlich. Und doch ist das eine Auseinandersetzung mit der Realität. Es gibt so etwas wie eine Augenrealität – und *daneben* gedachte Realität, politische Realität oder Situationsrealität. Wenn man das Porträt Maximilians im Kunsthistorischen Museum sieht, weiß man, dass das der Kaiser ist, ohne dass man es dazu schreiben müsste. Der Realitätsbegriff ist tatsächlich etwas, das mit dem Zyklus ins rechte Licht gerückt werden soll.

Da kann man bei Lumière beginnen.

KUBELKA: Lieber noch früher: nämlich bei der vorfilmischen Arbeit des Étienne-Jules Marey, der in seinen Fotografien die Zeit in einzelne

Bildelemente zerlegte. Genau wie das später im Film geschah, wo jede Sekunde in 24 Einzelbilder zerlegt wurde. Die Bewegung, die man zu sehen glaubt, ist nur eine Illusion; das habe ich mit meinem *Schwechater*-Film gezeigt: dass im Film 24 Informationen pro Sekunde geliefert werden können und nicht einfach nur eine Imitation des natürlichen Bewegungsvorgangs stattfindet. Marey hat auf einem Negativ die verschiedenen Phasen eines fallenden Balles oder eines springenden Menschen festgehalten, die Bewegung dabei fraktioniert, in Elemente zerteilt, aus denen man verstehen kann, was Bewegung ist.

Er weist auch darauf hin, dass ein Foto nicht so sehr ein Zeitschnitt ist als vielmehr eine – je nach Belichtungsdauer – längere oder kürzere Zeitspanne.

KUBELKA: Wenn ich sage: »Fluss«, dann ist das etwas Statisches. Der reale Fluss ist aber nicht statisch. Dagegen tritt Heraklit polemisch auf. Er sagt: Wer zum zweiten Mal in den Fluss steigt, steigt nicht mehr in denselben, denn darin fließt schon wieder anderes Wasser. Es ist nicht leicht, mit diesem Bewegungsfluss im Leben umzugehen. Goethe behauptet, sein berühmtes »Augenblick, verweile« sei unmöglich, aber de facto geht das sehr wohl – und in jedem Medium anders. Die Malerei bildet einen scheinbar statischen Maximilian ab, aber man erfährt dabei einiges über seine Beweglichkeit. Auch der Film ist seit jeher falsch definiert: Die alte Ansicht, nach der sich die Bilder auf der Retina überlappen – das eine glüht nach, während das andere schon draufprojiziert wird –, halte ich für ganz nebensächlich. Wichtig ist, dass wir die Bewegung ohnehin nur phantasieren. Wenn ich eine Hand im Bild weit oben zeige und im nächsten Augenblick schon ganz unten, erweist sich der Betrachter keineswegs als hilflos, denn er erkennt auch das als Bewegung an.

Er füllt die Lücke mit seinem Weltwissen und seiner Phantasie.

KUBELKA: Und mit seiner Erfahrung, die er zum Themenkreis Bewegung bereits gemacht hat. Das ist wesentlich. Der Film fraktioniert also die Bewegungen in statische Ausschnitte. Marey war seiner Zeit um 25 Jahre voraus.

Die Künstler des Futurismus kamen viel später zu denselben Ergebnissen wie Marey.

KUBELKA: Sie haben ihn sogar kopiert. Es ist kein Geheimnis mehr, dass sich die moderne Kunst, etwa auch der Kubismus, vieler alter Ideen bediente. Duchamps nackte Treppenläuferin ist eine deutliche Kopie der Marey'schen Fraktionsaufnahmen. Ich glaube sowieso, dass es den genialen Einfall, den nie zuvor jemand hatte, gar nicht gibt. Wir sind wie das Blatt am Baum – und ohne den Baum vor uns mit seinen unzähligen Verzweigungen ist nichts von uns denkbar. Das ganze Universum ist eins, das kann man an jedem Detail ableiten.

Der Mythos der genialischen Schöpfung ...

KUBELKA: ... ist rührend, ja.

Im Zyklischen Programm finden sich neben vielen nicht-narrativen Arbeiten einige wenige Spielfilme: Dreyer haben wir bereits erwähnt, es gibt ein paar russische Erzählfilme, ein Fassbinder-Werk und Karl Valentins Grotesken. Es ist wohl symptomatisch, dass diese narrativen Formate in der Minderzahl sind. Was qualifiziert gerade diese Spielfilme?

KUBELKA: Sie passen nicht in die kommerziellen Schablonen. Ein Prinzip, auf das der Zyklus deutlich hinweist, ist der Gegensatz von Teamwork und Einzelautor. Meine Auswahl beschränkt sich sehr entschieden auf die Arbeiten *individueller* Autoren – und diese Spielfilme sind Ausnahmen in der Teamfilmproduktion: Beispiele wären eben Dreyer und Dovženko, die imstande waren, ihre Filme so zu formen, dass sie als einzige Autoren deutlich wurden. Es gab aber auch rein praktische Hindernisse, mehr Spielfilme im Zyklus zu berücksichtigen: Das wäre sehr teuer geworden, da man bei Spielfilmen die Rechte alle fünf Jahre neu besorgen muss. Das Fehlen von *Rashomon* beispielsweise bedaure ich sehr.

Und Spielfilme nehmen jeweils einen ganzen Abend in Anspruch, wohingegen man mit fünf kürzeren Arbeiten gleich fünf sehr verschiedene Positionen abstecken kann.

KUBELKA: Ja, aber das gab nicht den Ausschlag. Der Punkt ist, dass auch künstlerisch bedeutende Spielfilme zu tief im Kommerzsystem stecken, um sie für Zykluszwecke berücksichtigen zu können. Im Fall Dreyer haben wir viel Energie darauf verwendet, eine so günstige Rechtslage zu schaffen, dass es möglich war, gleich vier Arbeiten dieses Regisseurs zu zeigen. In der Industrie passieren ja noch immer furchtbare Dinge. So zeigte ich bei einer meiner Vortragsveranstaltungen, einem zwölfstündigen Marathon, alle vier Kinoversionen des Romans *The Postman Always Rings Twice*. Später kam ich dahinter, dass der Rafelson-Film von 1981 kurz nach der Wiener Aufführung zerstört wurde; davon gibt es bei uns keine einzige Kopie mehr. Der Verleih war beendet, und aus verkaufstechnischen Gründen wurden sämtliche Kopien vernichtet. Oft wurden solche Filme auch eingestampft, damit sie den Vertrieb der gerade erscheinenden neuen Version des Stoffes nicht mehr stören konnten.

Sie haben Ihren Zyklus seit 1995 einige Male punktuell aktualisiert: Sie nahmen Peter Tscherkasskys Outer Space *auf, fügten ein Programm mit Günter*

Zehetners Super-8-Filmen und Fassbinders Katzelmacher *hinzu. Heißt das, der Zyklus ist offen für Hinzufügungen?*

KUBELKA: Eigentlich nicht. Das waren nur Ergänzungen. Man kann schon sagen, dass die Arbeit am Zyklus, auch mit meinem Ausscheiden als Co-Direktor des Filmmuseums, beendet ist.

Wieso? Zehetner kam doch erst vor zwei Jahren dazu.

KUBELKA: Stimmt schon. Ich habe lange darüber nachgedacht, weil ich zeigen wollte, dass auch 8mm-Filme anderen Filmformaten ebenbürtige Kunstwerke sein können. Zehetner bietet dafür ein gutes Beispiel. Es gibt immer auch lokale Notwendigkeiten für einen solchen Zyklus. In Wien musste ein besonderes Augenmerk auf Österreichs Filmszene liegen. In meinem Programm für Paris fanden sich etliche französische Filme, die ich in Wien nun nicht mehr berücksichtigt habe.

Sie hätten also etwa Dietmar Brehms Filme, wenn es sie damals schon gegeben hätte, in New York nicht aufgenommen?

KUBELKA: Vermutlich nicht. Aber auch für Brehms Arbeiten gilt: Es sind *Filme*. Es wird kein Anspruch auf Vollständigkeit erhoben – und nicht verleugnet, dass auch anderes hätte gewählt werden können.

Der Zyklus ist keine persönliche Bestenliste.

KUBELKA: Nein. Ich habe vorhin zur Frage des Politischen gesagt, dass ich nur *Film*politik mache – und deshalb findet sich auch Leni Riefenstahl in diesem Programm. Es ist mir in diesem Zusammenhang ganz egal, ob sie Nationalsozialistin war oder nicht; in der Betrachtung ihrer filmischen Qualitäten spielt das überhaupt keine Rolle. Ebenso wenig spielt es eine Rolle, ob Dovženko Kommunist war oder nicht. Das heißt: In meinem Zyklus werden unterschiedslos kommunistische Filme und Nazifilme gezeigt, so lange sie die Kriterien erfüllen. Es werden schwule Filme, Kinderfilme, perverse Filme gezeigt – die Kategorie ist egal. Es geht nur um Film und nicht um eine Weltanschauung.

Eine Linie im Zyklus gilt der »unbewussten« Kunst, einer Liebe zu gefundenen Filmobjekten, wie sie in Perfect Film *von Ken Jacobs oder Ihrem Werk* Dichtung und Wahrheit *auftauchen. Wollten Sie da zeigen, dass großartige Filme nicht unbedingt einen Kunstwillen voraussetzen, dass solche Arbeiten manchmal auch zufällig entstehen?*

KUBELKA: Ich halte Kunstwillen für etwas äußerst Negatives. Leute, deren Hauptmotiv darin besteht, Kunst machen zu wollen, werden nie was G'scheites zusammenbringen. Im Zyklus findet sich kein einziger Film, der nur aus Kunstwillen heraus entstanden wäre.

Cocteau hatte keinen Kunstwillen?

KUBELKA: Na gut, deshalb hab' ich mich ja auch so lang gegen Cocteau verwehrt. Er hatte aber nicht nur das. Kunst ist ein ganz normales Werkzeug, mit dem man sich Bedürfnisse erfüllt. Ich wollte mit meinen Filmen nie Kunst oder Avantgarde machen. Da wurde ich hineingedrängt. Ich wollte Filme machen, weil ich ein unbändiges Bedürfnis danach hatte, genau diese Filme zu sehen. Wie das hieß, war mir egal. Ich hoffte anfangs noch naiv, ein Filmmacher zu sein, wie andere eben Schuster waren. Ich wollte Qualitätsware herstellen und davon leben. Mehr nicht. Heute hat sich das fundamental geändert: Der Künstler ist heute ein subventionierter Stipendiat und der Schuhmacher ein besteuerter Avantgardist.

Kann aber nun etwas als große filmische Leistung gelten, wenn es nie filmisch sein wollte?

KUBELKA: Vielleicht ist es keine große Leistung, aber es kann große Wirkung besitzen. Es kann wirkungsvoller sein als Dinge, die von langer Hand geplant wurden. Mit dem *Objet trouvé* hab' ich mich intensiv befasst, denn es ist ja der Beginn der so genannten Kunst. Eine Wolke, die aussieht wie eine Kuh, ist ein *Objet trouvé*. Wenn ich mit einer Geliebten im Gras sitze und den Zeigefinger hebe, um die Wolkenkuh hervorzuheben, wird meine Partnerin versuchen, das Objekt so zu sehen wie ich. Sie wird sagen: »Eine Kuh« – und damit ist der Übertragungsprozess vollzogen. Obwohl ich die Wolke natürlich nicht selbst gemacht habe, ich habe sie nur erkannt.

Die Erkennungsleistung ist auch ein kreativer Prozess.

KUBELKA: Das Wort »kreativ« verwende ich nicht mehr. Es ist vergiftet.

Wie der Begriff »innovativ«.

KUBELKA: Genau. Das sind verseuchte Wörter. Jedenfalls: Das *Objet trouvé* ist das älteste Kunstprodukt, das es gibt. Die ersten Steinwerkzeuge waren nicht bearbeitet, sie waren nur erkannt und benützt worden. Erst später bemerkte man, dass man diese Naturformen auch künstlich herstellen konnte. Alles beginnt mit dem Gefundenen. In der Moderne bekommt das *Objet trouvé* eine andere Funktion: Duchamp polemisierte gegen die bourgeoise Kunstauffassung, aber er signierte eine Klomuschel und machte sie so zu seinem Werk. Da trifft er sich mit der alten Definition, die mir wichtiger ist: Der Zeigefinger ist das älteste Kunstwerkzeug. Wenn er in eine Richtung weist, heißt das: Ich sehe da etwas – schau mal hin, und komm' drauf, was ich meine! Wenn ich ein Bild einrahme, weise ich auch eine Blickrichtung zu.

Wie wichtig sind denn die Mischungen in Ihren Programmen?

KUBELKA: Sie sind genau beabsichtigt. In der Zusammenstellung liegt immer auch eine Aussage.

Ein Filmmemacher, der sich durch viele Mischprogramme zieht, ist Stan Brakhage. Ist er für Sie jene Ausnahmegestalt, deren Arbeit in allen Kontexten funktioniert?

KUBELKA: Brakhage schuf tatsächlich sehr verschiedene Arbeiten, die sich als Bausteine in solchen Programmen gut verwenden lassen. Und er war ungeheuer produktiv. Ähnlich ist das mit Michael Snow, der im Zyklus auch stark repräsentiert ist.

Hat die Tatsache, dass Sie in Ihren New Yorker Jahren de facto ein Mitstreiter im New American Cinema waren, nicht auch dazu geführt, dass nordamerikanische Arbeiten im Zyklus überproportional vertreten sind?

KUBELKA: Nein, auch im klassischen musikalischen Kanon gibt es deutliche Überhänge etwa österreichischer Komponisten. Warum? Weil sie führend waren in der Entwicklung der Musik. Und das New American Cinema war in der Zeit des Aufbruchs eben eine weltweit treibende Kraft.

Kann man es so formulieren: Es findet sich nicht deshalb so viel US-Avantgarde im Zyklus, weil Sie in den Sechzigern und Siebzigern in Amerika waren, sondern Sie waren damals dort, weil die US-Avantgarde gerade ein solcher Motor war?

KUBELKA: Nein, auch nicht. Wir wussten voneinander, uns verbanden die radikalen Positionen, die wir einnahmen, obwohl wir an gegenüberliegenden Enden der westlichen Welt lebten. Dazwischen lagen die Kompromissler – etwa die Nouvelle Vague in Paris, die sehr bald von der Filmindustrie gekauft wurde und sich in ideologischen Widersprüchen verstrickte. Wie Godard, der Maoismus gut fand, aber trotzdem hübsche Hauptdarstellerinnen und die 90-Minuten-Form für seine Filme akzeptierte. Wir hielten uns an solche Konventionen nicht und wurden daher von Industrie, Gewerkschaft und Polizei bekämpft. Jack Smith und Jonas Mekas wurden wegen des Films *Flaming Creatures* sogar strafrechtlich verfolgt. Und sie waren nicht die einzigen. Ich hatte nie den Plan, nach Amerika zu gehen, obwohl ich dauernd eingeladen worden war. Ich wollte Österreicher und Europäer bleiben. Als ich 1966 doch ging, hatte das einen technischen Grund: Ich brauchte für *Unsere Afrikareise* einen anständigen Lichtton für 16mm-Film, und der war in Europa nicht zu kriegen. Also wurde ich nach New York geholt. Und ich hatte dort sofort großen Erfolg.

Bedeutet Ihnen der Begriff des Amateurhaften, Privaten etwas? Ich denke an die Filme von Jonas Mekas, an Günter Zehetner, aber etwa auch an die sehr holzschnittartige Form der Valentin-Filme?

KUBELKA: Das Wort *Amateur* war ursprünglich positiv besetzt – und wurde später ins Negative gezogen. Meine Auswahl ignoriert eigentlich die Klassifikation *Amateur*. Es muss guter Film sein – egal, ob Amateur oder Regisseur.

Aber das sehr flächige, schwelgerische Mekas-Kino ist Ihrer Methode der hohen Verdichtung doch diametral entgegen gesetzt.

KUBELKA: In dem Zyklus finden sich ja noch viele andere, einander scheinbar widersprechende Ansätze. Warhol hat die Form der zeitlichen Extremdehnung erfunden, seine Filme werden inzwischen fast überall verfälscht gezeigt, nämlich gekürzt und als digitale Projektionen. Damit sind die Hauptfaktoren des Warhol-Kinos vernichtet. Es ist pervers: *Empire* ist als 30-Minuten-Film langweilig, aber als Achtstünder spannend. Die Ereignislosigkeit war damals eine wichtige Form: Jack Smiths Performances waren auch so; da passierte wenig, es wurden ein paar Platten aufgelegt, und dann gingen die Leute wieder, meist schimpfend.

In der scheinbaren Ereignislosigkeit wird der Blick geschärft für etwas anderes, Relevanteres. Man ist gefesselt gerade von der Tatsache, dass nichts »Wichtiges« passiert, weil das »Unwichtige« – und damit etwas ganz Neues – plötzlich ins Zentrum rückt.

KUBELKA: Sehen Sie, aber das gehört wieder zu den Dingen, die ich eigentlich nicht besprechen und interpretieren will. Denn diese Arbeiten sind sehr komplex. Andy Warhol und Jack Smith traten ja nicht an, um zu schockieren. Sie hatten einfach ein Bedürfnis, etwas auf bestimmte Weise umzusetzen. Die Analyse kommt immer erst nachher. Ich weiß das von meinen eigenen Filmen: Was ich heute über sie erzähle, habe ich damals, als ich sie herstellte, nicht gewusst.

Weil das Material einen belehrt?

KUBELKA: Und weil man sich selbst aus historischer Distanz wie fremdes Material analysieren kann. Die Freiheit ist ein wichtiges Kriterium. Man muss in allen Arbeitsphasen frei bleiben. In meinem Zyklus sind ausschließlich *ungehorsame* Filme zu sehen. Das sind alles Filme von Leuten, die sich dem Diktat entzogen haben, vorher schon sagen zu können, was sie nachher machen werden. *Mosaik im Vertrauen* war in meiner Arbeit schon der Scheideweg. Um Geld zu verdienen, musste ich ein Drehbuch schreiben und mit einem Produzenten arbeiten, der nach Sponsoren suchte. An die Vorgaben konnte ich mich dann aber nicht halten.

Aus Ungehorsam?

KUBELKA: Nein, weil ich nicht anders *konnte*. Ich wollte alles immer nur so gut machen, wie es mir möglich war. Aber ich verlor immer, wenn ich am Schneidetisch saß, jedes Verantwortungsbewusstsein. Erst im Nachhinein realisiert man, dass man mit seiner Arbeit vielleicht zu einer Gruppe gehört, dass man mit anderen verbunden ist. Warhol und Smith hatten nie ein gemeinsames Programm, sie mochten einander nicht einmal besonders. Und doch verbindet sie etwas Starkes. Und Jonas Mekas' Filme spiegeln zutiefst die Persönlichkeit des Filmmachers wider: Er ist ein guter Mensch, der teilen will und die Welt filmt, wie er sie sieht – rückhaltlos positiv. Ich sehe die Welt ganz anders. Aber unsere Wertschätzung ist dennoch gegenseitig.

Wie stehen Sie zu dem problematischen Begriff der Avantgarde?

KUBELKA: Ich halte ihn für nicht unpassend. Er stammt aus der Kriegstechnik in der Renaissance: Die Avantgarde war der Voraustrupp, wenn es eine Stadt zu erobern galt. Ein verwandter Begriff bei den Landsknechten lautet übrigens »Verlorener Haufen«. Diese Menschen wurden eiskalt in den Kampf vorgeschickt und als Opfer eingeplant, damit die zweite Angriffswelle aussichtsreicher wurde. So ist die Avantgarde: Sie macht neue Eroberungen, aber bezahlt diese meist mit dem Leben.

P. Adams Sitney nennt die Art von Filmen, die das Zentrum des Zyklischen Programms sind, »visionary«, andere nennen dieses Kino »Underground« oder, banaler: »Experimentalfilm«. Passen Ihnen solche Begriffe?

KUBELKA: Nein, diese Wörter lehne ich alle ab, insbesondere den Begriff *experimentell*, denn er ist ein Ausdruck der Industrie für Dinge, die nicht fertig sind. Damit wäre auch jeder moderne Literat, jeder Maler ein »Experimentalkünstler«. Dort wagt man das aber nicht mehr zu sagen, nur im Kino wird das Wort unverdrossen ins Treffen geführt. Die Begriffsdebatte ist alt, die Suche nach einer treffenden Bezeichnung dauert schon Jahrzehnte: In England fand man zum »Free Cinema«, in Amerika zum »Independent Cinema«. Ich wehre mich gegen all diese Kategorien entschieden. Ich liebe Film, ich mache *Filme*, normale Filme. Andere machen Kommerzfilme. So gesehen sind alle Arbeiten, die im Zyklus laufen, *normale Filme:* Werke, die nicht verstümmelt sind von Geschäftsinteressen.

Die Programme

1

ÉTIENNE-JULES MAREY
La Chronophotographie (1882–1902) Projizierte Diapositive
WILLIAM KENNEDY LAURIE DICKSON / EDISON KINETOGRAPH
Jonglierender Knabe (1892) 9 Kader
Mann mit Strohhut (1892) 15 Kader
Boxende Knaben (1892) 32 Kader
Record of a Sneeze (1894) 46 Kader
Dickson Plays His Violin (1894) 27 sek
Corbett & Courtney Before the Kinetograph (1894) 75 sek
Japanese Dancers (1897) 30 sek
Ten Inch Disappearing Carriage Gun Loading and Firing, Sandy Hook (1897) 18 sek
CINÉMATOGRAPHE LUMIÈRE
Lumière-Filme: je 1 min (16 Bilder/Sekunde)
Place du pont [?]
Place des Cordeliers (1896)
Place Bellecourt (1896)
Panorama de l'arrivée en Gare de Perrache pris du train (1896)
Concours de boules (1896)
Quai de l'archevêché (1896)
Ateliers de La Ciotat (1896)
Machine à damer sur le Canal de Jonage (1896)
Ramassage du linge [?]
Faneurs (1896)
Carmaux: Défournage du coke (1896)
Laveuses sur la rivière (1896)
Chamonix: Le village [?]
Attelage d'un camion (1896)
Scieurs de bois (1896)
Venise, panorama du Grand Canal pris d'un bateau (1896)
Londres, entrée du cinématographe (1896)
Dublin, pompiers – un incendie 1 (1897)
Berlin, Panoptikum Friedrichstraße (1896)
Danse espagnole de la Feria Sevillanos (1896)
Espagne, danse au bivouac (1896)
New York, Broadway et Union Square (1897)
Chicago, défilé de policemen (1897)
Mexique, baignade de chevaux (1897)
Moscou, rue Tverskaja (1896)
Jérusalem, porte de Jaffa, côté est (1897)
Egypte, bourricot sous les palmiers (1897)
Indochine, embarquement d'un bœuf à bord d'un navire [?]
Indochine, promenade du dragon Chinois à cholon [?]
Indochine, fumerie d'opium [?]
Japon, escrime au sabre Japonais (1896)
Nègres Ashantis, danse du sabre (1897)
MARIE MENKEN
Go! Go! Go! (1962–1964) 11 min

Film oder Kino tritt nicht schlagartig und nicht erfunden von *einer* Person in die Geschichte. Die filmische Inkubationszeit währt ein halbes Jahrhundert, ihr Vorstadium Jahrhunderte, ihre Vorgeschichte Jahrtausende. Die Ermöglichung der Vorgeschichte gründet in Phänomenen geschichtsloser Natur. Licht, durch eine schmale Öffnung ins Dunkel eines Raums dringend, wirft ein *Abbild* der bewegten Dinge, auf die es im Außenraum fällt. Hier wie dort: gleiches Erscheinen *(phainesthai)* fürs Auge. 1268 konstruiert Roger Bacon zur *Darstellung* der Schreibfähigkeit des Lichts jenes einfache Raum-Gerät »Dunkelkammer mit Lichtloch«, das er *camera obscura* nennt.

Es wird 400 Jahre danach, im *siècle de la lumière*, zur Bild-Licht-Projektionsmaschine *laterna magica* erweitert: *ars magna lucis et umbrae*. Um 1830 besteht die Erfindung des »Licht-Bilds« *Photo-graphie* darin, ein *Träger-*Material zu finden, welches das *graphein* (Schreiben, Aufzeichnen) des *phos* (Lichts) und die darin geschehende Erfassung eines Jetzt zu *bewahren* weiß. 40 Jahre später versetzen

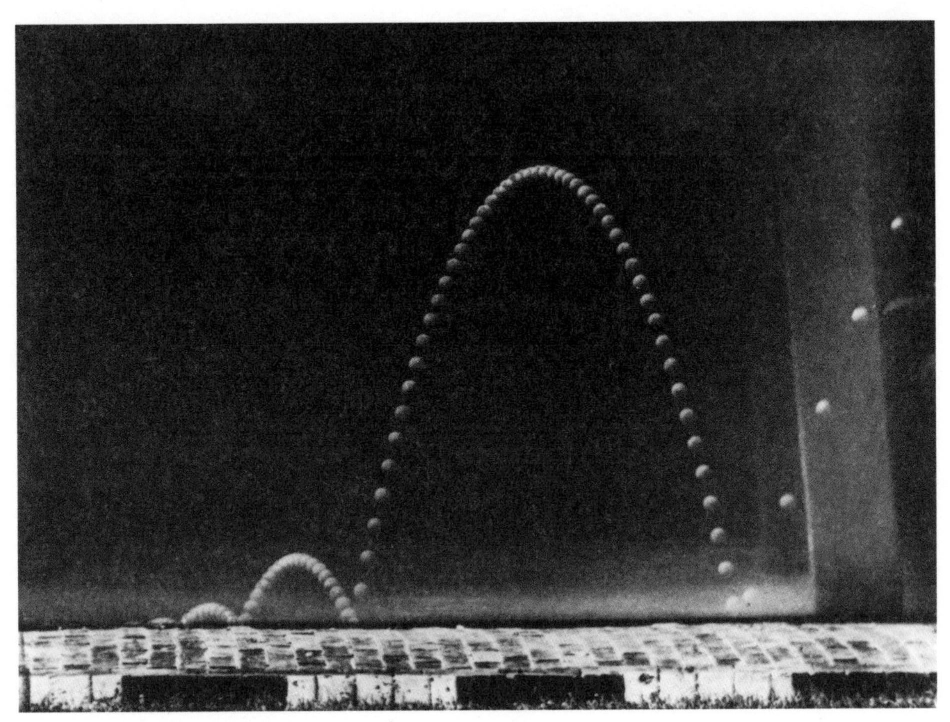

La Chronophotographie: Balle rebondissante, Étude de trajectoire

radförmige Konstruktionen erlauchten Namens (*Zoetrope* oder Lebens-Wender, Lebens-Rad, *Praxinoskop:* Tätigkeitsbetrachter) Bilder (darunter auch Fotografien) in *Bewegung.* Ihre *Zeitform* findet sich der Zeitform der (in Bildern dargestellten) *kinetischen* Dinge angeglichen: Vor-Geburt der *Kino*-Illusion. 1878 fotografiert Eadweard Muybridge erstmals mit metrisch im Raum platzierten Kameras ein galoppierendes Pferd, um dessen Bewegungsphasen *in der Zeit* anschaulich zu machen. Ein Foto-Unterfangen, das er unter dem Titel *Animal locomotion* zur Studie unterschiedlicher *animals* (auch des Menschen) in *kinesis* (Körperbewegung) oder *loco-motion* (Bewegung von Ort zu Ort) ausweitet.

All diesen Vor-Formen des Films (oder Kinos) um 1268, 1643, 1826, 1872, 1878 ist eines im Dreipass gemein: Interesse an der visuellen *Wiedergabe,* Bekümmerung ums *Zeitmaß* dieser Wiedergabe und das Sich-Ausbilden der Erkenntnis von einem im Zeit-Raum *bewegten Wesen* der Dinge. Inkubationszeit, Vorgeschichte und Geschichte des Films bestehen nicht nur aus der Sukzession von Erfindungen und Werken, sondern aus einer an diesen und an der Entwicklung des filmischen *Materials* sich hervortreibenden, *neuen Denkungsart:*

Dickson Plays His Violin

Japanese Dancers

dem *filmischen Denken* oder Denken *anhand, mit* und *durch* Film.

Kein Werk veranschaulicht solch Dimension filmischen Denkens bestechender, klarer, abenteuerlicher als die Zeit-Licht-Schreibung *(Chronophotographie)* von Étienne-Jules Marey. Sie stellt in der Einheit von Denken-Wissenschaft-Kunst eine Herausforderung dar, die der Film in der Folge kaum je wirklich anzunehmen, geschweige denn weiterzutreiben oder einzulösen gewusst hat. Sie straft weiters die Annahme eines *Fortschritts* in der Kunst und den Glauben an Geschichte als Entwicklung von Niedrigem zum Höheren Lügen: Film hebt, bevor er noch richtig *Film* geworden ist, mit einem *Höhepunkt* an. Marey, 1830 in Beaune geboren, Mediziner, Physiologe, ab 1899 Präsident der Académie des Sciences, bedient sich, diese erweiternd wie vertiefend, seit 1882 der von Muybridge erfundenen multiplen Fotografie, um Körperbewegung, getrennt in metrische Jetzt-Phasen *(phásis* = Erscheinung), *darstellbar* und *begreifbar* zu machen. Er erfindet/konstruiert den Zeit-Foto-Flinten-Apparat *(le fusil chronophotographique),* der es ihm möglich macht, »auf *ein und derselben Photographie* eine Serie sukzessiver Bilder zu vereinen, die jene verschiedenen Positionen aufzeichnen, die der Körper eines lebenden Wesens während der Ortsveränderung einnimmt«. Sowohl den Apparat als auch das von ihm aufgenommene multiple Bild nennt Marey *Chronophotographie.* Phasenfotoaufnahmen setzt er in der Folge in abstrahierende, gezeichnete Grafik wie in plastische Modelle um. Letztere stellen Bewegung entweder *simultan* in *einer* Skulptur dar. Z. B. *Albatros in Stadien seines Flugs:* Vorwegnahme des synthetischen Kubismus und, obgleich nicht als Kunst gedacht, eines der erregendsten wie unüberholten (zugleich unbekanntesten) Werke der Kunstgeschichte. Oder: Körperphasen werden zur *Abfolge* von Plastiken vereinzelt. Durch Schlitze eines rotierenden Zoetrops betrachtet, verlebendigen sie sich zurück zu Bewegung-in-Zeit, und dies in *vielfältiger* Anschaubarkeit: *Jeder* der modellierten Albatrosse bleibt, immer aus *anderer Richtung* her, in seinen Flugstadien gemäß *jeweiliger Perspektive* sichtbar.

Danse espagnole de la Feria Sevillanos

Indochine, embarquement d'un bœuf …

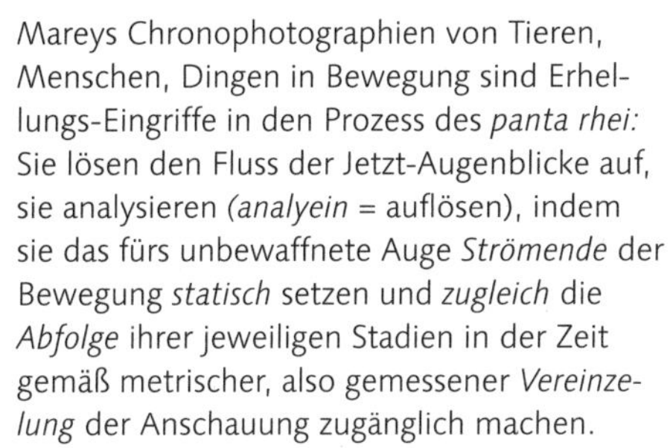

Mareys Chronophotographien von Tieren, Menschen, Dingen in Bewegung sind Erhellungs-Eingriffe in den Prozess des *panta rhei:* Sie lösen den Fluss der Jetzt-Augenblicke auf, sie analysieren *(analyein* = auflösen), indem sie das fürs unbewaffnete Auge *Strömende* der Bewegung *statisch* setzen und *zugleich* die *Abfolge* ihrer jeweiligen Stadien in der Zeit gemäß metrischer, also gemessener *Vereinzelung* der Anschauung zugänglich machen.

Der *Quell* dieser fotografierten Partitur der Bewegung: Mareys staunende, bewundernde Wissbegierde. Oder die aller Philosophie und Wissenschaft zugrunde liegende Frage *ti estin? – Was ist das?* Marey wendet sie um in die Frage: *Wie vollzieht sich, wie bewegt sich* das, was ist, solcherweise, dass es *das* ist, *was* es ist? Eine der Antworten, die er und wir im chronophotographischen *Material* zu lesen und erfassen vermögen, ist folgende: Bewegung vollzieht sich *zyklisch,* in *wiederkehrenden Kreisen.* Was besagt: die in den Aufnahmen sichtbar werdenden Zeit-Phasen stellen *ihrerseits Teile von Phasen* dar – von *organischen,* zyklisch in der *Zeit* ablaufenden Stadien des Bewegten. Mareys chronophotographisch gestellte Frage: »Wie bewegt sich ein Vogel, Pferd, Rind oder ein fechtender, laufender, stabhochspringender, fahrradfahrender, hammerschwingender Mensch in der Zeit?« führt zu Bildern, die *Antwort* erteilen: *maschinenhaft, maschinenähnlich* oder aber auf solche Weise, dass die organische Bewegung der *Lebewesen* das konstitutive Schema zur Konstruktion einer *Maschine* zu erteilen vermag. Mareys 1874 publiziertes Hauptwerk trägt den Titel *La Machine animale.* Obgleich Marey nie *künstlerischen* Anspruch erhoben hat, stellen seine chronophotographischen Arbeiten in Sachen Verdichtung, Schönheit, Versinnlichung von Denkbarem und Synthese ästhetischer und wissenschaftlicher Aspekte ein Kunst-Ereignis dar. Dieses Ereignis ist in Mareys Epoche *einzigartig;* es ist einzigartig geblieben und wird, wie zu ahnen ist, einzigartig bleiben. Marcel Duchamp, die Künstler des Kubismus und Futurismus werden dadurch inspiriert; ihre Werke verdanken sich Marey, sind ohne Marey undenkbar, huldigen Marey – und vermögen selten oder nie das Dynamische, Sichtbarmachende,

Go! Go! Go!

Prinzipielle in sich zu bündeln, das seine Zeit-Licht-Bewegungs-Schrift auszeichnet.

Marey macht im Besonderen Dimensionen des *Allgemeinen* wie Prinzip, Essenz oder Grundstruktur sichtbar: »der Mensch als Zeit-Wesen« oder »die Masse als Pferd durchquert zeitlich wirbelnd den Raum«. Im Bild *Balle rebondissante, Étude de trajectoire* (1886) beschreibt ein auf die Erde geschleuderter, sich in Rückprallphasen neuerlich zum Bogen erhebender und in kleiner werdenden, verlöschenden Kurven weiter springender Gummiball den Ver- und Entdichtungsgrad der Anwesenheit eines bewegten Körpers im Raum und figuriert darin ein *kosmisches Drama* zwischen Beschleunigungskraft und Erdanziehung.

In den Bildern der sogenannten *eigentlichen* Filmerfindung werden Vorgänge von (milde formuliert) unerheblicherer Art dargestellt. Etwa: »Boxende Knaben«, »Gentleman Jim (Corbett) vor dem Kinetographen« (so 1892, 1894 bei W. K. L. Dickson). Oder: »Zug rollt in Bahnhof« (1895 bei Lumière). Oder »Boulespielende Franzosen«, »Schwerttanzende Ashanti« (1897 im *Cinématographe Lumière).*

Diese als Attraktion, Ware und Kapitalertrag veranschlagten Bilder werden auf Jahrmärkten, Weltausstellungen, in Cafés und Casinos gezeigt. Ihre Hersteller vereinen Erfinder und Geschäftsmann in einer Person. Bereits in der Geburtsstunde markiert Film als Kino den Kunst-losen Weg, den er in Richtung Entertainment-Industrie zu nehmen gedenkt. Edisons Reklame verkündet: »Kinetoscope und Phonographie sind die größten Innovationen, die je zur *Unterhaltung des Publikums* erzielt wurden.« Um den von ihm 1888 entwickelten und erweiterten Apparat *Kinetoscope* (Bewegungs-Betrachter) *industriell* zu verwerten, verbündet sich W. K. L. Dickson mit zwei amerikanischen Erfindern vom modernen, hemmungslosen Typ *business-man:* mit dem *multi-inventor*-Großindustriellen T. A. Edison und mit George Eastman, der 1880 den biegsamen, aufrollbaren Bildspeicher Zelluloid (genannt *Film)* erfunden hat. Auf diesem Material filmt Dickson wenige Kader kurze *strips,* anspruchslose, für Sekunden Anspruchsloses wiedergebende Filmchen (etwa: »Dickson spielt Violine« oder »Jonglierender Knabe«), die vom zahlenden Publikum nur einzeln in Guckkästen oder *peepholes* namens *Nickelodeons* konsumierbar sind. Fürs Ganze aus *Peepshow,* Material und Apparat schlägt Edison das Wort *movie* vor.

1895 fügt Louis Lumière mit der von ihm konstruierten Maschine *Cinématographe* oder *Bewegungs-Aufschreiber* (ein Apparat, der zugleich Kamera *und* Projektor ist) dem *movie* jene Kino-Dimension hinzu, die Film erstens im *Licht,* zweitens im *verdunkelten Raum,* drittens in *kollektiver Öffentlichkeit* erlebbar macht. Nachdem er erste Filme selbst gedreht hat, übergibt er, industriell denkend, seine Maschine an ein durch Frankreich, Europa und die Welt beordertes Team von Angestellten, die zu Kameramännern werden. Team-Name: Société Lumière. Als gewünschte Kino-Konkurrenz zu Panorama-Gemälden, Publikumsrennern der Jahrzehnte vor dem Film, zeigen die statischen, *vues* genannten Ein-Film-ein-Bild-Einstellungen nicht nur illustre Plätze in Europa und Übersee, sondern auch Passanten, Umzüge, Aufmärsche, Feste, alltägliche Straßenszenen: *la nature prise sur le fait,* Natur auf frischer Tat ertappt (wie Zeitgenossen zu schwärmen wissen). Diese *vues* können heute als *historische Dokumente* des Films und der in ihm eingefangenen Aspekte *historischer Welt* gesehen werden. Sie können aber auch, gegen ihre kommerzielle Intention, als kurzes, stummes Wunder von Anblicken betrachtet werden. Nichts als: das Filmauge öffnet sich und *sieht.* Ein monumentales Ereignis. Und Ereignis der *Zeit.* Wissend um das Damoklesschwert der Kürze der *vues* (eine Minute, keine Sekunde länger!): intensives Sehen dessen, was das *Filmauge* sieht. Henri Langlois: »Lumière benützt die Kamera nicht, um sich auszudrücken, sondern um zu *schauen.«* Félix Mesguich, »Star«-Kameramann der Société Lumière: »Das Objektiv der Kamera öffnet sich auf die Welt.«

Die Welt zeigen, wie *Film* sie sieht. Oder sehen, wie *nur Film* sehen kann. Oder sehen, wie einzig *Film* die Welt zu zeigen vermag. 80 Jahre, nachdem Mareys Chronophotographie dem Bewusstsein im *statischen* Bild Dinge sinnlich erfahrbar macht, die *ohne* dieses weder sichtbar noch vorstellbar sind, lässt Marie Menken in den *dynamisierten* Bildern ihres kleinen, wundervollen, rasenden Films mit bezeichnendem Titel *Go! Go! Go!* New York galoppieren, Schiffe übers Meer katapultieren, Autos zucken, Passanten stürmen, Menschen durchs Labyrinth ihrer Bauten und Feste wie Ameisen wimmeln und das vertraute Maß der Zeit via Film-Werkzeug *Zeit-Raffer* verformt, verknappt, verdichtet gleich einem verrückt gewordenen Motor kollabieren. Zur *Anschauung* gebracht und so, wie nur Film es kann: der Begriff von Schnelligkeit-Hast-Taumel-Unruhe-der-Stadt. Und eine Ekstase namens *Beschleunigung.* Was der Seher des Films über Dynamismus bloß ahnen mag, findet in und durch Menkens *Go! Go! Go!* unerbittlich-herrlich zur *Form.*

Harry Tomicek

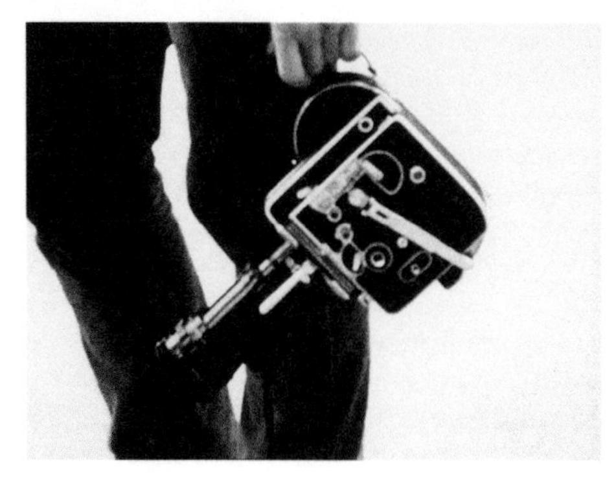

Peter Kubelka

JONAS MEKAS

Birth of a Nation (1996) 80 min

Musik: Richard Wagner, Hermann Nitsch; Stimme: Jean Houston aus einem Vortrag über Parsifal

»One hundred and sixty portraits or rather appearances, sketches and glimpses of avantgarde, independent filmmakers and film activists between 1955 and 1996. Why *Birth of a Nation?* Because the film independents IS a nation in itself. We are surrounded by commercial cinema Nation the same way as the indigenous people of the United States or of any other country are surrounded by Ruling Powers. We are the invisible, but essential nation of cinema. We are the cinema.« (Jonas Mekas)

82 Jahre nach *Birth of a Nation* ein Film, der mit dem Hollywood-Epos von D. W. Griffith einzig den Namen teilt und sonst die wild wogende und leidenschaftlich *gewollte Antithese* dieses und aller von ihm abkünftigen (kostbar gestylten, kapitalschweren) Produkte der Kinoindustrie darstellt. These: arbeitsteilig gefertigter Akteur-Spielfilm, optimal verkaufbar, Erbe von Literatur, Epos, Drama. Antithese: Film als Werk *einer Person.* Film als Ausdrucksmittel dieser Person, rücksichtslos gegenüber Verkauf- und Verwertbarkeit. Film als *arte povera.* Film als Bruch mit literarischen Erblasten. Film als radikal filmische, radikal individuelle Dokumentation, die der Fiktion entsagt, gleichwohl von sich behauptet: *this is NOT a documentary film.*

Auch ein Antithesen-Film zum übersichtlich strukturierten, chronologisch geordneten, »Informationen« liefernden, mit sprechenden Köpfen bestückten, wertvollen, wortreichen und üblichen Künstlerporträt. Statt dessen ein wortloses Bildfluten, befreit, willkürlich durch Zeiten und Räume springend: vor, zurück, hin und her: *glimpses of independent filmmakers,* aufgenommen in 41 Jahren, gefilmt aus der Hand, bewegt von Körper, Gestimmtheit, Laune, Umstand, Zufall und jeweiligem Jetzt. *Augenblicksgeboren:* ein langanhaltender Film über Augenblicke, Kamera-Augenblicke und über das Wunder des alltäglichen Augenblicks *schlechthin.* Darin anwesend für Sekunden, für ein einmaliges kurzes *Da,* oder auch auftauchend, verschwindend, erneut auftauchend in Parks, Bars, Wohnzimmern und Straßenzügen von New York, London, Toulouse und anderen Teilen der Welt: Freunde, Familie, Weggefährten, Künstler der *nation of (independent) cinema:* plaudernd, dinierend, spazie-

Stan Brakhage, Hollis Frampton

rend, rauchend, trinkend, lesend, kochend, Auto fahrend, im Bett liegend, mit Kindern, mit Hunden spielend, einkaufend, blödelnd, in die Kamera starrend, in die Kamera feixend, lachend, strahlend und nochmals lachend: und allemal im *hic et nunc* gewöhnlichster wie herrlichster Weltlichkeit abseits »bedeutsamer Momente«: Stan Brakhage, Ken Jacobs, Peter Kubelka, Robert Breer, Ernie Gehr, Harry Smith, Jack Smith, Maya Deren, Hollis Frampton, Sidney Peterson, Kenneth Anger, Gregory J. Markopoulos, Robert Beavers, Bruce Conner, Bruce Baillie, Jerome Hill, Ed Emshwiller, Michael Snow, Tony Conrad, Stan Vanderbeek, Robert Gardner, Richard Leacock, Adolfas Mekas, Andy Warhol. Und nicht nur Protagonisten des *New American Cinema,* auch Tati und Kurt Kren, Len Lye und Hans Richter, Alberto Cavalcanti, Rossellini, Valie Export, Raimund Abraham, Hermann Nitsch, Marcel Hanoun, Leni Riefenstahl und, inmitten einer *standing ovation,* Charles Spencer Chaplin. Sie und viele andere. Und Jonas Mekas selbst, Filmemacher, Gründer der Zeitschrift *Film Culture,* der *New York Film-Makers' Cooperative,* der *Anthology Film Archives.* Mekas, den Ken Jacobs mit dem schönen Satz »Er hat den Mut, ein Kind zu bleiben in seiner Begeisterung und Reinheit des Sehens« beschrieben hat.

Zwischentitel: *home movies.* Oder der Jubel der Anti-Professionalität. Mekas, mit dem Mut, Kind (oder Laie) zu bleiben, missachtet wollüstig Kino-Kunst-Regeln und filmt wie John Doe oder Lieschen Müller, gesetzt, beide wären in Ekstase versetzt: *out of focus,* wackelnd, schlingernd, zappelnd, ruckartig zoomend, schief, verkantet, Kopf stehend, blaustichig, rotstichig, beliebig Belichtung und abrupt Schärfe wechselnd und tollkühn immun gegenüber allen Kunst-Kino-Klischees. Die Bilder sind kurz, kürzer als kurz, fallen torkelnd übereinander her, vermengen sich zu nie gesehenen gewitterlichternden, zitternden, huschenden, unvermittelt ruhig werdenden, dann wieder jäh flackernden, schwirrenden, rasenden Rhythmen. Das Unperfekte, *Anti*perfekte schlägt um in *neue,* sich *neu etablierende,* anarchisch vorwärts stürmende Vollkommenheit.

Zuerst, zuletzt ein *freudiger Film.* Und ein Film *über* Freude. Nicht nur Fröhlichkeit (Lachen, Feixen, Tollerei, Grimassieren). Nicht nur Lust (Essen, Trinken, Musizieren, Lieben). Sondern *la joie de vivre,* die profane Feier des Lebens. Ein inbegriffliches Bild: P. Adams Sitney in Anzug und Krawatte tanzt mit ausgebreiteten Armen in den Straßen New Yorks. Leben: ein Fest. Ein anderes Bild: Peter Kubelka mit Tochter im Arm. Was das Auge sieht: Beide betrachten staunend, entzückt, verwundert, bewundernd ein vierbeiniges Mysterium namens Maultier. Was das Ohr hört: ein anderes Mysterium: nicht enden wollend, ostinat, geheimnisvoll, tragisch: das Tönen einer Orgel. *Birth of a Nation:* ein sprachlos sprechender Film mit Musik von Wagner und Hermann Nitsch. *Paradise not yet lost.*

Harry Tomicek

3

Nanook of the North

ROBERT J. FLAHERTY
Nanook of the North (1920–21) 79 min (17 B/Sek)
DZIGA VERTOV
Kinopravda (1922) 18 min (17 B/Sek)
Auszüge VIII/4, VII/8, VIII/1, V/2, V/5, I/1, IX/4
STAN BRAKHAGE
Window Water Baby Moving (1959) 13 min

Dreimal der *wissbegierige, liebende Blick* eines Filmemachers auf die Welt: dreimal dokumentarisches Sich-Hinwenden zu Dingen gemäß vorgefundenen, individuell genutzten/ausgeschöpften/erweiterten Möglichkeiten von *Filmapparatur* und *Filmmaterial* einerseits und der *Leidenschaft des Künstlers* andererseits. Dreimal: Es spricht FILM; und es sprechen mit ihm, durch ihn hindurch die Personen und Passionen Flaherty, Vertov, Brakhage.

Mit *Nanook of the North* begründet Flaherty 1920 eine Gattung, deren Meister er bis heute geblieben ist. Zur Erzählung geformt: das Film-

Dokument als dreieiniges Instrument des Bewahrens, ethnologischen Betrachtens und Formulierens eigener Weltsicht. Im Zentrum die individuelle Person, sowohl singulär nur sie selbst als auch repräsentierende Verdichtung der Lebensform, die sie trägt und bestimmt. Was zur Folge hat, dass *Nanook zugleich* über den Inuit-Jäger gleichen Namens, den in wandernde Jagd-Sippen vereinzelten Stamm der Itivimuit an der Hudson Bay und übers Leben, vielmehr *Überleben* menschlicher Wesen in den Eisregionen des nördlichen Polarkreises spricht. Darüber hinaus weitet Flaherty das dokumentarische Observieren zur grandiosen Metapher namens »Mensch und Wildnis«, wobei wesentlich wie unübersehbar bleibt, *dass* und *wie sehr* sein observierendes Auge von Verstehen, Achtung und Bewunderung geleitet wird. »Ich bin sicher«, schreibt er, »dass bei Völkern, die durch Umstände außerhalb gewöhnlicher Bedingungen leben, eine Anmut, Würde, Kultur und Verfeinerung zu finden ist, die *wir* gar nicht mehr kennen.« Ein langes Vierteljahrhundert nach den enigmatisch unpersönlichen *vues* von Lumières Cinématographe verwandelt Flahertys *forschender, verzauberter, huldigender* Blick das dokumentarische Kino in Kunst. Nanook und seine Sippe. Fischen. Robbenjagd. Walrossjagd. Hundeschlittenfahrt. Kajakpaddeln. Rohfleischessen. Iglubau. Nicht vorgefasste literarische Konzepte, sondern die *Tätigkeiten des Inuit-Lebens* (vermählt mit der Tätigkeit, diese zu *filmen)* sind Quell jener den Film prägenden und gliedernden »nur leichthin angedeuteten Geschichten«, die Paul Rotha mit der Wendung *slight narrative* umschreibt und Flaherty in monumental ruhigen, plastischen, sich der Tugend des Wartens und Kunst der Bildkonzentration verdankenden Einstellungen erzählt. Für Lexika gründet die Bedeutung von *Nanook of the North* in lapidaren Tatsachen wie »erster bewusster Dokumentarfilm der Geschichte«, für WAS IST FILM in *Tat*-Sachen entscheidenderer Natur. In der kompromisslosen Verweigerung, Erwartungen der Industrie *Kino* zu bedienen. Im Filmemacher-Beschluss, Regie-Kamera-Schnitt in *einer* Person zu einigen: der seinen. In der Entschiedenheit, Film als Artikulationsmittel der *Erfahrung* zu nutzen. Im Schöpfungsmut des Laien Flaherty, Ausdruck und Möglichkeit des Mediums für sich *neu zu erfinden.*

1922 bis 1925 entstehen in unregelmäßigen Folgen die »Ausgaben« von Dziga Vertovs filmischer Monatsschau *Kinopravda.* Auch hier der Wille, das Filmwesen *neu,* darüber hinaus *radikal* zur Erscheinung zu bringen: Verzicht auf alles Spielfilm-, Literatur-, Theaterhafte. »Wir erklären die alten Spielfilme für aussätzig!« »Ich – bin das Filmauge. Ich – bin das mechanische Auge. Ich – bin die Maschine, die euch die Welt so zeigt, *wie nur ich sie zu sehen imstande bin.« Maschine »Filmauge«:* womit Vertov sowohl die Kamera als auch – und noch viel mehr! – das Ganze des *kinoapparatom,* jener den Menschen befeuernden, bewegenden wie auch von ihm befeuerten, bewegten Apparatur namens Kino begreift. Erst wenn dieses in Essenz und Wahrheit (*Pravda*) hervortritt, entsteht gemäß *seiner* Vision anderes als bloß eine öde Neuform der Wochenschau, triste Transformierung von Zeitung in Film oder müde Nachahmung des menschlichen Augs. Nämlich: *»hundertprozentige Sprache des Kinos«* oder *»absolute Filmschrift«.* Zwei Namen für eine Sache (oder leidenschaftliche Suche), die Vertovs Leben bestimmt. Ihr unsichtbares, sichtbar machendes Herz benennt er mit dem Namen *Intervall:* das Reich des Zwischens zwischen den Filmbildern, vorwirkend, rücksprechend, bindend, trennend, sinnstiftend, Rhythmus gebärend, zeitlos zeitigend, unbewegt bewegend. In Intervallen springt, durchreist, durchforscht *Kinopravda* als im Kollektiv entstehendes Montagegedicht Weiten und Abgründe eines Landes (einer Gesellschaft) im Umbruch und fügt aus Splittern, Fragmenten und Ausschnitten ein Filmganzes, das mit gleichem Recht unerbittlich den Namen *So ist es, wie es ist* als auch enthusiastisch (gleich einem späteren Vertov-Film) den Titel *Vorwärts, Sowjet!* tragen könnte. Betreffs *absoluter Filmschrift* stellt *Kinopravda* eine Ahnung, den ersten Versuch einer Erkundung dar. Oder ein Versprechen, das *Čelovek s kinoapparatom* einlösen wird.

In letztgenanntem Werk ist in kurzen Einstellungen, einem Schock gleich, das tabuisierte Bildthema einer Niederkunft zu sehen. Stan Brakhage weitet es dreißig Jahre später zu einem 13 Minuten langen Film aus: *Window Water Baby Moving.* Die Geburt der eigenen Tochter als Dokument, das Dokument als visionäres, lyrisches Poem. Flutende Kamera, flutende Montage. Soundtrack der Stille. Wiederkehrende oder ähnliche, gering variierte Bilder gleich wiederkehrenden Worten in einem Gedicht. *Window Water Baby Moving* ist gefügt aus den sprachlosen, filmisch sprechenden, stummen »Bild-Wörtern« Fenster, Licht, Lichtreflex, Wasser, Schatten, Scheide, Brustwarze, Kugelbauch, Kindskopf, Nabelschnur. Dazu: schmerzverzerrtes Frauengesicht. Lachendes Frauengesicht. Die sehr schnell geschnittenen »Bild-Wörter« verschmelzen übers Intervall zu neuen: Licht-Scheide, Brustwasser, Schattenbauch. Oder zu einem einzigen bronzefarbenen, rot-goldenen Cluster aus Wasserglanz, Licht und weiblichem Körper. Auch der Titel des Films: ein Akkord. Mit Kinematografie,

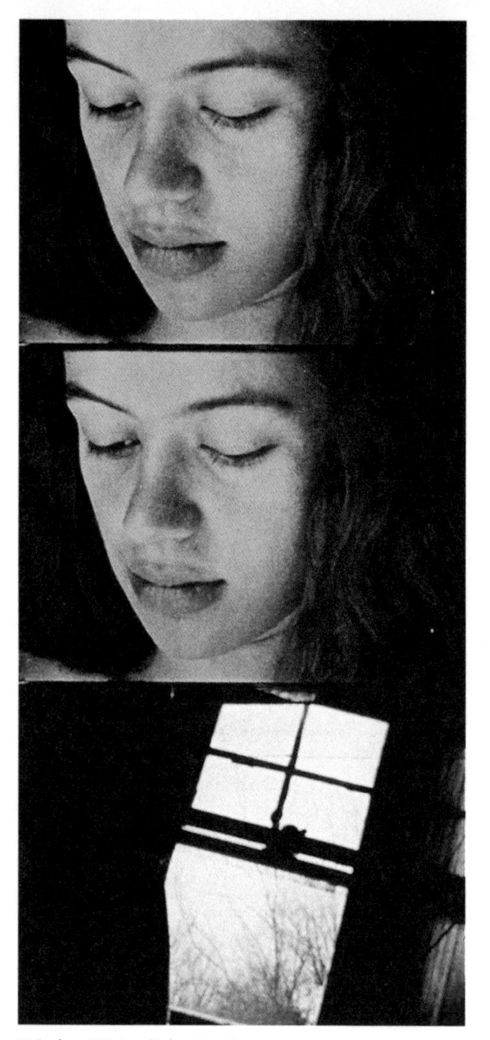

Window Water Baby Moving

Aufzeichnung der *kinesis* (Körperbewegung), haben Arbeiten von Brakhage kaum mehr etwas gemein. Ihre ekstatische Bewegung zeichnet und treibt sich aus sich selbst hervor: aus den Gebärden der Kamera und der Suggestion der Intervalle. *Harry Tomicek*

4

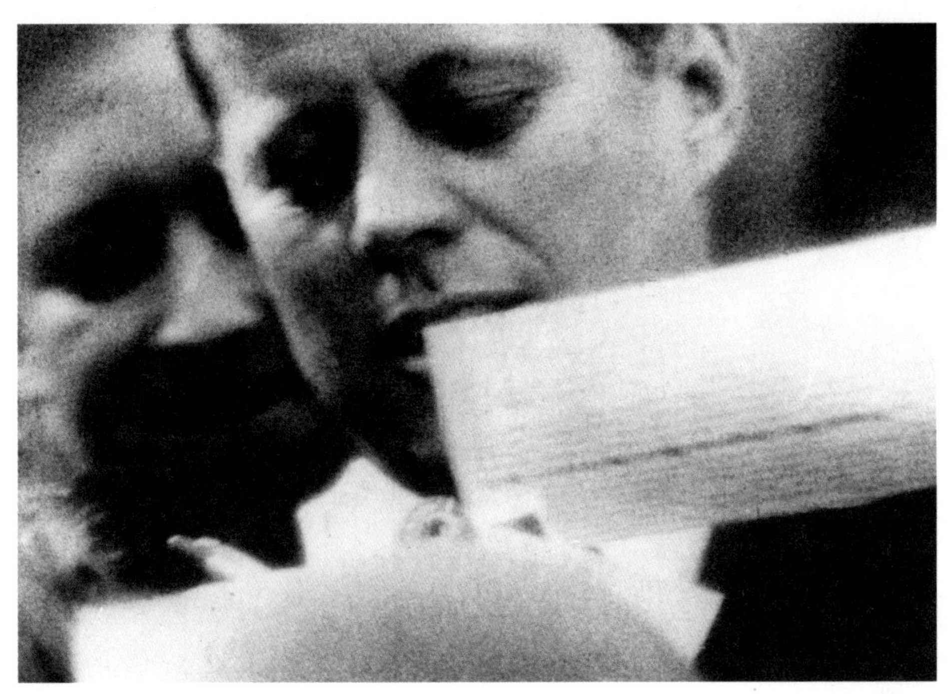

Primary

RICHARD LEACOCK
Primary (1960) 51 min
Kamera: Richard Leacock, Albert Maysles;
Schnitt: Robert Drew, Richard Leacock,
Don A. Pennebaker, Albert Maysles

DON A. PENNEBAKER
Hier Strauss (1965) 35 min

ROBERT FRANK
Pull My Daisy (1959) 27 min

Filme vermögen in Sekundenschnelle aufgrund ihres Materials und ihrer sinnlichen Erscheinung *datiert* und *klassifiziert* zu werden. Ein Blick genügt, um zu sehen, dass sich *Primary, Hier Strauss* und *Pull My Daisy* dem dokumentarischen *approach* des amerikanischen Films um 1960 verdanken. Schwarzweiß. Körnige Bildqualität. Keine Ausleuchtung. Keine Malerei imitierende Komposition der Kader. Unmittelbarkeit. Bewegliche Kamera, die das Rohe, Ungeschönte favorisiert. Die intensiv hervorgerufene Empfindung, durch das Sehen des Films hindurch in der gefilmten Realität *da* und *anwesend* zu sein.

Mit *Primary* (einer der großen, wenigen Zäsuren der Filmgeschichte) werden 1960 das *direct* oder *uncontrolled cinema* erfunden und genutzt, der filmische Ausdruck in ein Davor-Danach unterteilt und die Möglichkeiten des Mediums radikal erweitert. Obgleich eine

Kollektivarbeit des Teams Drew-Leacock-Maysles-Pennebaker, gilt *Primary* vor allem als Werk Richard Leacocks. Passionierter Dokumentarist, Flaherty-Schüler, in den 1940er Jahren Kameramann von Flahertys *Louisiana Story*, hat er lange an der Unbeweglichkeit, Schwere, Schwerfälligkeit der nur *getrennt* handhabbaren Bild-Ton-Aufzeichnungsapparate im Dokumentarkino gelitten. Bedingt durch *technische Fesseln* bleibe diesem versagt, was zu sein es vorgibt: uninszenierte, spontane Hinwendung zu den realen Ereignissen der Welt. *Technischer Mangel,* so Leacock, habe dokumentarische Filme der alten Schule zur In-Szene-Setzung oder Arrangierung des Gefilmten gezwungen und sie wider Willen in die Nähe des Spielfilms gerückt. Einsichten, die Leacock ab 1950 zur Erfindung, Konstruktion, Adaption technischer Gerätschaft nötigen: zur Ausarbeitung der leichten, geräuscharmen, lichtempfindlichen Handkamera, des leichten, batteriebetriebenen Tonbandgeräts und der Verbindung beider durch ein exakt funktionierendes, kabelloses Synchronsystem. Nicht frei schwebende Inspiration, sondern eine aus dem Bewusstsein des Ungenügens abgeleitete Summe *technischer Errungenschaften* und die durch *diese,* das heißt durchs *Material* ermöglichte *Mobilität des Werkzeugs Film* sind Quell der Direktheit von *Primary,* die vor 1960 im Dokumentarkino (und nicht nur in ihm) kaum denkbar und erfahrbar war: *»to walk in and out of buildings, up and down stairs, film in taxicabs, all over the place, and get synchronous sound«.* Die Kapazität, fließenden Vorgängen der Realität *mit der Kamera zu folgen* und sie ohne Vorausplanung, ohne Steuerung, annähernd unauffällig, weitgehend unbeeinträchtigt, unkontrolliert, spontan und direkt in und auf Film zu übertragen und wiederzugeben.

Von einem Doppel-Zweimann-Team aufgenommen (Leacock-Drew, Pennebaker-Maysles), dokumentiert *Primary* in einer *tour de force* unmittelbaren Filmemachens die Kampagnen der 1960 gegeneinander antretenden Senatoren Hubert Humphrey und John F. Kennedy für die Vorwahlen der Demokraten im Bundesstaat Wisconsin. 18.000 Fuß Material über US-Politshow und Selbstinszenierung im Wahlkampf, geschnitten zu einer 2000 Fuß knappen Doppelmontage-Form. In stetem Wechsel: Humphrey, den Bodenständigen spielend, drückt automatenhaft Farmer-Hände und verteilt jovial private Ratschläge in Agrarkultur; Kennedy badet gelöst in der Menge und setzt erstmals entschieden auf pure, inhaltslose Medienpräsenz anstatt kleinteiliger persönlicher Kontaktnahme. Die Kombination aus *high-pressure situation,* öffentlichem Auftreten und stetem Gefilmtwerden durchs *Primary*-Team veranlasst beide Politiker, die Präsenz der Kamera zu vergessen.

In *Hier Strauss,* Don A. Pennebakers virtuosem Porträt eines Staatsmanns in Amt und Alltag, wendet sich Bayerns Ministerpräsident-Bulle dem Filmauge zu, um zuerst »Gfaitts da?« zu fragen, bald danach »Aber die *schlechten* Bilder nehmen Sie raus?!« zu schnarren und dann zu agieren, als gäbe es Pennebakers Kinoapparat nicht. Vergessen, nicht mehr bemerkt: Die *candid camera* des *Direct Cinema* wird in *Primary* und *Hier Strauss* gleichsam zum unsichtbar anwesenden Aug-Ohr-Organ einer in den Lebensprozess der Gefilmten eingebundenen, in ihm anwesenden, auf ihn reagierenden und zugleich zusehends *übersehenen Person*. Sie bewegt sich, wendet sich zu, sieht, hört, reagiert gemäß der *Beweglichkeit, Intelligenz, Reaktionsfähigkeit* und *Aufnahmekraft* dieser Person. Grund genug für Leacock, sie mit

Hier Strauss

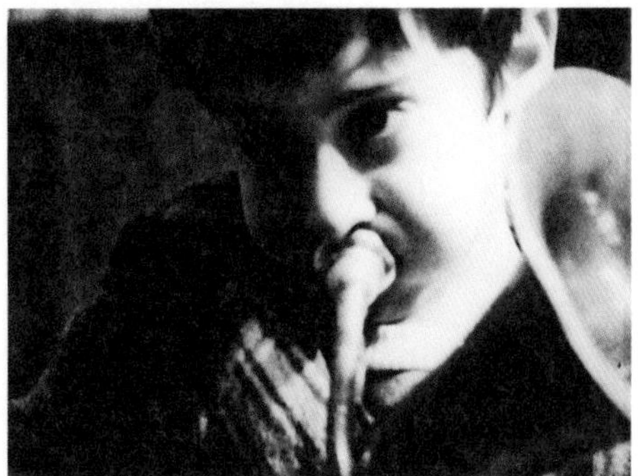

Pull My Daisy

schönem zweitem Namen zu bedenken: *LIVING camera*. Und dem gegen seine und Pennebakers Arbeit erhobenen, knarrend kritischen Vorwurf, Wirklichkeit könne vom Film *nie* ungefiltert, pur, »in objektiver Wahrheit« wiedergegeben werden, nimmt er den Wind durch die luzide Charakterisierung der *Direct Cinema*-Essenz aus den Segeln: *»My definition of what we are doing is to show aspects of the FILMMAKER'S PERCEPTION of what has actually happened.«*

Pull My Daisy, ein kleiner, wunderbarer Film in Grau und Grauschwarztönen auf lichtempfindlichem Material. Auch hier: intensive *Präsenz gefilmter realer Personen* und intensive *Präsenz der Kamera* an einem *realen Ort:* Evokation von Hier und Jetzt, von Gegenwärtigkeit und *Da*sein durch *the FILMMAKER'S PERCEPTION*. Anders als in *Primary* und *Hier Strauss:* die Art der Vorgänge, die Robert Frank filmt, und das Sein dessen, *what is actually happening*. *Pull My Daisy* ist ein Film der verschwimmenden Grenze, zugleich Dokumentarfilm und Spielfilm und im Löwenanteil der Augenblicke aufs Bezauberndste im Unklaren lassend, was in ihm Spiel, Dokument oder beides zugleich sein könnte oder ist. Beat-Poeten, Frauen und ein Kind in abgewohntem New Yorker Apartment. Gregory Corso, Allen Ginsberg, Peter Orlovsky diskutieren, albern, trinken, rauchen vor dem dokumentarischen Filmaug und *sind* Corso, Ginsberg, Orlovsky und im selben Moment ein Trio, das *sich selbst spielt*. Larry Rivers *ist* Larry Rivers, aber auch Rivers, der Rivers *darstellt*, des weiteren eine fiktive Person namens Milo, die sich von Rivers unterscheidet und ihr, nicht nur beim Saxophonspielen, zum Verwechseln gleicht. Zusätzlich zur Oszillation zwischen Faktischem und Fiktion verwandelt das Ereignis *Tonspur* den dokumentarischen Anteil des Films. Statt *live* aufgenommener Dialoge und Töne: Jazz plus Jack Kerouacs Stimme im Off, die (anhebend mit den Worten *Early morning in the universe*) in hinreißender Singsang-Lyrik-Improvisation die Vorgänge und (stumm bleibenden) Gespräche kommentiert, paraphrasiert, interpretiert, transponiert, formt, verformt: *gestaltet*.

Pull My Daisy: ein gefilmter, gespielter, gesprochener Song. *Harry Tomicek*

5

ALEKSANDR DOVŽENKO
Zemlja (Erde) (1930) 73 min (20 B/Sek)

Aleksandr Dovženko: »Das Material meiner Filme ist aufs Äußerste konzentriert durch den *Augenblick,* und ich führe es gleichzeitig durchs *Prisma der Emotionen* hindurch, dieses Prisma, das dem Augenblick Leben und Eloquenz verleiht. Ich bleibe niemals indifferent vor diesem Material. Man muss viel und stark *lieben und hassen,* sonst bleiben die Werke dogmatisch und trocken.«

Zemlja: ein visionärer Film aus Augenblicken und Emotion. Die Emotion: nicht dargestellt, sondern *in* den Augenblicken und *als* Augenblick, so stark, dass sämtliche Dinge im Film vor Emotion prall und plastisch bis zum Zerspringen geworden sind und das irdische Sein in ihnen vor Fülle, Erregung und Pracht vibriert. Die Materie: ein Glanz. Der Film: eine einzige, lange Ekstase.

Gustave Courbet, auf die Frage, was er beim Malen denke: »Ich pflege nicht zu denken, ich bin Beute meiner Emotion.« Dovženko, Courbet variierend: »Meine Absicht? Ich denke nicht, ich bin *begeistert.«* Die Emotion in *Zemlja* ist so unbändig, dass die Personen unter ihrer Wucht in Trance erstarren, die Augen geschlossen oder leer ins Nirgendwo gewandt, die Mienen tragisch versteinert vor Entrücktheit aus Versinken, Wonne und Schmerz. Nur Wind und huschende Schatten künden vom Leben. Auch der Film erstarrt zur Stasis, um nach Sekunden verrückter, absoluter Ruhe zu erwachen, so wie die Gesichter und Personen in ihm wie aus geheim und verschlossen bleibenden Träumen erwachen. *Zemlja* ist ein Film vom Tod und von der immer wieder neuen Rückkehr der Lebenden ins Wunder der Gegenwart.

Dovženko: »Ich habe mich vom Beginn an entschlossen, keine Effekte zu bemühen, keine Tricks, keine akrobatische Technik, sondern nur einfache Mittel. Ich nahm als Thema *die Erde.* Auf dieser Erde eine *Isba,* in dieser *Isba* Menschen, einfache Leute, gewöhnliche Ereignisse.« *Zemlja:* ein Film elementarer Wucht und elementarer Dimension über einfache Menschen und über den Kosmos. Ein Montage-Film, drei Stränge zu einem ineinanderwirbelnden Strom verbindend: Mensch und Natur, Mensch in der Geschichte, Mensch als liebendes und sterbliches Wesen. Der Traktor zieht ein ins Dorf: Das Pferd nickt. »Ich sterbe«, sagt der alte Mann, und der Schatten der ziehenden Wolke am Kornfeld antwortet. Eine nackte Frau schlägt vor Verzweiflung gegen die Wand, und die Sonnenblume steht prall im Licht.

Wie jedes große Kunstwerk erfindet *Zemlja* eine eigene, einzigartige Sprache, mit der es spricht. Etwa: 1 Mann, 1 Ochse, 2 Ochsen, 3 Ochsen, 3 Kulaken, 4 Bauern, 7 Bauern, eine Menge von Bauern, 1 Paar, 3 Bauern, 1 Bauer, 1 Ochse, 1 Pferd, 2 Masten, 1 Mann: Ansteigen und Verebben einer Welle, dazu da, um auf *ein* Bild hinzulaufen: den Streifen Erde unter Wolkenweite und auf ihm die Ankunft des Traktors am Horizont. Oder: Zweige voll funkelnder Äpfel, viele Äpfel, dann 4, dann 2, dann einer, dann 4, dann 6: Apfelbildmulde, dazu da, um in sie die Szene des sterbenden Alten auf apfelübersätem Gras zu betten.

Historie: sowjetische Ukraine, 1929. Ein Splitter der Moderne sticht ins Mittelalter der Bauern. Kulaken und Mušiks werden zu Klassenfeinden, Gesichter pathetisch vor Klassenkampf, Väter zu Repräsentanten des Alten, Söhne zu Kündern des Neuen. In großem, glühend rhythmisiertem Montageblock: die Ernte.

5

Sense versus Maschine. Oder wie Weizen am Feld sich durch Filmmagie in drei Minuten zu Brot verwandelt. Der Übergang einer Epoche in eine andere, nicht sanft, sondern quälend, zerreißend. Darüber die gleichgültige Majestät des Himmels. Geschichte, vollzogen, verhängt, als Doppeldrama: Drama der Person, Drama des Kollektivs. Mitten darin, Vorder- und Hintergrund zugleich: die Kreise von Tod und Geburt und die großen, Beunruhigung und Ruhe verschenkenden Zyklen der Natur. Wallendes Korn. Durchs Gras fließender Wind. Herbstregen.

Zemlja oder der Sinn des Lebens. Im Zentrum, als Zwischentitel: »*Es gibt keinen Gott.*« Ein alter Mann stirbt, ein junger wird erschossen. Die Reaktion der Lebenden: konvulsivischer Schmerz, Hysterie, Wahnsinn, wortloses Starren. Ein Weißbart legt seinen Kopf horchend aufs Grab. »*Semen, wo im Jenseits bist du?*« Die Erde schweigt. Die Menschen verlöschen.

Zemlja oder das Geheimnis. Was ist der Mensch? Was ist Geschichte, was Natur? In der Nacht-Sequenz, dem magischen Herz des Films, ergießt sich Mondschein in Fächern über schwarzes Land. Reigen aus Schatten und Licht. Mit verschlossenen Lidern wandelt der Liebende durchs schlafende Dorf, in sich sehend, lächelnd. Er beginnt zu tanzen, wirbelt Staub zu leuchtenden Wolken, tanzt weiter, den Pfad hinaus in die nächtlichen Wiesenhügel, stampfend, schwebend, die Arme ausgebreitet oder in die Hüfte gestemmt, den Blick gesenkt, triumphierend, träumend, entrückt, ein in seinem Glück Verschlossener, abwesend anwesend. Tanz, dem Leben, dem Rätsel huldigend.

Tod am Beginn von *Zemlja*. Tod am Ende. Schmerzzerreißung. Die Begräbnis-Sequenz. Und doch nicht das Ende. Denn Dovženko fügt der Feier der Grablegung als antwortenden Rausch 90 der schönsten Sekunden und 31 der herrlichsten Bilder der Filmgeschichte hinzu. Zweige voller Äpfel in der Sonne. Dann Wind in den Blättern. Dann beginnt Regen wie ein Wasserfall aus Glanz nieder zu strömen, und die Äpfel, Zweige, Apfelheere am Boden, Türme und Berge aus Kürbissen im Gras funkeln wie verrückt vor Nässe. Großaufnahme: verklärt oder gleich einer tragischen Maske das Gesicht einer jungen Frau mit geschlossenen Augen und offenem Mund. Sie scheint aus Trance oder Schlaf zu erwachen. Groß: das lächelnde Gesicht eines Mannes. Zuletzt: Frau und Mann sehen einander, umarmt, schweigend an. Nochmals und als Siegel: die Rückkehr ins Leben.

Harry Tomicek

6

JACK SMITH
Flaming Creatures (1963) 42 min
LENI RIEFENSTAHL
Triumph des Willens (1935) 110 min

Material für die Fragestellung *Was ist der Mensch?* Material, dessen Betrachtung Bewohnern eines fremden Planeten Zweifel darüber einpflanzen müsste, dass es sich bei *Mensch* um *ein und dasselbe* Wesen handelt, beheimatet in *ein und derselben* Welt. Zweimal, abgründig verschieden wie befremdlich: Mensch als *feiernde* geschichtliche Kreatur. Zwei Filme über *Rituale.* Zwei Beschreibungen kollektiver Lust, die eine gewollt pornografisch und darin rein, die andere rein wie Dirndl und Uniform und darin ungewollt pornografisch. Zwei über Zeiten hin verfemte und verbotene Filme. Und zwei Grundmöglichkeiten des filmischen Umgangs mit Spiel und Dokument.

Deutschland, 1935. Leni Riefenstahl filmt mit 18 professionellen Kameraleuten den als Führer-Messe und Volks-Staats-Fest arrangierten Reichsparteitag der NSDAP, beseelt vom Ehrgeiz, das Filmdokument *hinreißend, perfekt* und *durchgeformt* wie einen Kinospielfilm zu gestalten. Mit der Fülle des Films soll und wird *Triumph des Willens* den Deutschen in fernsehloser Zeit die Glaubensparole »Ein Volk, ein Reich, ein Führer« zur verklärten sinnlichen *Anschauung* bringen. Nicht irgendein, sondern *der* Propagandafilm des Nationalsozialismus. Gefilmtes Fest, Film als Fest: Hitlers Hochzeit mit den Deutschen. Ein erotischer und ein religiöser Akt, weswegen es sich empfiehlt, Protagonisten wie Feiernde zu *sexualisieren,* den Bräutigam indes *gottgleich* zu stilisieren. Teil 1: Hitler im modernen Himmel (im Flugzeug), Hitler steigt zur Erde herab (Landung). Teil 2: Hitlers Vermählung mit dem *Volk,* vorrangig formiert aus strahlenden Kindern und Frauen, Ekstase im feucht hingerissenen Auge. Ort: die von Reichsgeschichte durchtränkte Altstadt von Nürnberg. Teil 3: der Bund mit der *Partei,* figuriert aus Order nehmenden, zu Ornamentgliedern gebündelten, Treue schwörenden Männern mit soldatisch entschlossener Miene. Orte: Stadien und Hallen gigantischer Dimension. Das Volk: weiblich. Weiche Massenwoge, beseelt von Liebe, gebogen von Erregung. Die Partei: männlich. Hartes, gegliedertes Körpermuster. Maschinelle Bewegung. Architektur der Masse.

Ihr Film sei unpolitisch, ist Leni Riefenstahl, gesegnet durch unheilbares Unverständnis

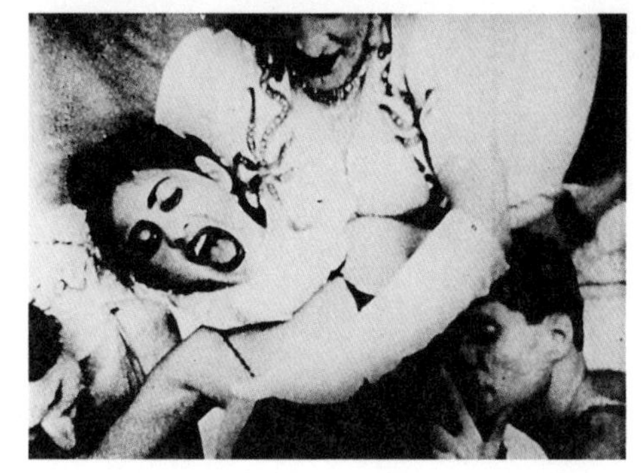

Flaming Creatures

Triumph des Willens

dieses und jedes Films, nicht müde geworden zu versichern: er sei *bloß dokumentarische Wiedergabe* außerfilmischer Wirklichkeit. *Triumph des Willens* ist ein Lehrbeispiel für die Unrichtigkeit dieser Behauptung und für die Nahezu-Allmacht des Films, *eigene Realität zu erzeugen*. Was nicht ausschließt, dass ungewollt Schmutzpartikel eines nicht vom Film gestalteten Teils der Welt in diesen eindringen: Anmaßung im Gesicht eines Nazi-Satrapen oder jämmerlich aufgesetztes Pathos im Gehabe der Unterhäuptlinge. Oder die unerträgliche Ödnis ewigen Marschierens. Nicht eliminierte oder eliminierbare Einschlüsse: ungewollte Dienste zur Bloßlegung der Lächerlichkeit einer geplanten Sternstunde im öffentlichen Licht des Films.

Amerika, 1963. Im mysteriösen Dunkel eines Innenraums filmt Jack Smith auf ausdatiertem, seltsam verwaschen flackerndem Filmmaterial eine Orgie, *gespielt* und im Spiel *gelebt* von vermummt *sich selbst mitsamt ihren Lüsten* darstellenden Akteuren.

Im Ursprung, erst recht im Amerika von 1963, zählt zur Essenz der *órgia* das Geheime, die kollektive Ausschweifung im Verborgenen. Smith kehrt das Geheime ins Öffentliche eines sowohl karikierten wie gehuldigten »Spiel-Films«, der schwül-orientalisches Hollywood-Kino à la Sternberg oder *B-Pictures* der 30er Jahre imitiert/variiert, alle »Handlung« (außer der Handlung *Orgie* selbst) eliminiert und zu je halben Teilen einem (Alb-)Traum *von* einer und einem Trance-Dokumentarfilm *über* eine Orgie gleicht. Vorgeführt gerät *Flaming Creatures* zum Skandal par excellence, zur *cause célèbre* des Underground und zum Entrüstungsthema von Meinungsträgern, Organisationen und Instanzen (Polizei, Gericht, *Supreme Court,* Kongress und Senat der USA miteingeschlossen). Der Film wird verboten, Jonas Mekas und Ken Jacobs, die seine Aufführung betreiben, finden sich zu 60 Tagen Arbeitshaus verurteilt.

Über die »Lasterhaftigkeit« hinaus, die man ihm vorwirft, resultiert das Verstörende von *Flaming Creatures* vermutlich aus drei Tabu und Norm verletzenden Eigentümlichkeiten. Erstens: Außer den Momenten, in denen baumelnde Penisse und Brüste sichtbar werden, bleibt das Geschlecht der *creatures* unlesbar. In einer zentralen Szene formieren ihre übereinander herfallenden Leiber einen einzigen wogenden, kaum entschlüsselbaren Lustkörper aus exotischen Gewändern, Blumen, Perücken, Gliedmaßen und Genitalien. Das Geschlecht dieses von Smith filmisch gezeugten kollektiven Körpers tritt zugleich androgyn und irreal polysexuell in Erscheinung. Zweitens: *Flaming Creatures* ist Pornografie, die sich der Pornografie *verweigert* und darauf beharrt, Kunst zu sein. Keine Darsteller, die Lust und Lustgewinn *simulieren,* um die Lust des Zusehers zu entfachen, sondern Akteure, die ihre Lüste, bei sich bleibend, *zelebrieren*. Obgleich auch der Film selbst durch filmische Gesten Lust artikuliert, bleiben er und sein Gezeigtes *fremd* wie unbekannte Prozesse, verschlossen in einer durchsichtigen und unbetretbaren Isolationskugel. Drittens: Die dargestellte Orgie der Transvestiten und Drag Queens feiert ekstatisch Vergewaltigung, Mord, Tod, Wiederauferstehung durch Lust. Jack Smith beschwört orgiastisch-*religiös* die Dimension des *Kultischen,* um sie mit Trash auf der Tonspur zu *pervertieren*. Er sucht, er findet das Sakrileg. Er begeht es herausfordernd, wollüstig und ungerührt.

Harry Tomicek

GEORGES MÉLIÈS
Le Magicien (1898) 1 min (16 B/Sek)
L'Homme à la tête en caoutchouc (1901)
3 min (16 B/Sek)
La Cascade de feu (1904) 3 min (16 B/Sek)
Les Bulles de savon animées (1906)
4 min (16 B/Sek) [Ausschnitt]

EMILE COHL
Le Cerceau magique (1908) 6 min (16 B/Sek)
Drame chez les Fantoches (1908) 4 min (16 B/Sek)
L'Avenir dévoilé par les lignes du pied (1914)
2 min (16 B/Sek)

VIKING EGGELING
Diagonalsymphonie (1921) 8 min (16 B/Sek)

HANS RICHTER
Rhythmus 21 (1921) 4 min (16 B/Sek)

FERNAND LÉGER
Ballet mécanique (1924) 18 min (18 B/Sek)

MAN RAY
Le Retour à la raison (1923) 3 min (16 B/Sek)
Emak-Bakia (1927) 18 min (18 B/Sek)

MARCEL DUCHAMP
Anémic Cinéma (1926–27) 8 min (18 B/Sek)
Mitarbeit: Man Ray und Marc Allégret

L'Homme à la tête en caoutchouc

Georges Méliès (weniger Künstler als Zauberkünstler, Verwandlungsartist, Illusionist) kauft 1896 die Apparate und Verwertungsrechte der Erfindung Cinématographe, an deren Zukunft (Rentabilität) ihr Erfinder Lumière nicht mehr glauben mag, während Méliès die Überzeugung hegt, mit Hilfe des Kinos *besser* (billiger, effektiver, verblüffender, ertragreicher) *zaubern* zu können, als er es je auf der Bühne des Théâtre magique Robert-Houdin (dessen Impresario er ist) vermocht hätte. 1898 dreht er »als erster« Filmregisseur, Kameramann, Cutter, Kulissenbauer, Maler, Plot-Ersteller, Produzent, kommerzieller Verwerter und Akteur in einer geschmeidigen, charmanten Person ein Filmchen, dessen Titel *Le Magicien* das Besondere *all seiner Filme* erhellt: Méliès *zaubert,* indem er entdeckt, dass *Film* zu zaubern vermag. Und siehe da: Die Köpfe segeln, ein Haupt wächst riesig an und zerplatzt, aus nichts wird eine Flamme, aus der Flamme ein Sockel, aus Luft entstehen Flaschen, aus dem Mantel eine Schatulle, aus ihr wölkt Rauch und schweben Frauen hervor, die sich in Rauch zurückverwandeln, wonach Monsieur Méliès-Mephisto Fackeln zum Flammenrad dreht, in deren Mitte sein verblüfft oder ausgebufft lächelndes Antlitz in Nahaufnahme als Magie-Logo thront – gezaubert von G. M., der diese Hexerei mit Film erfand, indem er *animation* mit Überblendungen (wie in *La Cascade de feu* und *Les Bulles de savon animées*) oder mit Kamerafahrten (wie in *L'Homme à la tête en caoutchouc*) verband. Überdrüssig der grau in grauen Schemen lässt er auf dem Zelluloid seiner Filme viragierte Farben tanzen: Blau für Rauch, Magenta für Flamme, Sepiagold für die selbstgemalte Kulisse. *Film zaubert*.

7

Drame chez les Fantoches

Auch Emile Cohl zaubert um 1908 naiv mit Film. Tollkühn naiv: kindlich phantastisch und zugleich (den Surrealisten um Jahre voraus) abenteuerlich daran arbeitend, alles möge – rasend schnell – sich in alles verwandeln können. Etwa: animierte Zeichnungen in animierte Objekte. Oder: der Kreis in eine Blume, die Blume in ein Mondgesicht. Permutation *ad infinitum*. Cohls »vermischte Animation« versetzt Strichmännchen, gefaltetes Papier, leblose Gegenstände in groteske Bewegung. Und lässt grafische Linien Zug für Zug entstehen. »Es zeichnet sich« auf der Leinwand: *»Geometry at play«* oder Monsieur Cohls Nutzung des Films als Artikulation *in der Zeit*. Eine Artikulation, die – ad libitum – 16 bewusste Artikulationsmöglichkeiten pro Sekunde gestattet.

Méliès kommt von der Zauberbühne, Cohl von der Karikatur zum Film: Beide bedienen ein *Publikum,* das becirct und unterhalten sein will. Mit Viking Eggeling benutzt erstmals ein *Künstler* leidenschaftlich das Medium *um seiner selbst willen: Diagonalsymphonie* entsteht für Eggeling. Entsteht für Seher, die Film wie Kunst betrachten. Entsteht, damit Film zu Kunst wird. Entsteht als Purifizierung des Films. Entsteht als Demonstration von etwas, das nur und einzig *Film* zu erschaffen vermag. Wie Cohl verwendet Eggeling die Bild-für-Bild-Animation als rhythmische Möglichkeit des Zeichnens/Zeichenschreibens *in der Zeit*. Im Zentrum des Filmkaders entstehen, vergehen, wachsen an, schrumpfen, springen von links nach rechts, rechts nach links, oben nach unten, unten nach oben: diagonale Linien, diagonale Parallelen, Segmentbögen, Parallelbögen, rechte Winkel, V-Linien, Dreiecke, wechselnd zwischen fein-stark, dünn und flächenförmig, verzahnt, vermählt zu kammartigen, harfenartigen, sich verkomplizierenden, sich reduzierenden Hieroglyphen. Hans Richter, Weggefährte und Freund Eggelings, Maler wie er und beeinflusst von ihm, artikuliert in *Rhythmus 21* (anfänglich: *Film ist Rhythmus*) Zeit und Rhythmus *mit Formen* und *mittels Formen: fundamentalen* Formen – rechteckigen hellen, dunklen Formen, die den Fundamenten des Ereignisses *Film* huldigen: dem Rechteck der Leinwand, dem Schwarz des Schattens, dem Weiß des Lichts.

Le Retour à la raison, 1923 von Man Ray (»Mensch-Strahl«) ohne Drehbuch, teils *ohne,* teils *mit* Kamera realisiert, ist ein 3-Minuten-Sturm, hervorgebracht durch Film. Der Titel dieses Vernunft und Sinne in Verwirrung setzenden Werks kann ironisch-provokativ als »Rückkehr zur *Vernunft (raison)*« gelesen werden: die verwirrte, erregte Vernunft als *wahre*. Er vermag *auch,* was sich empfiehlt, pathetisch-philosophisch als »Rückkehr zum *Grund (raison)*« verstanden werden: Film kehrt *wirklich* (wirklichwerdend) zurück in seinen *Grund,* in sein *Wesen*.

Film *vermag* und Film *ist* Animation: Neu-Erschaffung der Welt. *Ballet mécanique* von Fernand Léger bringt 1924 die Film-und-Welt-Neuerschaffung des Avantgardefilms auf den Nenner der Vollkommenheit, die nicht statisch, sondern als Film-*Gewitter* oder tanzende *Erhellung* oder *Parallel-Naturereignis* der Kunst gedacht werden muss. Beispielhaft und bahnbrechend wird *Ballet mécanique* im Vorgang des *Übertragens* von einer Bewegung auf die andere und im *metapherein* (Hinübertragen) von einem Bild zum nächsten: in film-metaphorischen Akten, durch welche aus zwei oder mehreren Bewegungen eine unbekannte neue und aus zwei oder mehreren statischen Bildern das Wunder eines nur vom Film gewährten Bewegungs-Bildes entstehen. Das Glücksrad rotiert, die Kamera fegt die Spiralen der Schlitterbahn hinab, ein Mann springt vom Auslauf der Rutsche zu Boden, Soldatenstiefel marschieren auf diesem von links nach rechts, das Automobil fährt dreifach über das am Straßenpflaster liegende Kameraauge hinweg, und alles strömt in eine einzige, komplexe Geste des Kreisens-Gleitens-Rutschens-Marschierens-Überfahrenwerdens zusammen. *Ballet mécanique* nötigt die Natur zu *tanzen: film* zu tanzen.

Wie Léger, Richter und Eggeling schweift Marcel Duchamp zum Film von der Malerei, aus welcher er sich zu *entwinden* trachtet, wie er Kunst im herkömmlichen Sinn überhaupt *durch Kunst* zu *überwinden* sucht, ein heroischer, paradoxer Akt. Nach dem Furor von *Ballet mécanique* der schlaffe wie geheimnisvoll anagrammatische Titel *Anémic Cinéma* und ein lethargisch blutarmes, kalt konzipiertes, intellektuell verstörendes Film-Kinetik-Stück, in dem 1926 wie heute nichts zu sehen bleibt als 10 rotierende *disques* (Scheiben) samt Spiralmustern im stoischen, ins Leere gewundenen

Anémic Cinéma

Wechselspiel mit 9 sich drehenden und erst durch diese Drehung in der Zeit lesbaren Dada-Wortspielen, deren Sinn oder Unsinn ins Bodenlose entführt. Im Status des Stillstands würden die Scheiben »real« flach erscheinen, die Realität der Film-Bewegung jedoch versetzt sie in Drehung und verwandelt ihre Flachheit ins Räumliche. Sinnvoll-sinnlos wie die Spiral-Texte ist die entschlüsselte *nom de plume*-Signatur am Filmende: »*copyrighted 1926: Rrose Sélavy*«. »Die Rrose: Das ist das Leben.« *Anémic Cinéma* ist ein ironischer, aufrührerischer Enigmen-Film an der Grenze von Entleerung und Selbst-Destruktion in den Geburtsjahren der so genannten *Avant-garde*, auf die *après* vereinzelt ein Nachfolger, aber nie das Hauptheer der *garde* folgen wird.

Harry Tomicek

8

GEORGES MÉLIÈS
La Fée Carabosse (1906) 13 min (16 B/Sek)
ROBERT NELSON
The Great Blondino (1967) 41 min
U.S. GOV. OFFICE OF WAR INFORMATION
To the Shores of Iwo Jima (1945) 19 min
BRUCE CONNER
Cosmic Ray (1961) 5 min
Crossroads Teil 1 (1976) 13 min
JORIS IVENS
Regen (1929) 15 min (18 B/Sek)

Sechs Beispiele für Spiel-, Dokumentar-, Kompilations-, Avantgarde-, Found-Footage-Film aus dem Zeitraum 1906 bis 1976: Beispiele für deren *Unterschiede, Gegensätze, Ähnlichkeiten, fließende Grenzen* und für die *Vielfalt* der Möglichkeit filmischer Äußerung.

Das zur Vorherrschaft werdende Spielfilm-Element des Mediums zeigt sich erstmals in den ab 1892 für Edisons Kinetograph gedrehten *strips* von W. K. L. Dickson und in Lumières Komödie *L'Arroseur arrosé,* die am 28. 12. 1895 das Publikum im Keller des *Grand Café* in Paris ergötzt. Georges Méliès fügt dem *divertissement* vor der Kamera agierender Akteure die Kulisse, die Film-*Animation,* die Doppelbelichtung und die Illusion des amüsant Phantastischen hinzu. Im Willen, durch Erzählen und Verblüffen kommerziell erfolgreich zu *unterhalten,* weist Méliès dem von Eisenstein »Kind des Kapitalismus« genannten Kino-Spielfilm die Pforte zum Weg nach Slapstick, *Gone With the Wind* und *Star Wars. La Fée Carabosse,* eine der Feerien, die seine Berühmtheit begründen, kombiniert 1906 Burleske und *conte de fées* in historischem Kostüm. Ein Märchen-Dramolett mit Liebespaar, Druide, animiertem Lindwurm, Kartonfelsen, (angedeutetem) Happy-End-Kuss, rot koloriertem Mantel und Maître M. als böser Fee – sowie Akteuren, die zur Kundgabe der Emotionen in 13 Minuten ein stolzes Quantum pantomimischer Gestikulation absolvieren, wodurch der Fiktionsfilm ungewollt auch zum *Dokumentarfilm* gerät. Er dokumentiert den Einzug des *Châtelet-Vaudeville*-Bühnenstils ins Kino, den generellen Triumph des Theaters im frühen Spielfilm und die Gleichzeitigkeit des Ungleichzeitigen: als Produkt des bereits verrauschten 19. Jahrhunderts entsteht *La Fée Carabosse* anachronistisch im Kinematographen-Abseits der Kunst – ein Jahr vor Picassos *Les Demoiselles d'Avignon* und inmitten der ausbrechenden Gewitter der Moderne.

Méliès markiert einen juvenil spielerischen, antiquierten Beginn, Robert Nelsons *The Great Blondino* ein furios jugendliches Stadium von Ende, Ernte, Summe im circensischen Traum-Trance-Mantel eines Films, der alles zusammenfasst (und voraussetzt), was Film-Avantgarde, Dokumentarkino, *Newsreel,* erzählendes *movie* und dessen Bastard namens Kino-Fernseh-Werbung in die Welt gesetzt haben. Von Beginn an suggeriert Nelson eine Spielfilm-Handlung, um sie in der Folge nicht *ein-,* sondern stetig anders *aufzulösen,* wieder zu bekräftigen und erneut zu verflüssigen. Dabei wechselt er von Einstellung zu Einstellung chamäleonhaft Farbe, Stil, Gangart und lässt beharrlich im Unklaren, ob der Film nicht nur zu Teilen, sondern als Ganzes einen Traum halluziniert – oder einen Traum in einem anderen, der ein Traum vom Kino oder ein luzider und phantastischer Film-Rauschzustand ist. Verbundenen Auges und verfolgt von einem *detective,* Marke Schwarze Serie, wandelt ein Mann im Narrenkostüm mit Scheibtruhe durch San Francisco und kalifornische Küstenlandschaft. Der echte, der falsche, der wieder auferstandene Great Blondino, der 1885 auf einem Seil samt *wheel-*

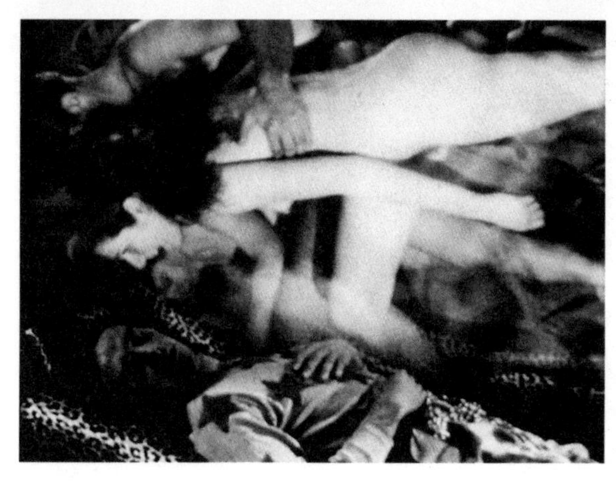

The Great Blondino

barrow die Niagara Falls überquerte? Statt auch nur entfernt darauf zu antworten, überschwemmt Nelson ihn und seinen somnambulen Film *(dedicated to tight-rope walkers everywhere)* mit Bildern, die stets zugleich ironisch, geheimnisvoll, bedrohlich, schwebend wirken, und mit Wechselbädern aus ostinat sanfter Trancemusik, dramatischen Hollywood-Ta-Ta-Taaa-Fanfaren und abrupter Stille.

To the Shores of Iwo Jima, 1945 unter extremen Bedingungen (und Verlusten) von Kameramännern der U.S. Navy, des Marine Corps und der Coast Guard während der Eroberung der Insel Iwo Jima gedreht, zählt zu den sogenannt »herausragenden Schlachtendokumentationen« des Zweiten Weltkriegs. Bebende Unmittelbarkeit zeichnet den Duktus der Aufnahmen aus. Zugleich bleiben die Bilder, Paradoxon aller filmischen Frontdokumente, im Kern seltsam fern, fast steril: sie beharren darauf, *bloße* Bilder, *Abbilder* und darin Ausklammerungen des Ungeheuren zu sein, als verweigerte der Krieg der Kamera essentielle Anteile seines Seins. Dies der vom *Office of War Infomation* vermutlich nicht gewusste, aber geahnte Grund dafür, das Filmmaterial durch Aufbau und Montage zu *dramatisieren:* dem Kriegs-Dokumentarfilm die Gestalt eines Kriegs-Spielfilms zu verleihen. Was Allan Dwan vier Jahre später folgerichtig befähigt, nicht nur Bilder, sondern ganze Sequenzen aus *To the Shores of Iwo Jima* in den John-Wayne-Film *Sands of Iwo Jima* als verschleiertes *found footage* zu übernehmen.

Fassung 1 von Bruce Conners *Crossroads* ist *found footage* unverschleiert und pur: unverschleiert *fremd* übernommenes Material, optisch *pur* belassen, ohne Gestus der Dramatisierung. Conner belässt die (sofort nach Freigabe von Regierungsstellen besorgten) Aufnahmen vom ersten Unterwasserbombentest am 25. Juli 1946 im Bikini-Atoll als jene, die sie sind – gleichsam unwirkliche *Abbilder,* ungeheuer darin, dass sie *nur Bilder* des Ungeheuren darstellen und also *wie darstellende Bilder* (Bilder von weißen Geistern etwa) *betrachtbar* geworden sind, kühl oder naturwissenschaftlich interessiert oder hingebungsvoll angesichts der Wolkenpracht über dem friedlichen Pazifik.

Im gleichen Maß oder Unmaß, mit dem Conner vorgefundenes Bildmaterial in *Crossroads I* auf sich beruhen lässt, zertrümmert er in *Cosmic Ray* divergentes *found footage* (und selbst gefilmtes Material) zu winzigen Licht-Schatten-Splittern – um mit ihnen, zu den

8

Cosmic Ray

fiebrig galoppierenden Klängen von Ray Charles' »What'd I Say«, die Strip-Nummer einer Tänzerin (in Wahrheit verschiedener *girls*) unerbittlich zu beschießen oder MG-haft zu perforieren. In 5 Minuten 2000 Bilder ausschüttend, zwingt *Cosmic Ray* das Auge in den Grenzbereich der Wahrnehmbarkeit, um es dort *herausgefordert* arbeiten, also in gesteigerter Intensität *ekstatisch sehen zu lassen.* Eine kinetische Nötigung zur Schnelligkeit durch *filmische Zeit. Cosmic Ray* montiert Bilder von Striptease, Feuerwerk und nächtlichen Lichtern mit Film-Vorspannmaterial, Weiß- und Schwarzkadern, Fetzen aus *movies* und *commercials* und, zuerst vereinzelt, später systematisch, mit Partikeln von Krieg, Zerstörung und metallischen Phalli der Gewalt: Atompilz, zerstörtes Nagasaki, *Mickey at War,* Kanonenrohre, feuernde Geschütze, marschierende Marines, Schlachtschiffe, Aufrichten des Sternenbanners auf Iwo Jima. Das Ergebnis: *recycled* und dennoch vehement original, 1961 hochgradig originell, später kopiert, kritisiert, pervertiert und, alles in allem, eine Feuerwerks-Ikone des rasend-berstenden Films und des kranken 20. Jahrhunderts in seiner 2. Hälfte. *Sex & destruction,* kataklastisch verschmolzen. *Cosmic Ray,* so Conner, seien die wütenden Augen zur Musik des blinden Ray Charles, um ihm zu zeigen, was er nicht sehen könne.

Regen komponiert Joris Ivens 1929 aus lyrischen Bildern der einen, selben Welt, von welcher auch die dokumentarischen Bilder in *To the Shores of Iwo Jima, Crossroads I* und *Cosmic Ray* Zeugnis ablegen – so, als wäre dieselbe Welt eine andere, getrennt von sich selbst durch Abgründe. Statt Dramatisierung, Rohzustand oder Zerhackung der Bilder: sanfter visueller Fluss, der sich zu einer einfachen, zyklischen Form in der Art eines Gedichts oder Liedes fügt. A-B-B-A. Ruhe. Ansteigende, absinkende Bewegung. Ruhe. Ivens kompiliert (wie Conner), dramatisiert (wie *To the Shores of Iwo Jima*) und komponiert (wie Méliès) filmisches Material – solcherart jedoch, dass daraus ein Besingen entsteht. Besungen wird Regen, aufgenommen in Amsterdam an verschiedenen Tagen, verwandelt durch Montage in die Vision *eines* Regentags in der Großstadt schlechthin. Sonne. Wolken ziehen auf. Wind. Erste Tropfen, dann strömender Regen. Symphonie aus Regendetails, Regenfahrten. Heftig anschwellendes, verebbendes Wetter, rhythmisiert vom Regenring-Refrain im Grachtengrau. Mitten darin, betörend: das Bild einer Hundertschar funkelnder Regenschirme (schwarze Kreise in Schwarz samt Mustern silbrig schimmernder Segmente). Am Ende Stille, zögernde Sonne und – sehr groß – ein Geländer mit Tropfen wie Perlencolliers, in denen das neu aufbrechende Licht im Widerschein der Grachtwellen zittert. *Harry Tomicek*

DZIGA VERTOV
Odinnadcatyj (Das elfte Jahr)
(1928) 66 min (16 B/Sek)
CHARLES DEKEUKELEIRE
Impatience (1928) 33 min (20 B/Sek)

Zwei Werke anno 1928, in denen sich Film in bewusster Abkehr von Literatur (oder literarischen Aspekten) als reine *Film*-Sprache bekundet. »Wir erklären die alten Kinofilme, die romantizistischen, theatralisierten und anderen, für aussätzig. – Nicht nahe kommen! – Nicht anschauen! – Lebensgefährlich! – Ansteckend! … Wir säubern die Filmsache von allem, was sich einschleicht, von der Musik, der Literatur und dem Theater; wir suchen ihren nirgendwo gestohlenen Rhythmus. Und finden ihn in den Bewegungen der *Dinge*.« (Dziga Vertov, 1922)

Odinnadcatyj feiert (fliegend, in die Tiefe der Erde steigend, von Dorf zu Stadt, vom Dnepr zum Meer, vom Staudamm zur Zeche wechselnd) unverblümt enthusiastisch das elfte Jahr nach der Oktoberrevolution und den Einzug von Technik und Industrie in die Sowjetunion. Er feiert in der Sprache der Montage, besser: in der *Sprache der Intervalle:* »Material – künstlerische Elemente der Bewegung – sind die Intervalle (die Übergänge von einer Bewegung zur andern) und nicht die Bewegung selbst.« Ein poetischer, realistischer und vorbehaltlos propagierender Dokumentarfilm, gefertigt von einem, der 1928 glühend an den Sozialismus glaubt, jedoch mindestens so leidenschaftlich die »Diktatur des *Fakts*«, also die *Wahrhaftigkeit* liebt. Was nicht selten zu unerlösten und aufregenden Kollisionen zwischen gesehener Realität und Enthusiasmus führt.

Impatience, Meisterwerk des belgischen Einzelgängers Charles Dekeukeleire, ist ein geheimnisvoll *mechanischer* und *erotischer* Film.

Odinnadcatyj

Er unterscheidet sich von fast allen Avantgardefilmen der 20er Jahre durch seinen spartanischen, rigorosen Minimalismus. *Impatience* ist aus einer übersehbar begrenzten Anzahl von Bildern komponiert und weitet einen einzigen Vorgang zu einem Film von 33 Minuten aus: »Eine Frau fährt Motorrad«. Bilder der Frau: ausnahmslos Details. Bilder des Motorrads: Details. Heftig bewegte Bilder der Landschaft: Totalen, die dennoch nur Ausschnitte sind. Sie werden hypnotisch wiederholt, neu kombiniert, in unterschiedlicher Länge gezeigt, in divergente Rhythmen versetzt. *Impatience* baut sich ein eigenes Gefängnis der Form, aus welchem der Film nicht auszubrechen vermag, was seine immense Freiheit begründet. Der Film als kalt rasende Maschine. Und als stoische, präzise, erregend wütende Pumpe.

Vertov setzt ins Finale von *Odinnadcatyj* den jubelnden Titel »VORWÄRTS!«. Dekeukeleire versetzt das Rad, Symbol vorandrängender Energie, durch Film in einen Zustand, in dem es rast, aber *nicht* VORWÄRTS! kommen kann. Formgewordenes Thema: unerlöste Ungeduld. *Impatience:* ein Film über Mensch und Maschine im Zeitalter der Technik. *Harry Tomicek*

10

CARL THEODOR DREYER
La Passion de Jeanne d'Arc (1928)
107 min (18 B/Sek)

Zuerst ein Dahingleiten über die gefurchte Landschaft menschlicher Rücken; dahinter, zerstückt, diskontinuierlich, die Leiber der Soldaten; nochmals dahinter jenes Weiß, das fahl strahlend als Hintergrund alle Bilder vereinen wird: Weiß der Mauern, Weiß der Steinböden, der Gewölbe, des Himmels – gnadenloses, schweigendes Weiß der Welt. Ein Film der *Zerreißung*. Aberhunderte Schnitte (wer zu zählen gewillt ist, zähle; David Bordwell nennt die Zahl 1500): Schnitte, mit denen das Gesicht Jeannes getrennt, abgeschnitten, weggeschnitten, weggerissen wird von dem, was *um* dieses Gesicht ist – der Prozess, die Richter, Wächter, Henker, die Burg, das Volk, die stillende Mutter, die fliegenden Tauben, die physischen Dinge der Erde. *La Passion de Jeanne d'Arc* ist ein Film über Abtrennung und die letzte Trennung in der Einsamkeit des Todes. Genauer gesagt: kein Film *»über«*. Sondern – von Form und Entschiedenheit her – ein *Film der Abtrennung*. Oder: *der* Film des *unüberwindbaren* Abgetrennt- und Alleinseins im *Leiden*.

Ein manipulierter (politischer, sich theologisch tarnender) Prozess, stattgefunden im Zeitraum Dezember 1430 bis Mai 1431, auf *einen* Tag verdichtet. Paradoxester aller Künstler, die Film als Material ihrer Artikulation gewählt haben, strebt Dreyer, Christ auf Seiten der Häretiker, Hexen, Verrückten, in seinem dem Anschein nach so sehr das sinnlich *Konkrete* favorisierenden Medium wesentlich die *Abstraktion* an. Er bindet sich zurück ans Historische, um sich ihm gleichen Schritts nachgerade gewalttätig abstrahierend zu *ent*-binden: Paradoxon. Er lässt Bauten errichten, die inspiriert sind von den miniaturgemalten Architekturen des *Livre des merveilles* aus dem Spätmittelalter, und reduziert ihren »Schauwert« im Film auf eine fast abstrakte Folie weißer Mauern, weißer Gewölbebögen, weißer Donjons: Paradoxon. Sich ausrichtend am historischen Kostüm, hält er sich frei von jeder exakten Nachahmung: Paradoxon. Er gewinnt durch Abstraktion also ein Produkt, die berühmtesten, berüchtigtsten, berückendsten, bedrängendsten Großaufnahmen der Filmgeschichte – die Welt ein Wald von Gesichtern –, von welchem er *nochmals* abstrahiert, da ihn nicht das Sichtbare, sondern *Unsichtbare* bewegt. Abstraktion zum Spirituellen hin. In der Fähigkeit zu ihr sieht Dreyer die *Essenz* seiner und jeder künstlerischen Arbeit. Formuliert als apodiktischer Imperativ: »Der Künstler muss *inneres,* nicht äußerliches Leben beschreiben.«

Ein Film in zwei Ebenen, zwischen ihnen eine wachsende Kluft, klaffend gemacht durch pausenlose Montage und von der geschriebenen Sprache der Zwischentitel nicht überbrückt, sondern vertieft und unüberbrückbar gemacht. Hier: Jeanne, verkörpert in ihrem Gesicht. Dort: die Gegengesichter der Kleriker, Richter, Militärs, des die Hinrichtung umringenden Volks. Gesichter isoliert in Großaufnahmen. Gesichter in Gruppen, disparaten Haufen, Berg-und-Tal-Landschaften, Duos, Terzetten, Quartetten. Gesichter in Unteransichten. Gesichter fragmentiert, angeschnitten, gestaffelt, einander überlappend, sich einander zu- und voneinander abwendend. Gesichter in langen, horizontalen Fahrtaufnahmen oder enthüllt durch abrupte Vertikalbewegungen der Kamera. Gesichter vor weißen Wänden. Gesichter, deren ungeschminkte Haut auf dem panchromatischen Filmmaterial schwarz zerklüftet erscheint, rissig, perforiert von Poren,

ungeheuerlich wie etwas, das sich zu ausschweifendem Leben verselbständigt. Die Kamera stürzt auf die Gesichter zu. Sie wandert steigend, fallend über ihre Reihungen. Sie schnellt an ihren Galerien entlang. Sie fährt panisch von ihnen weg. Sie fixiert sie in steilem Winkel von oben, viel öfter jedoch von tief unten, wodurch ihnen samt den zugehörenden Leibern der Boden entzogen bleibt. Rechtsschräg und linksschräg ins Bild ragende Leiber ohne Boden, die im Gehen nicht zu gehen, sondern auf pervers beunruhigende Art zu schweben oder zu gleiten scheinen und im Sitzen nur zu oft an die Bildränder gedrängt werden als fallsüchtiges Rahmenwerk der zentralen Leere im Kader. Eine *Vision* der Welt. Stürzende Perspektiven. Bodenlose Schwere des Raums.

Eine Frau, gefangen, angeklagt, gerichtet von Männern. Besser: ein Mädchen, einen Augenblick lang eigensinniges Bauernkind, verloren mit seinen schmutzigen Fingern spielend, im nächsten Moment uneinnehmbare Festung, Geschöpf, von dessen rissigen Lippen Ungeheuerlichkeiten kommen, und das nur Sekunden später schon wieder zum Bündel Elend (nass vor Tränen und vor Spucke aus dem Maul eines Pfaffen) oder zum jungen Wesen geworden ist, das nichts als leben will, vor Folter und Feuer zittert, voll Sehnsucht den davonfliegenden Tauben nachblickt und dennoch, trotz seines Alleinseins, trotz Furcht vor dem Tod, trotz Gottes Schweigen, den Satz »Mein Martyrium ist mein Sieg« verkündet. Kein auf Jeannes Gesicht sich beziehendes Diktum der Dreyer-Literatur irrt so sehr wie das vom »Antlitz als Spiegel der Seele«. Denn Jeannes (oder Maria Falconettis) Züge spiegeln so wenig linear ablesbar, so wenig *erkennbar,* in verständliche, verwertbare Gedanken übersetzbar *wider,* was sich hinter ihnen vollzieht, wie das ausgrenzende Sprechen außerstande bleibt, auch nur annähernd das Zentrum von *La Passion de Jeanne d'Arc* in *Worte* zu übersetzen. Ein Schauspielstil, der *nicht* expressionistisch ist, *nicht* das Innere »ausdrückt«, sondern es *als Inneres* belässt, als etwas, das – in Dreyers Worten – »inexplikabel«, also »Geheimnis« bleibt. »Die großen Dramen«, sagt Dreyer, »spielen sich im *Geheimen* ab.«

Harry Tomicek

CARL THEODOR DREYER
Vredens Dag (Tag des Zorns) (1943) 97 min

Der Film, in dem die Kunst Dreyers zur Vollkommenheit verdichtet wird. Interpretationen von *Vredens Dag* – auch dieser – haftet etwas Fahles, Überflüssiges an. Das *Ereignis* von *Vredens Dag* vollzieht sich filmisch. Es *widersetzt* sich artikulierender Sprache. Eine Entsprechung zu *Vredens Dag:* über *Vredens Dag* zu schweigen.

Die Welt von *Vredens Dag* steht in sich fest, indem sie unentwegt auf schreckliche Weise jeden ihrer Teile und jede Handlung in ihr mit Berufung auf Gottes Wille, die Schrift und die Dogmen begründet und darin sowohl unangreifbar macht als auch sanktioniert. Sie *lastet* in ihrer Ordnung, *thront* auf ihren Fundamenten. Sie wähnt sich auf unerbittliche Art gerecht, verhüllt den Körper hinter steifem Stoff, gebietet den Stimmen bedachtsam leise zu sprechen, und die Gerechten in ihr vermögen nicht anders, als sich *gemessen* (wie Kamerafahrten in *Vredens Dag*) zu bewegen. Der Filmraum: das Gefängnis der Ordnung. Dreyer baut diesen Raum, erschafft diese Welt, um beidem den Boden zu entziehen.

Vredens Dag oder der Triumph der Langsamkeit. Alles, was geschieht, geschieht *langsam.* Die Handlungen, die Gänge, die Gesten, das Sprechen, die Entwicklung der Gefühle, das Bekennen, das Erwachen der Schuld, das Heraufkommen des Unheils, der Vollzug der Tragödie, das Zugleiten der Kamera auf den, der sprechen oder schweigen wird. Die Reduktion des Dramas aufs Minimum äußerer Handlung ist dessen *Steigerung* ins Äußerste. Man solle beachten, so Dreyer, mit wie *wenig* an »Dramatischem« sich die größten Tragödien vollzögen. Die Ursache des Chaos ist weiblich. Der Name

dafür schließt die Aburteilung zum Tod in sich. Er lautet »Hexe«. *Vredens Dag:* ein Film über den Einbruch des Chaos in die Ordnung und über die Auslöschung des Fremden (Unbekannten, Sexuellen, »Zauberhaften«, Anarchischen der Liebe) durch die Benennung und das Todesurteil »Hexe«. *Vredens Dag* ist ein hypnotisches Fragezeichen und die Kunst Dreyers das Vermögen, eine Aura des Schwebens und Unsagbaren zu evozieren. 57 Sekunden lang ruht die Kamera am Ende von *Vredens Dag* halbnah auf Annes Gesicht, bevor sie die Augen niederschlägt, lächelt, ihre Schuld gesteht, sich als Hexe bezichtigt, ihr Schicksal besiegelt. In diesem Gesicht die schweigende, Geheimnis bleibende Reise einer Seele oder eines langen Tages in die Nacht. Alles zeigt sich. Alles verbirgt sich. *Harry Tomicek*

12

JEAN GENET
Un chant d'amour (1950) 26 min
VALIE EXPORT
Mann & Frau & Animal (1970–73) 8 min
JOSEPH CORNELL
Rose Hobart (1937) 13 min
Children's Party (1930/68) 11 min (18 B/Sek)
The Aviary (Manhattan 1955) (1955) 5 min
Angel (1957) 3 min
Nymphlight (1957) 7 min
STAN BRAKHAGE
Sexual Meditation: Faun's Room, Yale (1972) 2 min
Sexual Meditation: #1 Hotel (1972) 6 min
Sexual Meditation: Motel (1970) 5 min
Sexual Meditation: Office Suite (1972) 3 min
Sexual Meditation: Open Field (1973) 6 min
Sexual Meditation: Room With View (1971) 3 min

Un chant d'amour

Eros und Sexualität im Film jenseits von Mainstream-Konvention und Zelluloid-Pornografie. Eine Montage radikaler filmischer Werke.

Un chant d'amour, einziger Film jenes Verbrechers, Zuchthäuslers, Homosexuellen und Dichters, dem Sartre die Namen *»saint«, »comédien«* oder *»martyr«* zugedenkt: ein zärtlich vibrierendes, brutal persönliches Wunderstück, das sich des Form-Kanons klassischen Erzählkinos bedient, um es in stumme, schwarzweiße Knappheit zu kondensieren. Schuss, Gegenschuss, Liebender A, Liebender B, Sehnsucht links, Verzehr rechts, zwischen ihnen, grausam *trennend,* grausam *bindend,* sowohl die Montage als auch die Mauer: die Wand, welche die Zellen der zwei Gefangenen trennt und an die sie Lippen pressen und tränennasse Wangen schmiegen. Sehnsüchte, unerlöst in Pein wie in Wonne. Verhinderte Lust. Gehemmte, darin ins Maßlose gesteigerte Begierde. Themen, die Genet mit Buñuel teilt, mit dem ihn weiters das Temperament verbindet, sexuelle Erregung im Film bis zum Exzess zu treiben, sie danach zu *stören* (also im Behindern *nochmals* zu steigern), um das, was daraus folgt – verrenkte Gliedmaßen, verzückte Gesten, verzerrte Gesichter –, mit der ungerührten Wissbegierde des Forschers zu observieren, der das Paarungsverhalten von Skorpionen erkundet.

Nahaufnahme, Großaufnahme. Die Kamera gleitet vor und zurück auf: Frau, entpersönlicht, ohne Kopf, minimiert auf Vulva und geöffnete Schenkel. VALIE EXPORTs *Mann & Frau & Animal* zwingt Mann und Frau zu Animal, auf Deutsch: zum Beglotzen des Geschlechts, in Jargonsprache: zum »Voyeurismus«, um dem Sehen das Glotzen zurück ins Gesicht zu stopfen. Was harmlos hygienisch beginnt mit Chrom, Duschhahn, eingelassener Badewanne, Wasserrauschen, plötzlich pornografisch *à la mode* wird (Selbstbefriedigung der Frau via Wasserstrahl, der auf die Vagina schießt) und dann umschlägt in: Scheide, zuckend, weiß tropfend vor Samen, Schaum oder Milch, Scheide, klaffend, rot verschmiert mit Blut. Schließlich: das eben Gesehene als Foto in der

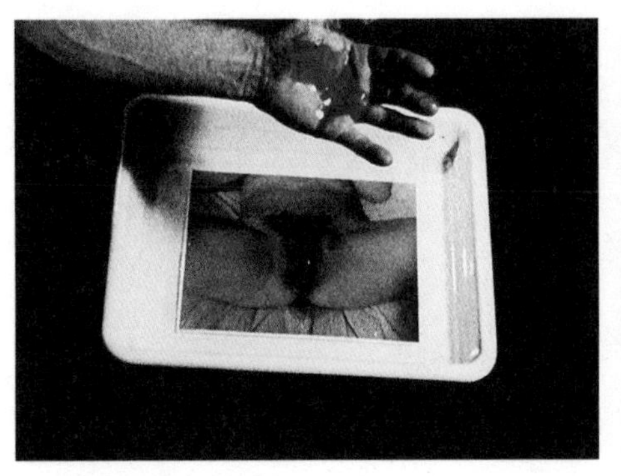

Mann & Frau & Animal

Nymphlight

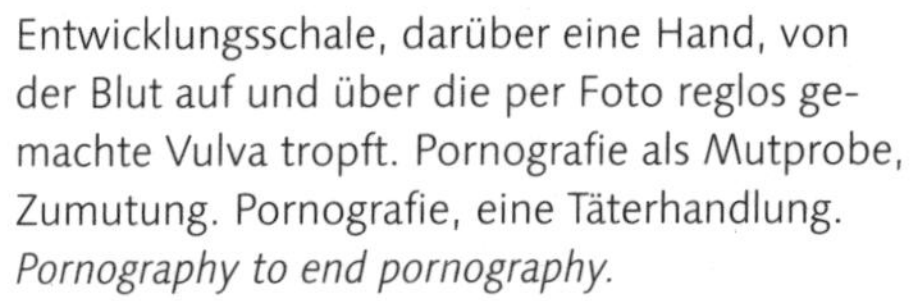

Entwicklungsschale, darüber eine Hand, von der Blut auf und über die per Foto reglos gemachte Vulva tropft. Pornografie als Mutprobe, Zumutung. Pornografie, eine Täterhandlung. *Pornography to end pornography.*

Ins Wasser stürzende Scheibe: Die beiden *einzigen* Bilder in *Rose Hobart,* die *nicht* aus *East of Borneo* stammen, jenem Tropen-Melodram von 1931, das Joseph Cornell sechs Jahre später zu einem völlig neuen Traumstück jenseits der Erzähllogik und Erzählzeit Hollywoods collagiert. Ergebnis: das erste Found-Footage-Werk, das einen vorgefundenen Kinospielfilm seziert und neu zusammensetzt. Die Veränderung erfolgt durch *Kürzung*, *Farbe* (fahles Rubinrot statt Schwarzweiß), *Ton* (statt gesprochener Dialoge unerbittlich gespielte lateinamerikanische Tanzmusik) und durch *Montage,* jenen 1937 wunderbar fremd anmutenden Neu- und Um-Schnitt, der *East of Borneo* seiner Handlung beraubt. Was von der wie in Trance *erahnbaren* einstigen Erzählung bleibt: schwüle, suggestive Bilder von Angst, Erregung, Faszination. Labyrinth mit doppelter Zeit. Eine Collage von Joseph Cornell, der zeitlebens Streugut und Zivilisationsreste gesammelt, gefundene Dinge in Kästchen *(Shadowboxes)* versammelt und Sehnsucht nach Filmen gehegt hat, die sich dem Verstehen *entziehen.* Da sie in der Realität nur selten anzutreffen sind, beginnt er sie von 1930 an *selbst* herzustellen. *The Aviary, Angel, Nymphlight,* gedreht in Parks und auf Plätzen New Yorks, muten an wie Arbeiten eines in Tauben und Denkmäler verliebten Sonntagsfilmers. Arbeiten, in die sich unerklärlich, wie unter der Hand, Schwebendes, Unsagbares eingeschlichen hat, ein Hauch von Geheimnis und kindlichem Staunen, ähnlich jenem des Mädchens im Ballkleid, das in *Nymphlight* verzückt dem Auffliegen und Kreisen der Vögel nachblickt.

Sexual Meditation: sechs Mal geballte, stumme Stan-Brakhage-Pracht. Sechs Bild-Gewebe, flutend in Montage, flackernd in Mehrfachbelichtung, erotisch aufgeladen auch dann, wenn keine nackten Gliedmaßen zu sehen sind. Filme, in denen Dinge, Leiber, Lichter, Farben, Formen und Bewegungen wie im Taumel übereinander herfallen, um *neue* zuckende Formen, neue rasende Bewegungen hervorzutreiben, wie nur Film sie zu generieren weiß. *Film made by Brakhage:* Film-Tanz, Film-Trance.

Harry Tomicek

13

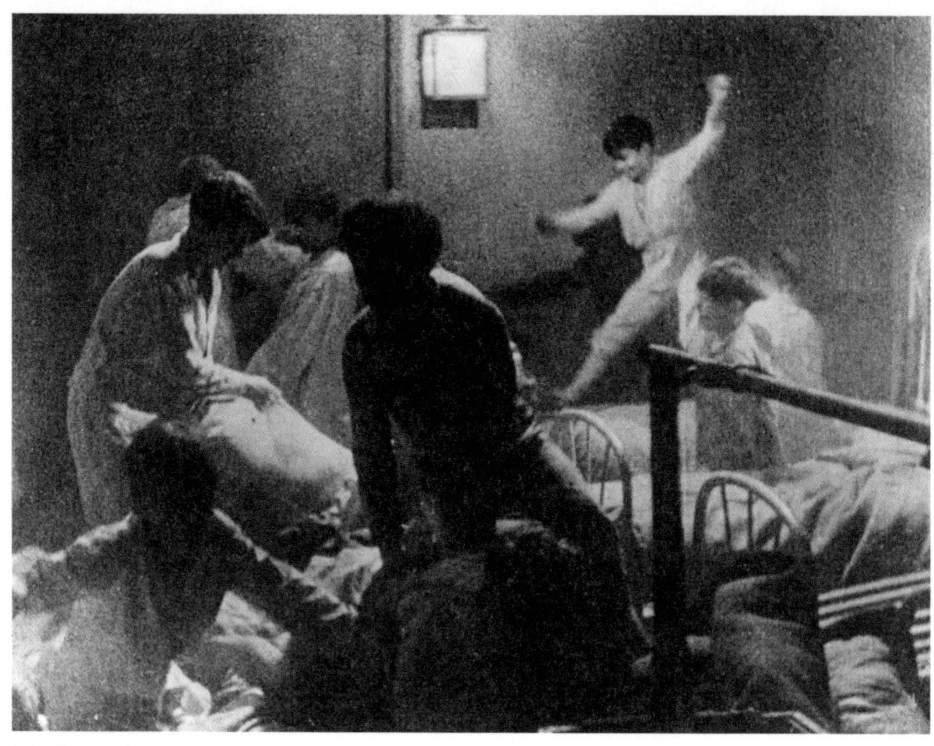

Zéro de conduite

JEAN VIGO
Zéro de conduite (1932/33) 43 min
KENNETH ANGER
Fireworks (1947) 14 min
MICHAEL SNOW
Wavelength (1967) 45 min

Drei Filme im Umkreisbereich dessen, was in deutscher Sprache (und nur in ihr) mit dem Begriff »Spielfilm« nicht eingegrenzt, vielmehr *offen bleibend* umschrieben wird. Der *Schauspieler,* Spieler der Schau, kann Berufsschauspieler, Laie, »reale Person« (wie Nanook bei Flaherty) sein, im Grenzfall Tier, Puppe, digitale Simulation. Er ist der *Verstärker* des Spiels. Er ist in der Art des *Films* fotografiert. Der Fotografierte bekundet seit 1826: Ich bin mit Licht dargestellte statische *Bezeugung* meiner Realität. Wer *filmisch* fotografiert ist, bekundet seit 1895: Ich bin fließender, bewegter, also unwiderlegbarer *Ausdruck* der Realität, die ich bin.

Zéro de conduite erschafft eine Art von Zauberraum, der innig mit der Person des Filmemachers und den Umständen der Entstehung des Films verbunden bleibt. Jede Minute, jedes Detail verstärken den Genuss und die Gewissheit, dass dies ein radikal *persönlicher* Film ist, geprägt von leidenschaftlich individuellen Sichtweisen der Welt: geformt von der liebenden, zornigen, spielerischen, hohnlachenden, angriffslustigen Person *Jean Vigo*. Dem Erscheinungsbild von *Zéro de conduite* ist das ungehemmte schöpferische Fieber Vigos abzulesen, was dem Trance- und Traumhaften des Films eine Qualität von Abruptheit und Ruckartigkeit hinzufügt, etwas Unpoliertes, Ungeglättetes, Unfertiges, das *noch mehr* ins Unperfekte (und darin Vollkommene) gesteigert wird durch die offenbaren Löcher und Sprünge im Erzählduktus, Spuren zu knappen Budgets und zu kurzer Drehzeit. Eine Schülerrevolte. Die Eleven des von schrecklichen, lächerlichen und kranken Professoren-Tyrannen geführten Internats hissen die schwarze Fahne der Anarchie; Vigo mit ihnen. Sie bombardieren die im Schulhof versammelten Vertreter der Autorität mit Büchern und Schuhen; Vigo vorbehaltlos an ihrer Seite. In einer vor verrückter Poesie vibrierenden Sequenz prozessieren die Knaben in ihren langen, weißen Nachtgewändern gleich gefallenen Engeln durch den Schlafsaal. In ihrem Schlepptau: die Trophäe des ans aufrecht gekippte Bett gefesselten Aufsehers, schlummernd. Unendlich langsam taumelt der Schnee der Daunen aus aufgeschlitzten Kissen in den nächtlichen Raum. *Slow motion* oder die Wonne *gedrosselter* Zeit. Die Gesten gelöst, verzögert wie in Honig oder Harz, die Musik *rückwärts* ablaufend; eine Zeitlupen-Orgie, entrückt der Herrschaft von Uhr und Physik.

Fireworks ist das (an einem Wochenende gedrehte, privat finanzierte) Werk eines kaum Zwanzigjährigen, und es entsteht im Amerika von 1947: inmitten einer Ära, in der bereits scheel angesehen wird, wer das Wort »Homosexualität« auch nur auszusprechen wagt.

Fireworks

Kenneth Anger spricht Schwulsein nicht aus, er brüllt es hervor in Form eines Films, der den eigenen homoerotisch-masochistischen Neigungen hemmungslos huldigt, und er bändigt sein Ungestüm zugleich, indem er es, völlig unpubertär, ohne Wenn und Aber, ohne öde Kino-Psychologie, in Traum-, Fieber- und Phantasiebilder übersetzt. Die Bilder von schwuler Adoration, Demütigung, Gewalt, Lust leuchten im Modus der Selbstverständlichkeit und brennen zugleich wie etwas Magisches – wie ein grausames Mirakel. *Fireworks* ist ein »Spielfilm«, auch dann, wenn er sich *noch* weiter von der konventionellen Spielfilm-Form entfernt als *Zéro de conduite,* die »Handlung« in Fragmente zertrümmert, die Figur der erzählten, psychologisch fundierten »Kino-Person« durch pure *Präsenz der Person* ersetzt und der

Wavelength

Tonspur statt Dialogen den Rausch von Respighi-Musik anvertraut. *Fireworks* überträgt eine erotische Vision in die Fiktion eines Traumspiels und diese in filmische Realität. Und bedient sich in souveräner Art stilistischer Spielfilm-Mittel, nur um diese *seinem* Traum-Trance-Spiel anzuverwandeln und sie so jungfräulich und pulsierend aussehen zu lassen, als wären sie von Anger eben erst erfunden.

Auch *Wavelength* setzt für die Beunruhigung, die filmisch entfacht wird, die Erfahrung *Spielfilm* voraus. Auch *Wavelength* ist, dem erweckten Schein zuwider, dass er es ganz und gar *nicht* sei, im weiten Sinn des Wortes ein *»Spielfilm«*. Seine Fiktion, die »Handlung«, die er erzählt: eine 45 Minuten währende kontinuierliche Kamera-Zoom-Bewegung vorwärts durch die Weite eines New Yorker Lofts, wozu anzumerken ist, dass die Bewegung eines Zooms immer nur eine *scheinbare* ist – die *Fiktion* einer Bewegung. Die »Schauspieler«: im zoomenden Kamerablick auftauchende, aus ihm wieder verschwindende Schemen. Wobei – dies das Entscheidende und Rätselvolle des Films – *Wavelength* nie *ihren* Dramen und Bewegungen folgt, sondern ungerührt einzig *seiner* Bewegung und *seinem* Drama, das zugleich sein *Sein* ist: Vorrücken auf etwas, das anfangs nicht gewusst und kaum sichtbar, dann erahnbar, dann evident, dann bildfüllend, dann bildzerstörend ist – jene Fotografie von Meereswellen an der jenseitigen Wand des Lofts, in welche *Wavelength* sich zuletzt auflösen wird als dem Ziel des Zooms und *telos* seiner Teleologie; in seiner Erfüllung, die sein *Ende* ist.

Das Zoom hat den Raum von Anfang an wie ein gleitender, manchmal anhaltender oder ruckender Blickstrom durchmessen, ihn schleichend kleiner und kleiner gemacht, aufgefressen, seine Weite der verdauenden Erinnerung übergeben. Nach fünf Minuten Straßengeräusch setzt in *Wavelength* »Musik« ein, reduziert aufs Verlauten eines Sinustons, der bis zum Ende des Films unentwegt zu hören sein wird, anschwellend vom Brummen seiner niedrigsten Schwingung (50 Hz) bis zum Schrillen seiner höchsten (12.000 Hz). Der Ton *verbindet* sich dem Zoom, wie dieses dem Raum und der Raum der Zeit sich verbindet. Wie das Zoom, verschlossen in sich, *bloß geschieht,* ist auch der Raum *nur da.* Das Zoom schreitet unabwendbar wie das Fatum in *seiner* Bewegung, also in *seiner* Fiktion fort. *Wavelength:* eine Wiedergabe des Realen, ontologische Darstellung eines Seins namens Schein. Zum Wesen des Scheins gehört neben dem Scheinbaren die Wirklichkeit, dass Scheinbares scheint: *leuchtet. Wavelength* ist ein Film über Raum und Zeit. Wie durch Bewegung Raum gezeitigt und Zeit zu Zeitraum wird. Ein philosophischer, phänomenologischer, fiktionaler und metaphorischer Film, auch eine Metapher des fortschreitenden, vergehenden Lebens und eine Metapher des Todes – des Übergangs in eine andere Dimension und des Verlöschens in ihr.

Harry Tomicek

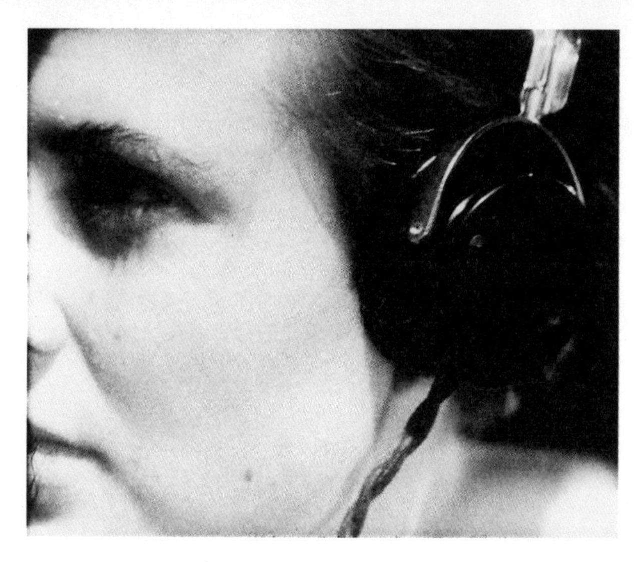

Ėntuziazm (Simfonija Donbassa)

DZIGA VERTOV
Ėntuziazm (Simfonija Donbassa) (1930) 68 min
LUIS BUÑUEL
L'Age d'or (1930) 62 min

Mit der Einführung des *Tonfilms* gedenkt die Kinoindustrie ab 1926 einen *box office hit* genereller und anhaltender Natur zu lancieren. Sie steigert den *naturalistischen* Grundzug des Films und überschwemmt den Markt mit einer unsäglichen Sintflut sprechender Köpfe, weiters mit Geräuschen, die sichtbare Informationen akustisch verdoppeln, und mit *scores,* die es für nötig befinden, Bilder musikalisch zu »untermalen«. 1928 wenden sich Eisenstein, Pudovkin und Aleksandrov in ihrem *Manifest zum Tonfilm* gegen die mit affenartiger Schnelligkeit zur Vormacht gelangende, den Modus der Selbstverständlichkeit einnehmende und bis heute verbindlich waltende ästhetische Idiotie der filmischen Bild-Ton-Parallelführung. Die Arbeit mit dem Ton müsse dessen »deutliche Asynchronisation mit den visuellen Bildern« zum Ziel haben; nur daraus werde später ein »orchestraler Kontrapunkt visueller und akustischer Bilder« erwachsen. Diese Forderung fußt auf Gedanken, die Dziga Vertov lange vor Eisenstein und der Etablierung des Tonfilms formuliert hat: Seit Beginn der zwanziger Jahre schwebt ihm eine revolutionäre Durchdringung von Film-Auge (»*Kino-Glaz* = das montagehafte ›Ich sehe!‹«) und Radio-Ohr (»*Radio-Ucho* = das montagehafte ›Ich höre!‹«) vor – ein »dialektischer«, »kreativer« Wechselgesang von Bild und Ton.

Die beiden Filme, die *aus sich* (völlig unabhängig von Eisenstein, Pudovkin, Aleksandrov) dem Postulat eines Bild-Ton-Kontrapunkts in denkbar freier wie abenteuerlicher Art entsprechen, entstehen 1930. Sie bleiben in ihrer Kühnheit bis zum gegenwärtigen Datum uneingeholt.

Elektronischer Kuckucksruf. *Ėntuziazm* beginnt mit einem Suchton auf der Tonspur und dem *Bild vom Hören* dieses Tons. Vor lichtflirrendem Sommerlaub das Gesicht einer jungen Frau. Sie bewaffnet ihr Ohr mit einem Kopfhörer / Töne, die von *weit her* zu kommen scheinen: Klicken wie von einem Metronom, gezupfte Kontrabasslinie / die Augen der Frau wandern und sind im Suchen dennoch in sich gerichtet: sie lauschen aufs Gehörte: den Beginn eines Musikstücks / das Ohr mit Kopfhörer in Großaufnahme / jähe Interruption: Schlag der Kirchenglocke / das Bild einer fernen Christusstatue gegen den Himmel ...

Dies nur der *Beginn* eines Bild-Ton-Furiosos über Hören und Töne, im Hören Gesehenes, im Sehen Vernommenes und über den Zusammenprall alter und neuer russischer Massenbewegungen um 1930: die devot versinkende, ins Veräußerlichte verkommene, brünftige *Jenseits*-Religion und die marschierende, jubelnde, soziale *Diesseits*-Religion. Ouvertüre des ersten, polemischen, hemmungslos parteiischen Drittels von *Ėntuziazm*, mit dem Dziga Vertov den Tonfilm als den *eigentlichen, zu sich gekommenen, in den Reichtum seiner Möglichkeiten eingekehrten Film* feiert. In dem sich zum Intervall *zwischen Bild und Bild* ein weiteres, neues als unbegrenzte Möglichkeit hinzugesellt, das Intervall zwischen Bild-und-Bild *und Ton*. Näher hin: nicht »Ton« an sich, sondern *Töne* und das Ereignis *zwischen* ihnen, also Ton-*Intervalle*, die *ihrerseits* Intervalle mit den Bild-Intervallen formen.

Vertovs Film handelt von dem, was sein Titel verkündet: Enthusiasmus, jener der Massen, der Bewegung, der Arbeit, der Technik, des Aufbruchs in die neue Zeit. Von welchem der Film nicht nur handelt, sondern *was* er im eigentlichen *ist:* Verwandlung gefundener Bilder und Töne in *enthusiasmós,* Begeisterung, Verzückung, Ergriffensein von der Gottheit des kommunistischen Fortschritts, an die Vertov 13 Jahre nach der Oktoberrevolution noch mit wilder Leidenschaft glaubt. Ton und Bild steigern sich aneinander zu Dithyrambos und Ekstase. Dreißig Minuten Bruitismus auf der Tonspur: Musik der Hochöfen, Symphonie der Maschinen, Dröhnen der Industrie, montagekomponiert zu einem vielgestaltigen Tonkörper, atemlos wechselnd zwischen brachialen Crescendi und delikaten Ziselierungen, zwischen Forte und Piano, Staccato und Legato, kurz und lang, schrill und dumpf, hoch und tief, umschlagend in Momente jäher Stille und durchbrochen von Jubel. Als Kontrapunkt auf der Bildebene: Symphonie der Bewegung: komplexe Rhythmen aus Rauchstößen, Hammerstampfen, Hochofenflammen, Förderbändern, linksschräg durchs Bild ziehenden Waggons, rechtsschräg durch den Kader stoßenden Lokomotiven, girlandenförmigen Gesten der Umwalzer im Stahlwerk. Bilder, bei denen – wie in den Fotografien Rodčenkos – die Regel gilt: bewegte Dinge und Vorgänge von tief *unten hinauf* oder von hoch *oben herab* zu filmen oder aber die Kamera *schräg* zu halten und, wenn möglich, auf bewegtem Untergrund zu positionieren und dabei allemal die Diagonale, das Kippende, Unstete, Nicht-Statische, Dynamische zu favorisieren.

L'Age d'or von Luis Buñuel ist ein surrealistischer *Ton*-Film und surrealistischer *Spiel*-Film, was mit sich bringt, dass er die Logik hasst und die heilige Kuh Ursache–Wirkung verachtet. Der verwelkte Ton-Spielfilm funktioniert nach folgender Regel: Herr A begegnet Herrn B; A zieht den Hut. Ton: »Guten Tag! Geht es Ihnen gut?« B zieht ebenfalls den Hut. Ton: »Bestens! Auf Wiedersehen!« Der surreale Ton-Spielfilm lässt seine Regel folgendermaßen blühen: Begegnung von A und B. Monsieur A lüftet die Melone, bewegt die Lippen. Ton: Geräusch einer Säge. Monsieur B verbeugt sich und versetzt A einen Tritt in den Bauch. Ton: gregorianischer Choral. Die Regel blüht umso inniger, der Witz in ihr umso schöner, je *leidenschaftlicher* und *ernster* sie vollzogen wird.

Ėntuziazm (Simfonija Donbassa)

L'Age d'or

14

L'Age d'or

Deswegen das Pathos des Spiels und die Inbrunst der Spieler im surrealen Spiel-Film *L'Age d'or.* Lya Lys, die sich, vergehend in Lust, auf die Lippen beißt. Gaston Modot, der, waidwund vor Verlangen, die Augen verdreht, während ohne Vorwarnung Blut in Bächen über sein verklärt-entstelltes Antlitz strömt.

Der Ton in *L'Age d'or* lässt sich zu keiner Illustration des Bildes herab, und wenn er es tut, dann um einen *Bruch* des Bildes mit dem vorherigen Bild zu unterstreichen oder sein eigenes Gebot der Illustrationslosigkeit zu durchbrechen. Oder um das Knirschen sichtbarer Füße auf sichtbarem Kies oder das trockene, kurze Belfern eines Jagdgewehrschusses zu genießen. Dialoge im Film: so gut wie keine. Das Verlauten der Worte: wie von fern kommend, fremd von vornherein, als wären sie in Wahrheit innere Monologe oder gestammelte, stumme Liedzeilen im Kopf: »*Mon amour, mon amour, mon amour!*« Oder gebrüllte Fundstücke aus dem Unbewussten: »*Assassin! Salaud!*«

Buñuels *Un chien andalou* gerät 1928 zum Skandal, *L'Age d'or* 1930 zur Skandal-Potenzierung, zuerst vor versammelter Aristokratie, die Vicomte de Noailles, rühriger Finanzier des Werks (deshalb vom Papst in der Folge exkommuniziert), zur Galapremiere geladen hat, bald danach bei der Vorführung im Pariser Studio 28, welches von brüllenden Horden der *Ligue des Patriotes* und *Ligue antijuive* verwüstet wird. In diesem Film – seine offizielle Vorführung bleibt in der *Grande Nation* bis 1983 verboten – bringt Don Luis die vorzivilisatorische Macht der Sexualität im Gefängnis des »goldenen Zeitalters« zur *Explosion.* Feier des Verlangens in elementarster, also verrücktester Energie. Buñuel: »Für mich war es ein Film über *amour fou,* jenen unwiderstehlichen Drang, der einen Mann und eine Frau, die letzten Endes nie zusammen kommen können, einander in die Arme treibt.« Dem unwiderstehlichen Drang *entgegengestellt:* der Widerstand *par excellence* – die dreifache, zu Geist und Fleisch gewordene Mauer aus Christentum-Abendland-Bourgeoisie. Drang und Mauer, ein Thema, das Buñuel ein erwachsenes Leben lang von *Un chien andalou* bis *Cet obscur objet du désir* mit blasphemischem Furor abhandeln wird. Vielmehr: kein »Thema«, sondern Obsession, deren »Abhandlung« darin besteht, zur Raserei gesteigert zu sein. Etwas begehren. Und es *nicht* erlangen. Etwas wollen. Und es *nicht* zu vermögen. Mit der Geliebten zu schlafen, und sei es im Dreck vor versammelter Festgesellschaft (wie in der *scène de clé* von *L'Age d'or*) – und sich *weggezerrt* zu finden. Das Resultat: unendlicher Hass, grenzenlose Frustration, maßlose Sublimierung. Und Sehnsucht. Das Traum-Durchblutungs-System von *L'Age d'or.*

Antonin Artaud: »Wenn das Kino nicht dazu gemacht ist, *Träume* zu übersetzen oder alles, was sich im wachen Zustand dem Traumbereich verwandt zeigt, dann gibt es das Kino nicht.«

Harry Tomicek

15

DZIGA VERTOV

Čelovek s kinoapparatom

(Der Mann mit der Kamera) (1929)

80 min (20 B/Sek)

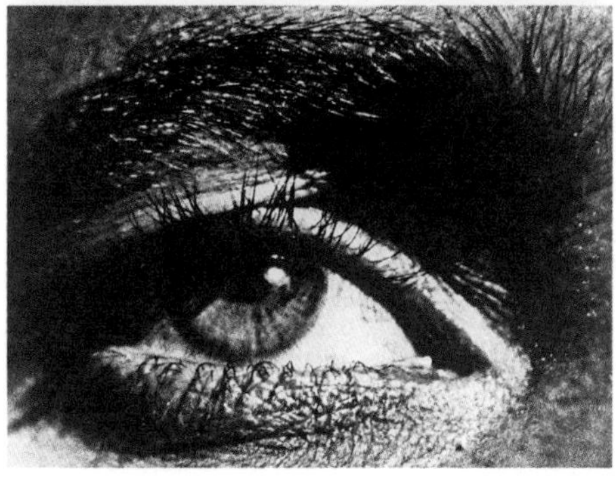

»Der Mann mit der Kamera«, »The Man With the Movie Camera«, »L'Homme à la caméra«. Die eingebürgerten, unrichtigen Übersetzungen des Titels verfälschen und verengen die Dimension des Films seit 80 Jahren. *Čelovek s kinoapparatom* bedeutet »Der Mensch und der Apparat Kino«. Die Titel-Intention: historisch, kosmisch, hemmungslos pathetisch. Wie Mensch und wie Welt *in* der Apparatur Kino *erscheinen* und wie sie *durch* die technische Kunstform Film *neu, beschleunigt und verändert worden sind. Čelovek s kinoapparatom* ist eine Utopie, ein Film über Film, Filmen, Gefilmtes, Filmtechnik und Kino. Über die Zeit, die Neuzeit, die Moderne, die Stadt. Und über die Gegenwart von Film in der Neuzeit, Filmen in der Moderne, Kino in der Stadt. *Čelovek s kinoapparatom:* Summe des Films, Schlüsselwerk des 20. Jahrhunderts und unter allen Klassikern des Kinos der ungestümste, jugendlichste, tollkühnste.

Ein Film für künftige Filmemacher: mutraubend, mutgebend. Ein futuristischer, konstruktivistischer, selbstreflexiver Film, der alle diese und ähnliche Formel-Bezeichnungen vom Tisch fegt. Ein ekstatischer Film: in höchstem Maß freudig: *joie de vivre:* die Stadt nicht als Dämon, sondern als tausendfach vibrierender Dynamo gesteigerten Lebens. Vor Lust aus den Nähten platzender Film über die *Kunst des Rasens* und des *»schneller Leben!«*. Film, der den »elektrischen Menschen« ausruft, den technophilen, der Maschine vermählten, der Trägheit entrissenen Helden des 20. Jahrhunderts. Und ein Montage-Film: *überall* zur *gleichen Zeit* zu sein. Der *Ulysses* des Kinos, vergleichbar dem Roman von Joyce betreffs revolutionärem Rang innerhalb der eigenen Kunstgattung (und auch wieder nicht: Joyce blickt auf Jahrhunderte seiner Kunst zurück, Vertov auf bloß drei kümmerliche Jahrzehnte; Joyce erneuert den Roman, Vertov *erfindet* zu wesentlichen Teilen den Film neu). In *Ulysses* wie in *Čelovek s kinoapparatom: ein Tag* in *einer Stadt,* ein Stadttag im Universum, gebrochen, gefiltert durchs Kompendium *aller Sprachmöglichkeiten* des Romans oder (stummen) Films. Der Tag in *Ulysses:* Dublin 1904 in achtzehn Episoden (ein »Handbuch für Stadtbewohner« laut Arno Schmidt) aus der imaginierenden, sich erinnernden Joyce-Perspektive von 1914 bis 1921. Der Tag in *Čelovek s kinoapparatom:* Montage-Synthese in acht Akten einer *synthetischen* Stadt, zusammengesetzt aus Moskau, Leningrad, Kiev, Odessa, Charkov, konstruiert aus dokumentarischen Jetzt-Bildern, aufgenommen im Zeitraum 1924 bis 1929.

Poetischer Dokumentarismus: Diese seidig-schön oder atavistisch klingende Bezeichnung wählt Vertov für seine Arbeit. In ihr aber ist die *Spannung* eingeschrieben, die in seinem Schaffen seit 1919 immer entschiedener in Erscheinung tritt, um sich in *Čelovek s kinoapparatom* und *Ėntuziazm* zur Zerreißprobe zu steigern. Vertovs Wille zur Unverfälschtheit (»Nichts ist schöner als das Wahre!«) verlagert sich vom Appell nach »Unmittelbarkeit des Faktischen im Film« zur Frage, ob und wie Wahrheit *durch Montage-Organisation* hergestellt, film-konstruiert zu werden vermag: »Wie kann man die einzelnen Stücke der Wahrheit so schneiden, anordnen, zusammenstellen, dass jeder montierte Satz und das Werk in seiner Gesamtheit uns die Wahrheit zeigen?« Die Wahrheit *gemäß des Films* zeigen. Wodurch Wahrheit immer auch und primär *Film*-Wahrheit ist: *kino-pravda.* In der Wahl des Adjektivs »poetisch« ist für Vertov nicht das »Lyrische« der Dichtkunst ausschlaggebend (auch nicht die sogenannte »poetische Gestimmtheit«, die er in den Orkus wünscht), sondern die *poiesis,* das *Herstellen, Verfertigen, Machen.* Die Künstlichkeit und Gewordenheit durch *téchne* (Kunst, Kunstfertigkeit, Geschicklichkeit) und Technik (*téchne* der *Maschinen*) bestimmt in jeder Sekunde das Erscheinungsbild von *Čelovek s kinoapparatom.* Sie ist seine Essenz, sein Eros, sein Thema.

Leben. Ein Stadttag zwischen Morgen und Abend und die Gezeiten des Lebens in ihm. Trauung und Scheidung. Hochzeit und Friedhof. Die erste gefilmte Geburt. Der Tote auf den Blumen des Leichenwagens mitten im Verkehr. Das neugeborene Kind. Der Verletzte. Arbeit und Feierabend. Sport und Ballett. Schachspieler und Biertrinker. Und zuletzt: das Kino. Inmitten dieses Wogens: der Kameramann.

Filmen. Im weitesten Sinn des Wortes stellt *Čelovek s kinopparatom* das *Herstellen* (Aufnehmen, Schneiden, Montieren, Vorführen) eines Films (über die Stadt und das Filmen der Stadt) durch seine *Hersteller,* die *kinoki,* dar. Der *kinok* Michail Kaufman, Vertovs Bruder: sehr *amerikanski* in kariertem Flanellhemd, Breeches, Ledergamaschen und mit Schlägermütze – ein athletischer, vom *élan vital* durchpulster Kameramann als neuer Heros, neuer Künstler, neuer Adam. Die *kinoka* Elizaveta Svilova-Vertova, Organisatorin der Montage, Herrin des Intervalls: Ihre Schere *gebietet* über die Zeit, ihr Klebstoff setzt unterbrochene Zeitabläufe (und Bewegungen darin) zu neuen Zeitsträngen zusammen. Ihr Porträt ist, wie jenes des Kameramanns, auch ein *Selbstporträt* Vertovs oder des Films. Schließlich der *kinok* Denis Arkadevič Kaufman, Experimentleiter und glühender Schöpfergott des Films. Sein *nom de guerre:* »Dziga Vertov« = »rasender Kreisel«.

Gefilmter Film: eine einzige furiose Verbindung von Bildern des Drehens, Montierens, Vorführens, Sehens von Film. Film über Filmen und über Gefilmtes. Film-Apotheose. Film-Dithyrambos. Film zur Potenz. Ein Hin-und-Her-Schnellen zwischen differenten Ebenen der Realität und *poiesis.* Luzid, schwindelerregend: die Reflexion als beherrschter Rausch.

Harry Tomicek

16

Le Ring

Passage à l'acte

CINÉMATOGRAPHE LUMIÈRE
Le Ring (1896) 1 min (16 B/Sek)
KEN JACOBS
Tom, Tom, The Piper's Son (1969)
115 min (16 B/Sek)
MARTIN ARNOLD
Passage à l'acte (1993) 12 min
CINÉMATOGRAPHE LUMIÈRE
Le Ring (1896) 1 min (16 B/Sek)
Le Ring (1896) 1 min (16 B/Sek)
Le Ring (1896) 1 min (16 B/Sek)
Le Ring (1896) 1 min (16 B/Sek)

Ken Jacobs und Martin Arnold betreiben mit *Tom, Tom, The Piper's Son* und *Passage à l'acte* aktives *film mining* in den Bergwerken und Lagern bestehender Kinospielfilme von 1905 und 1962. Das Zu-Tage-Befördern verschütteter Schätze erfolgt durch Abfilmen/Neukopieren, filmisches Analysieren und durch Neugestaltung dieser Filme. Bei der viermaligen, jeweils unverändert und in *normal speed* erfolgenden Projektion von *Le Ring* des *Cinématographe Lumière* ist es dem *Zuseher* vorbehalten, den Film mit der Kamera *Erinnerung* zu filmen, um das Erinnerte auf die Gegenwart der vier Wiederholungen von *Le Ring* zu übertragen. Er findet sich in die Lage versetzt, bei jeder Wiederholung neue, reichere, vielfältigere Seh-Funde zu bewerkstelligen. *Le Ring:* eine aus *einer einzigen* statischen Einstellung bestehende, einminütige Ansicht der Wiener Ringstraße, Ecke Kärntnerstraße, aufgenommen im Sommer 1896 mit der Filmmaschine *Cinématographe* vom Gehsteig vis-à-vis der Sirk-Ecke von Francis Doublier (einem jener *opérateurs* der *Société Lumière,* die Louis Lumière, Erfinder und kommerzieller Verwerter des *Cinématographe,* der Ergötzung des Publikums halber um den Erdball schickt). Schon ein halbes Jahr nach der ersten offiziellen Filmprojektion im Pariser Grand Café gerät die Erfindung Kino zur arbeitsteiligen Industrie und zum florierenden Unternehmen. *Le Ring,* gefilmtes »Panorama«, ist billiger als ein gemaltes Rundpanorama und zudem (der Illusion nach) *bewegt:* kinetische 60-Sekunden-Symphonie gleitender Pferdefuhrwerke und eilender Passanten auf der Bühne der Stadt.

Tom, Tom, The Piper's Son. Der Rahmen des Films: die zweimalige (am Beginn und Ende erfolgende) Wiedergabe des von Billy Bitzer (dem späteren Kameramann von D. W. Griffith) gedrehten 10-Minuten-Films *Tom, Tom, The Piper's Son* aus dem Jahr 1905. Der 95minütige Hauptteil: Ken Jacobs' *Analyse* von *Tom, Tom* durch Abfilmen des Originals von transparenter Leinwand. Aufgelöst und zergliedert wird ein historischer Kostüm-Groteskfilm, untersucht und reflektiert dabei *Film als solcher:* Film *als Film.* Bitzers frühes Kino ist *Inszenierung* im strengen Sinn: dirigiertes Theaterspiel auf einer Kulissen-Szene vor observierender Kamera. Die Inszenierung transponiert den titelgebenden *nursery rhyme* in eine kostümierte Posse: bestrumpfte, bemäntelte Akteure und Komparsinnen in Krinolinen mimen Jahrmarktstreiben, Schweinediebstahl, Verfolgung, Flucht, Ergreifung des Täters. Das Licht: künstlich. Der Himmel: gemalt. Das Dekor: Kulisse aus Holz und Karton. Kino der Prä-Griffith-Ära, welches weder Kamerabewegung noch Dramatisierung durch markante Wechsel des Bildausschnitts kennt. Jacobs filmt (als verschollen gegoltenes, von ihm im Archiv entdecktes) *found footage* von 1905, und er filmt es, indem er den Streifen in *normal speed* oder rasend schnell oder verlangsamt vor und zurück laufen oder aber die im Projektor zuvor bewegten Kader zu *freeze frame*-Bildern erstarren lässt, darin ihre wahre statische Natur enthüllend. Film filmend verändert Jacobs Einstellungsgrößen, schwenkt in horizontalen *pans,* wandert in vertikalen *tilts* übers Bild, nähert sich diesem in Zufahrten, fügt der Optik Masken und Wischblenden und dem Film Weißkader oder Schwarzkader hinzu, welche die projizierten oder erstarrenden, sich erneut bewegenden oder rückwärts laufenden Bilder in fiebrig vibrierendem Flicker-Effekt tanzen und zucken lassen. Statt Posse: die in ihr versteckte Tragödie. Gespensterfilm: *Day of the Living Dead.*

Passage à l'acte: ein von Martin Arnold mit dem *optical printer* zerlegtes, umgeschriebenes, film-analysiertes, psycho-analysiertes, 18 Sekunden langes, in 12 Minuten verwandeltes Ton-Hollywood-Spielfilm-Fragment des ehrenwerten Industriekinoregisseurs Robert Mulligan. Titel des Ausgangsmaterials (romantisch): *To Kill a Mockingbird.* Titel des verwandelten Materials (schneidend): *Passage à l'acte* – Übergehen zur Tat, Durchgang zur Handlung. Das filmische Material von 1962: die heilige Familie am Frühstückstisch; gerecht thronend *pater familias* Gregory Peck; an seiner Seite die *matrona;* der Filius verlässt den Raum, wird zurückbeordert und ermahnt. Abgang der Teenager; Töchterlein kehrt zurück, Schmatz für Daddy; dann *Pa* (gravitätisch), *Ma* (verhuscht) alleine am Tisch. Eine Sequenz. *Isn't life wonderful.* Außerdem gediegen möbliert, sorgfältig ausgeleuchtet, ins bewährte Schnitt-Schema *medium long shot* versus *close-up* verfügt. *Main-Stream-Life* und *Main-Stream-Movie* in Harmonie. Übergang zur Tat. Der Täter: Martin Arnold. Und/oder die von ihm gebaute optische Bank, welche die Kader der heilen 1962er-Frühstückssequenz 1993 in *Epilepsie*-Kinetik und spasmodische *Attacke* übersetzt. Attacke auf die Ordnungswelt ordentlicher Bürger. Wie Jacobs wütet Arnold im Filmbergwerk und fördert schreckliche Schätze zu Tage. In ruckender Zeit-Großaufnahme explodieren die Verdrängungen, Versehrungen, Verstümmelungen der Seele und Verknotungen des Leibs. Das unter der Oberfläche Verborgene, untern Tisch Gekehrte, vom Alltag Verschluckte hebt an zu *flackern.* Übergang zur Tat: Zeigen, Zeuge werden, wie das Kino-Fragment »Heile Welt« sich ins versteckte Wesen seiner selbst verwandelt – in Horrorfilm.

Harry Tomicek

17

WALTER RUTTMANN
Lichtspiel Opus I–IV (1921–25) 20 min (16 B/Sek)
RENÉ CLAIR & FRANCIS PICABIA
Entr'acte (1924) 20 min (18 B/Sek)
MAN RAY
L'Etoîle de mer (1928) 15 min (18 B/Sek)
Les Mystères du Château du Dé (1929) 22 min (18 B/Sek)
LUIS BUÑUEL
Un chien andalou (1929) 20 min (18 B/Sek)

Entr'acte

Walter Ruttmanns Schritt von der Malerei zu den Lichtspielen *Opus I–IV* entwickelt sich aus Denkströmen, die im späten 19. Jahrhundert gärend und im beginnenden 20. *fordernd* geworden sind. Sie gelten der *Zeit* als dem gespürten, durchforschten, in Erkenntnisversuchen befragten Zeit-Wesen des *Menschen* und der zeitlichen Essenz des *Erscheinenden*. In der Ära zwischen 1878, 1882 (der Erfindung der *multiplen Photographie* und *Chronophotographie* durch Muybridge und Marey) und 1928 (der Veröffentlichung von Heideggers *Sein und Zeit*) bildet sich das *Problem Zeit* zur eigentlichen Frage des Denkens und zur zentralen Herausforderung an die Künste aus. Der menschliche Blick, schreibt Ruttmann 1919, werde in »geistigen Dingen immer mehr auf die Betrachtung eines *zeitlichen Geschehens*« gedrängt und wisse »mit den starren, reduzierten zeitlosen Formeln der Malerei« nichts mehr anzufangen. Es gehe um keinen neuen *»Stil«*, sondern darum, eine »ganz neue Art von *Lebensgefühl* in künstlerische Form zu bringen«. Ruttmanns Forderung nach dem Filmemacher als *Zeit-Künstler* führt zur Konstruktion eines kinematografischen »Tricktisches« und zur Erfindung von »Licht-Musik« – des ersten, 1921 durch Animation hergestellten, abstrakten *Lichtspiels Opus I*. In der Tradition Kandinskys begreift er Formen immer auch als *emotionales* Vokabular und überträgt deren Gefühlswert auf ihre *Bewegung*. Die beiden Grundmuster seines filmischen Komponierens lauten folgerichtig »Kontrapunkt« (formale Komponente) und »Kampf« (emotionale Komponente).

Entr'acte: 20-Minuten-Film, platziert als Pausenfüller zwischen den Akten einer Tanzaufführung des Ballets suédois im Théâtre des Champs Elysées. Eine von Dada-Geist gehetzte, närrische Verfolgungsjagd plus Dada-Ouvertüre von Dada-Mitbegründer Francis Picabia und einem noch jungen, in der »Avantgarde« mitkraulenden René Clair. Wozu (mit Dadaist Johannes Baader) erinnert werden darf, »dass niemand weiß, was dada ist, nur der Oberdada, und der sagt es niemandem«. Picabia, der das *scénario* nonchalant am Kaffeehaustisch in zehn Minuten aus dem Sakkoärmel schüttelt: »Außer dem Recht, *in Gelächter auszubrechen*, respektiert *Entr'acte* NICHTS.« Picabia über Dada: »Dada fühlt nichts, es ist nichts, nichts, nichts. Wie euer Paradies: nichts. Wie eure Idole: nichts. Wie eure Helden: nichts.«

Nachdem es Clair-Picabia gefallen hat, im Prolog aufs Auditorium zu schießen, den Star

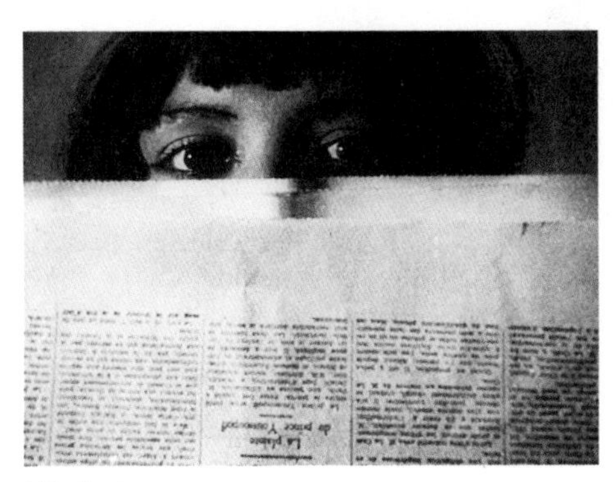

L'Etoîle de mer

der Exekution zu überantworten und den Film zu Kunststücken zu nötigen, die nur *Film* bewerkstelligen kann, schreiten sie zum geordneten Hauptteil des Films: »Ein Leichenzug«. Herren im Frack, mit tornistergleich geschulterten Trauerkränzen. Damen in vom Wind obszön gelüftetem Trauerflor. Der Leichenwagen: gezogen durch ein Dromedar. Was mit grotesk athletischen Zeitlupensprüngen beginnt, geht über in ein irrwitziges Gleiten, Rollen, Schreiten, Laufen, Rasen, Rennen, in galoppierende, taumelnde, kopfüber flitzende Bilder in Zeitraffer und Kürzestschnitt, bis die gesamte in Tollwut versetzte Jagd nur mehr ein einziger Hagel aufeinander einprasselnder Bewegungsschübe geworden ist: Keystone-Cop-Kintopp in Trance. *La vitesse en folie.* Nach dieser Huldigung an Buster Keaton und Mack Sennett: finale Verbeugung vor Monsieur le magicien Georges Méliès. Der pausbäckige Star, auferstanden aus dem Sarg, wendet sich der Kamera zu. Er richtet den Zauberstab gegen seine Brust. Er lacht. Und hat sich à la Méliès in Nichts aufgelöst.

L'Etoîle de mer ist, mit Man Rays Worten, »ein Film *von* einem Gedicht« – dem Gedicht *L'Etoîle de mer* von Robert Desnos. Weiters: ein Film *um* dieses Gedicht, *mit* dem Gedicht und *in sich selbst* ein stummes Film-Gedicht. Man Ray wechselt zwischen den in Inserts erscheinenden Versen des Poems und Filmbildern, die den Textzeilen autonome Filmverse entgegensetzen, ohne sie je zu illustrieren oder »in Bilder umzusetzen«. Ein poetisches Gespräch. Ein Amalgam aus Mythos und Alltag. Eine Kette freier Traum-Assoziationen. Und: ein Gesang auf die Schönheit der Frau und auf Kiki de Montparnasse, urbane Muse der Dada-Surrealisten. *»Nous sommes à jamais / perdus dans le désert / de l'éternèbre«.* Wir sind für immer / verloren in der Wüste / des Ewigdunklen. Und dennoch: *»Qu'elle est belle.«* Wie schön sie ist.

Les Mystères du Château du Dé ist eine Auftragsarbeit, die *keiner* gleicht und wunderlicherweise dennoch eine ist. Oder: Wie man Dokumentarfilm in *mystery film* transponiert und dabei auf die wertvolle Gabe Spott nicht vergisst. Marie-Laure und Vicomte Charles de Noailles, steinreiche Mäzene und ruhmerpichte Liebhaber moderner Kunst, beauftragen Man Ray mit einem Film über ihre glorios asketische, von Robert Mallet-Stevens errichtete Villa in Hyères: »eine Anhäufung von Würfeln grauen Zements«. Sich an die *zufällige* Begegnung von Nähmaschine und Regenschirm auf dem Operationstisch erinnernd, kombiniert Man Ray »Würfel« mit »Zufall« und »Geheimnis«, wobei ihm vermutlich im Blitz der Muse der Mallarmé-Lieblingsvers aller Surrealisten einfällt: »Ein Würfelwurf setzt niemals den Zufall außer Kraft.« Würfel plus Zufall plus Würfel-Architektur plus Geheimnis ist gleich *Les Mystères du Château du Dé.*

Clair verlacht den Zuschauer, Man Ray streicht ihm betörend schön oder verstörend mysteriös Vaseline ins Aug. Luis Buñuel sticht

17

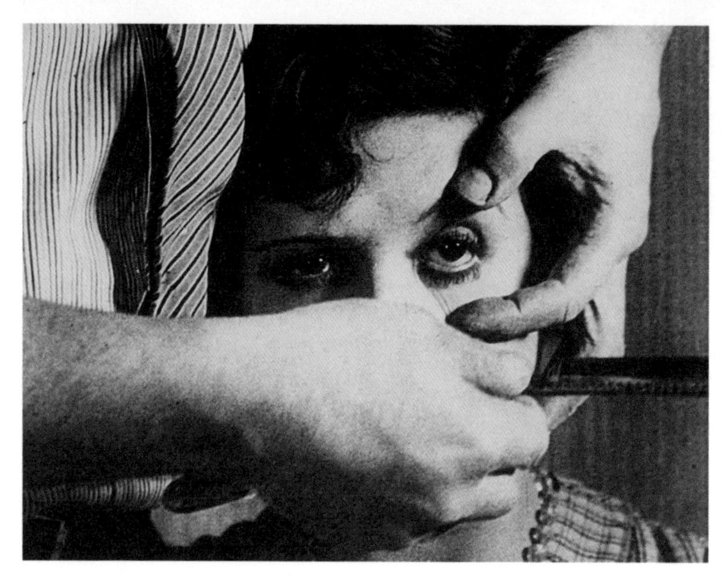

Un chien andalou

ihm ins Gesicht und tritt ihm danach unter die Gürtellinie. Schon ein Blick auf die Künstlerporträts verrät Bände: Clair ist ein *élégant,* Ray ein hintersinniger Herr, Buñuel ein glutäugiger Provinzler, der in die Stadt gekommen ist, um mit ihr zu boxen, ein poetischer Schläger, der nie *nicht* zurückschlagen wird und auch Zuhälter sein könnte, Fleischhauer, Barrikadenstürmer, Rimbaud lesender Hinausschmeißer oder Anführer (und Außenseiter) einer Revolte.

Ein andalusischer Hund. An seinem Beginn zwölf Einstellungen. Und danach geschieht, was nicht geschehen *darf* und nicht geschehen *kann.* Und siehe, es geschieht *doch.* In Totale der Vollmond, in *gros plan* die Pupille. Die Wolke durchtrennt den Mond, das Rasiermesser das Sehorgan. Gelatine quillt. Das Auge klafft. Und als wäre hiermit, gleichsam als Programm, nicht auch das Sehen des Zusehers, das herkömmliche Betrachten von Kino und die geordnete Welt überhaupt zerschnitten, fügt Buñuel an die *images choques* den lapidaren Zwischentitel »Acht Jahre später« und fährt fort, weiteren Ungeheuerlichkeiten und Sonderbarkeiten freien Lauf zu lassen.

Un chien andalou, Summe des stummen Spielfilms, Apologie des Melodrams, Triumph sentimentalischer Illusions-Montage, bebt vor Sinnlichkeit. Stroheim mal Sjöström plus Lang hoch drei. Das Kino der Bürger im Stadium der Vollendung. Und seine Zerstörung. *Un chien andalou* ist die Abbruchhalde des Welt-Verstehens, artikuliert mit dem Vokabular klassischen Kinos: Syntax in Vollblüte und kalter Zersetzung. Staubtrocken grausam erzählt Buñuel, was Generationen vor und nach ihm abwechselnd weich gezeichnet, dann wieder banal pornografisch der Leinwand anvertraut haben: das Individuum der schönen, guten, wahren Kultur im Tumult seiner *Natur.* Ich: ein *Anderes.* Unter Buñuels vorbehaltlosem Blick ist es ein feuchter Abgrund. Also Chaos. Die Rückkehr zum allerersten Mythos, in dem Verschlingen und Gebären ununterscheidbar sind. Sexualität, die das Individuum zersprengt.

Harry Tomicek

Blonde Cobra

Filme mit Jack Smith

KEN JACOBS
Blonde Cobra (1959–63) 35 min
RON RICE
Chumlum (1964) 23 min
ANDY WARHOL
Hedy (1966) 66 min

Jack Smith, 1932 in Omaha geboren, 1989 an Aids zu Tode gekommen: Filmemacher, Performancekünstler, Aktionist, Schauspieler, Selbstdarsteller, Rollenerfinder, Dramatiker, Fotograf, schreibender Maler, Bohemien, Anarchist und sich selbst entwerfendes, inszenierendes, projizierendes Gesamtkunstwerk. Am Leben verbrennender Künstler, der seine Existenz in gespielten, schillernden, absurden Rollen lebt, welche die eigene Verzweiflung sowohl selbstparodistisch brechen als auch ekstatisch-exhibitionistisch ins Maßlose steigern. In Filmen und Performances hat Jack Smith die Rollen von Scheichs, Toreros, Piraten, Bischöfen, Kleinkindern, Tunten, Gigolos, Dandys, Frauen und dabei stets *sich* (oder das *Spiel von sich)* gespielt. Ken Jacobs über Smiths Präsenz in Jacobs' Frühwerk: »*He personified The Spirit Not Of Life But Of Living, a figure celebrating not some absolute and unreal ideal but the mixed blessing of living as it is and has been, the living that includes dying. And other kinds of nastiness.*«

Blonde Cobra ist die herausfordernde Demonstration eines gewollt unperfekten Werks. Film als »sterbender Organismus« und »Blick auf ein explodierendes Leben«. Jacobs übernimmt Material, das Bob Fleischner 1959 von Jack Smith aufgenommen hat. Er entwickelt, komponiert oder de-komponiert daraus nicht einen schönen, »verbesserten«, sondern schrundigen, ruinenhaft zerrissenen Film, dessen Kanten und Trümmer eine eigene Art trauriger, perverser Verwesungspracht verstrahlen. Schwarzweißsequenzen, von Fleischner in Smiths sinistrer Wohnhöhle in der Lower East Side aufgenommen, werden durchschossen von kurzen Szenen in Farbe (von Jacobs teils im Interieur, teils *outdoors* gedreht) und beide – asymmetrisch, in beliebiger Folge, jedem Prinzip der Komposition hohnlachend – von Vorspannmaterial, weißem Lichtflackern, schmutzübersäten Weißkadern und minuten-

Chumlum

lang verharrenden Schwarzkadern zerschlitzt. Nicht minder antiklassisch die verwilderte Tonspur-Collage: Schutthalde aus Radionachrichten, Schlagern der 20er und 30er Jahre, dem zu schnell abgespielten Streichquartett von Villa-Lobos, dem Kinderlied, dem arabisch-klassischen Spiritual-Zigeuner-Schnulzen-Gebräu, dem abrupten Anflug der Stille und dem – alles durchdringend, dominierend – Verlauten von Jack Smiths Stimme, kichernd, kreischend, rezitierend, lallend, sprech-singend, irre vor Lust und Pein. Am Beginn, gleich einem hoffnungslosen Programm: Ginger Rogers' Gesang: *»Let's Call the Whole Thing Off!«* Am Ende: Jack Smiths Krächzen: *»It was WRONG!«*

Untertitel eines langen Mekas-Essays über Jack Smith: »Das Ende der Zivilisation«.

Chumlum ist *der* Rausch-Trance-Mehrfachbelichtungsfilm schlechthin. Ein exotisch-phantastisches Orgien-Fest. Berückend, farbglühend, durchdrungen von der ekstatisch ruhigen, ruhelos monotonen Angus MacLise-Perkussionsmusik, in welcher das Zymbal (cembalum = *chumlum*) als klingender Namensstifter dominiert. Beeinflusst von Jack Smiths Filmen und *starring* Jack Smith als weißgrell geschminkter Pirat und orientalischer Fürst, ist *Chumlum* dennoch ganz und gar eigenständig in seiner halluzinatorischen, sanften Vision synchron ineinander fließender Zeiten und Bildebenen. Das unmittelbar gefilmte »Material« (Bilder des mit Stoffbahnen und Ballons drapierten Raums und der feiernden Kreaturen in weit schwingenden Gewändern) verwandelt Ron Rice *in der Kamera* durch Doppel- und Dreifachbelichtung in ein dynamisches Gewebe: Durchsichtige Stoffe, Netze und Hängematten schaukeln auf die Kamera zu, die ihrerseits betrunken vor und rückwärts gleitet oder entrückt um die eigene Achse kreist. In diesem fiebrigen Schweben transparenter Materien segeln verlangsamt – wie unter buntem, dunklem Wasser – Gliedmaßen-Bündel und farbige Körperfragmente inmitten riesengroßer Hände und traumernster Lustgesichter: nicht enden wollend, schwerelos.

Was Andy Warhol an Smiths Filmen fasziniert (und was in seinen eigenen Filmen wiederkehrt), ist der Blick der Kamera aufs gespielte Leben, das sich selbst als Spiel stilisiert, wodurch die Fluktuation von Spiel (Kunst) und Leben in den Bereich der Ununterscheidbarkeit rückt. Im Kamera-Blick indes geht Warhol zum archaischen Kino Lumières zurück: dem anonymen Maschinen-Auge des *Cinématographe,* das sich darin genügt, zu schauen und inhalierte Dinge der Realität auf Maschinenbilder zu übertragen.

In *Hedy* hat die Kamera nichts anderes zu tun, als die Realität des »Superstars« Mario Montez zu inhalieren, der in die künstliche Figur des Transvestiten Mario auch eine groteske Improvisation über Hedy Lamarr einfließen lässt. Drei Filme in einem – Schein und Echtsein in multiplizierter Fluoreszenz. Im Fiktionsfilm unterzieht Hedy Lamarr sich der jährlich fälligen Schönheitsoperation, wird beim Ladendiebstahl von einer lesbischen Detektivin erwischt und in der Gerichtsverhandlung mit dem Quintett ihrer Ex-Ehemänner als den Geschworenen konfrontiert. Der Dokumentarfilm sieht Mario Montez zu, der oder die schon in *Flaming Creatures* und *Chumlum* mitgewirkt hat und ihre oder seine Performance hier mit schrillen Diva-Anklängen mischt: *»Ahhhhhhhhhh am the most beautiful woman in the worrrrrrld.«*

Hedy

Der dritte Film entsteht aleatorisch zwischen den Zeilen und schweift ab in die Winkel der Factory: Dellen der Wand oder Banalitäten der Decke, gelegentlich auftauchende Besucher am Bildrand, die Hausband The Velvet Underground beim Musizieren.

Eine der *creatures* in dieser subversiven Neuschreibung des Hollywood-Superstar-Kinos ist Jack Smith, der stechenden Blicks eine Rolle und sich selbst (eine Vielzahl von Rollen) spielt. An seiner Oberfläche zucken Lust und Verzweiflung. Wenn sich unter der Oberfläche (laut Warhol-Diktion) *nichts* verbirgt, dann arbeitet Nichts (oder ein Irrgarten des Nichts) in der Außenhaut von Jack Smith. Alles bloß Innere ist äußerlich (Diktum Hegel), alles nur Äußerliche innerlich. *Harry Tomicek*

19

ROBERT SIODMAK & EDGAR G. ULMER
Menschen am Sonntag (1929) 81 min (20 B/Sek)
Drehbuch: Billie Wilder nach einer Reportage von Kurt Siodmak; Kamera: Eugen Schüfftan; Kameraassistenz: Fred Zinnemann

LUIS BUÑUEL
Terre sans pain (Las Hurdes) (1932) 29 min

Kinematografie: Foto-Aufzeichnung und Dokumentation der Dingwelt im komplexen Reichtum ihres Anblicks und ihrer Bewegungsvielfalt. *Jeder* Film, egal ob Spiel- oder Dokumentarfilm, kommt nicht umhin, primär *dokumentarisch einatmend* zu sein: Anblicksaufsaugend, Bewegungs-inhalierend. *Rio Bravo* ist *auch* ein Dokumentarfilm über den Hüftschwung von John Wayne, *The Searchers* auch eine Dokumentation über Wolken, Licht und die Sandsteindome des Monument Valley. *Mothlight* dokumentiert auf den Filmstreifen geklebte reale Nachtfalter, *A Man and His Dog Out For Air* Zeichnungen von Robert Breer. Andererseits kommen Dokumentarfilme nicht umhin, dem Auge ihren fiktionalen Anteil zu enthüllen. Flahertys *Nanook of the North* etwa oder Jennings' *Fires Were Started* inszenieren dokumentarisches Material dergestalt, dass sie *Spielfilmen* ähneln. Zur Lust des Sehens von Filmen gehört stets auch eine Art von visueller Erwägung: Was ist photo-osmotisch aus der Realität in sie eingedrungen? Was an ihnen verdankt sich der Eigentümlichkeit des Materials? Was der Technik der Apparatur? Und was geht auf Eingriffe des Filmemachers zurück?

Menschen am Sonntag ist ein Spielfilm, den der Jargon als *»halbdokumentarisch«* bezeichnet, *Las Hurdes* ein Dokumentarfilm, den die Etikettierung in eine Schachtel mit der Aufschrift *»surrealistisch«* schiebt. Keine »falschen« Benennungen, doch solche, die dem Prozess der Mumifizierung durch Sprache Vorschub leisten. Ins Auge springend an *Menschen am Sonntag* und *Las Hurdes:* die intensive Präsenz der in den Film einströmenden Welt *im Rahmen* (und trotz des Rahmens) und *im Filter* (und trotz des Filters) *der Sicht der »Regisseure«*, welche die jeweils gefilmte Realität zwar formt und verändert, sie gleichwohl weder aufzehrt noch überdeckt. Zwei Fenster. Eines auf Sommersonntage in Berlin, 1929 (Rahmen: improvisierter Spielfilm). Das andere auf die Bergregion Las Hurdes im mittelalterlich anmutenden westspanischen Jahr 1932 (Rahmen: Luis Buñuel).

Grundzug von *Menschen am Sonntag:* etwas Schwebendes, Federleichtes, Lebensverliebtes, das sowohl die Spielhandlung als auch die ständig mit ihr verfließenden dokumentarischen Teile schimmern lässt. Film über Sonnenlicht im Sommer: Morgenlicht, Mittagslicht, Nachmittagslicht und schräges, lange Schatten werfendes Spätnachmittagslicht. Eingeschrieben in diese Gezeiten des Tagesgestirns: Berlin, ein Wochenende, ein Ausflug ins Grüne und ein Reigen amouröser Annäherungen und Enttäuschungen, so wunderbar schwerelos, genau und vielgestaltig aufgezeigt in ihrer Alltäglichkeit, als wären sie aufgelesen wie Fundstücke. Ein nur vage geplanter, danach der spontanen Reaktion, dem offenen Auge und Augenblick vertrauender Film von fünf einigermaßen bis ausgiebig unerfahrenen Ciné-Enthusiasten. Sie befinden sich in der Obhut des versierten Kameramanns Eugen Schüfftan, der von den Greenhorns und der befreiten Art des Filmens in Hochform katapultiert wird. Er fotografiert die schönsten, sinnlichsten Bilder des deutschen Films um 1930 und prägt die Erscheinungsform von *Menschen am Sonntag* dem Augenschein nach deutlicher und persönlicher als irgendeiner aus der Fünfzahl des

Menschen am Sonntag

Schreiber-Assistenten-Regisseure-Teams. Jeder der fünf plus Schüfftan, plus Christl Ehlers, die schöne Schwarzhaarige unter den Akteuren, wird übrigens binnen vier Jahren das zum Kriminalland arischer Idioten avancierte Deutsche Reich verlassen haben und Emigrant in Frankreich oder Amerika geworden sein.

»Ein Film ohne Schauspieler«. Näherhin: ohne *professionelle* Schauspieler. »Diese fünf Leute«, verkündet ein Insert, »standen hier zum 1. Mal in ihrem Leben vor einer Kamera. Heute gehen sie wieder ihren Berufen nach.« Andere Inserts: »Erwin Spletterstößer fährt die Taxe 10088.« »Brigitte Borchert hat im letzten Monat 150mal die Platte ›In einer kleinen Konditorei‹ verkauft.« »Wolfgang von Waltershausen, Offizier, Landwirt, Antiquar, Eintänzer, zur Zeit Weinreisender.« »Christl Ehlers läuft sich als Film-Komparsin die Absätze schief.« »Annie Schreyer, ein Mannequin.« Witz der Sache: Brigitte Borchert, Schallplattenverkäuferin bei Electrola, wird gespielt von Brigitte Borchert, Schallplattenverkäuferin bei Electrola, Erwin Spletterstößer von Erwin Spletterstößer, Christl Ehlers von eben derselben etc., was in jedem Fall wahrhaftiger, unverkrampfter, allem voran *anmutiger* funktioniert, als wenn Emil Jannings donnernd einen Hotelportier oder Stefan

Terre sans pain (Las Hurdes)

George augenrollend einen Vorarbeiter mimt. Die *sich selbst* verkörpernden Laien in *Menschen am Sonntag* sind weder »Typen« wie im russischen Stummfilm noch psychologisch unterfutterte »Charaktere mit Schicksal« wie im Roman (der den Spielfilm imitiert). Christl E. (trotz ihres Hangs zum Katzenbuckel sehr sensuell) hat in ihrer Erscheinung nichts zu beweisen als ihre Erscheinung, die nicht bewiesen werden muss, sondern erscheint. Keine Filmschauspielerin vermöchte je, die Augen so naiv verschämt niederzuschlagen, zu tuscheln und zu lächeln wie Brigitte B. beim Rendezvous an der S-Bahn-Station, um dann beim Küssen unter Kiefern am Wannsee ganz wild dreinzuschauen und den Kopf von Wolfgang W. zu sich zu ziehen und zugleich erregt *weg*zudrücken: vermöchte es nicht, weil sie es *darstellen* würde und weil sie es als agierende Gefangene in der Kunstwelt Kino täte, während *Menschen am Sonntag* es verweigert, Personen zu erfinden oder zu »ergründen« und sich statt dessen an eine sichtbare Landschaft der Wonnen hält: die Tiefe der *Oberfläche* wirklicher Personen.

Am Ende kehrt der Film zur Stadtsymphonie zurück, die er über lange Passagen hin *auch* gewesen ist. Die episodische Erzählung taucht unter im Strom dokumentarischer Bilder. Angestellte, in Ämter eilend. Hastende Massen. Zirkulierender Verkehr. Berlin am Montagmorgen. Finale eines Films, in dem der auf den Kleiderhaken segelnde Hut so wichtig ist wie die Schlacht am zugefrorenen Peipusee und der Schatten der Radspeichen am abendlich glänzenden Asphalt schöner als Asta Nielsen an der Küste von Sorrent.

Las Hurdes: eine Bergregion in der Estremadura, 100 Kilometer westlich von Salamanca. Visueller Grundcharakter des Films: stechendes Weiß mit stechenden Schattenfurchen, die Landschaft wie ein versteinertes Skelett, die Dörfer wie Steinwüstenlandschaft. Bilder gleich Verletzungen, gefilmt mit geborgter Kamera, oft unscharf, voll zittriger Schwenks. Keinerlei Bedachtnahme auf Ästhetik und das Raffinement der Kadrage. Nüchterner Blick. Funktionale Montage. Der gesprochene Kommentar verheißt »Objektivität«, wie es sich für einen Dokumentarbericht geziemt, die Bilder indes zeigen einzig, was *Buñuel* für wert befindet zu zeigen. Die Realität ein böser Traum. Der Traum eine noch bösere Realität. Kein »surrealistischer Film«, sondern der Film eines Mannes mit der Moral des bekennenden Surrealisten (also Empörers), der angesichts der Schöpfung, die keine ist, Gott, den es nicht gibt, ins Gesicht spuckt. *Las Hurdes* denunziert die Realität der Hurdes und die Realität als Ganzes: weder klagend noch erregt, sondern kalt, knapp, lapidar in einem Grad, der in der Kälte Fieber und im Lapidaren Trance walten lässt. Sachliche Ekstatik. Ekstatische Ungerührtheit. Dazu eine doppelte Ebene Automatismus: unentwegter Kommentar und pausenloses Wogen klassischer Musik. Beides vereint bildet eine eigene Art Halluzinatorik und irritierender Vieldeutigkeit aus. Mit dem Kommentar verhöhnt Buñuel das Genre Reise-Dokumentarfilm. *Aber* er liefert auch Informationen, die wichtig scheinen, jedoch zugleich unterminiert werden. Denn auf jeden Fakt folgt, beflügelt vom Dämon des Widersinns, jenes »Aber«, das in ihm geschlummert hat und nun den Fakt verkehrt, entkräftet, ins Fatale führt. Das Sachliche ist phantastisch bei Buñuel. Oder absurd. *Aber* auch anmutig. Was abermals absurd ist, *aber* in einem anderen Sinn. Mit der Musik verspottet Buñuel den Kulturfilm, der sich ihrer üppig bedient. *Aber* er setzt die Sinfonie von Brahms auch ein, weil sie ergreifend schön, *aber* auch absurd fremd in der Welt der Hurdanos ist, so wie alles in dieser teils faktischen, teils buñuelschen Region der Ausgesetztheit fremd verbleibt, fremd wie der Wahnsinn, die Armut, die Krankheit und fremd wie der Tod, auf den die Dinge haltlos zustreben.

Die Erregung, die aus der Nicht-Erregung in Buñuel-Filmen resultiert, gleicht einem Sturm in Windstille: sie ist da, aber nicht vernünftig formulierbar. Das apathisch fahl auf der Straße liegende Mädchen, das in einem anderen Buch der Wirklichkeit die kleine Prinzessin in Bettlerlumpen sein könnte. »Wir sahen, dass ihre Mandeln und ihr Hals entzündet waren. *Aber* wir konnten nichts für sie tun.« Blick in den Mund, den eine männliche Hand öffnet. In ungerührtem Ton: »Als wir zwei Tage später nach ihr fragten, sagte man uns, dass sie gestorben sei.« Abblende. Als wäre nichts gewesen: Übergang zu: Anbau von Kartoffeln und Bohnen. (Das alles nivellierende, obszön beiläufige und grausig bewusstlose Wesen der »Nachrichten« zum *bewussten* Blitz befördert: »Bei einem Erdbeben in A starben 4000 Menschen / Die Partei B nimmt sich jetzt der Probleme der Radfahrer im Bundesland C an.«)

Ziegenfleisch in Las Hurdes essen nur die Kranken und bloß dann, wenn Ziegen von Felsen tödlich abgestürzt sind, was Buñuel unverschämt *doppelt* filmt, in Totale frontal und nochmals von oben in die Tiefe, Beweis dafür, dass Dokumentarisches auch inszeniert ist wie im Spielfilm, bei dessen Drehen der Regisseur mit Sprechrohr »Sprung durch den Feuerreifen zum Vierten!« brüllt: Sehen lassen, was gesehen werden *soll.* Es gibt vereinzelt Olivenbäume, *doch* ihre Früchte werden von Insekten zerstört. Bienen, nah und groß. *Aber* die Bienen fallen den Esel an, welcher den Honig transportiert, und lassen ihn vor Qual zucken. Drei Kinder huschen durch die Traumlandschaft aus Stein. *Aber* die Kinder sind Erwachsene, kleinwüchsige Kretins, Geschöpfe der Inzucht. Sie lachen mit Zahnlücken in seltsam verzogenen Gesichtern der Kamera zu. Die einzigen Heiteren in *Las Hurdes:* Irre. *Aber:* Ihr Lachen ist nicht froh, denn es *ver*lacht den noch irreren Kretin, der wie ein bärtiger Zwerg hinter Steinen hervor gestiegen kommt. Das gestorbene Baby im Land ohne Ärzte und Brot. Es liegt weiß, mit offenem Mund gleich einem Christkind aus Wachs in Tücher gebettet. *Aber* es gibt in Fragosa keinen Friedhof.

Harry Tomicek

20

KENNETH ANGER
Invocation of My Demon Brother (1969) 11 min
CARL THEODOR DREYER
Vampyr (1932) 71 min

Drehbuch: Carl Theodor Dreyer, Christen Jul; Kamera: Rudolph Maté, Louis Née; Musik: Wolfgang Zeller; Darsteller: Julian West (i. e. Baron Nicolas de Gunzburg), Maurice Schutz, Jan Hieronimko, Henriette Gérard

Zwei Vergegenwärtigungen jenes Bereichs, den das einleitende Insert von *Vampyr* als *»les mondes surnaturels«* bezeichnet. Zwei Filme von Gläubigen: Anger glaubt an die unterdrückte, kommende Lichtbringer-Gottheit Luzifer, Dreyer an den menschgewordenen christlichen Gott. Angers Film ist die Anrufung (Invokation) des *daimon* (Geistes) und eines kommenden Zeitalters von Freiheit, Lust und Licht, Dreyers Film die Hervorrufung (Evokation) der Gegenwelt-Geister des Unheils. Angers Anrufung stellt eine *Beschwörung,* Dreyers Hervorrufung eine *Bannung* dar. Zwei *Imaginationen* des *Imaginären*. Beide Filme bedienen sich der Maschine Film, um Licht und Schatten natürlicher Erscheinungen ins *Phantastische* zu verwandeln. Zwei Filme, die jene Welt der Geister, die sie evozieren, vorbehaltlos ernst nehmen. Zwei Filmkünstler als *Besessene*.

Der Grund, weshalb er, Anger, filme, habe mit *Film* schlechthin *nichts* gemein, er sei bloß der durchsichtige Vorwand, »Leute *gefangen zu nehmen«* und *Zauber* auf sie auszuüben. Fotografie raube die Seelen der Fotografierten, die Erfindung des Films sei ein *»black day of mankind«*. Der wahre Filmemacher habe *magus* (= Anger) zu sein: Er verwandelt die *gestohlene* Erscheinung der gefilmten Person ins *»image of the astral body«* und die Schwarze Magie zurück in *Weiße*. Filmemachen sei *Verhexung,* die

Invocation of My Demon Brother

Ausformung eines *Zauberspruchs*. *Inauguration of the Pleasure Dome, Lucifer Rising* und *Invocation of My Demon Brother* versteht Anger als Rituale. In der sinnlichen Wahrnehmung der Filme zerfällt angesichts ihres Ernsts, ihrer Vehemenz, ihrer Intensität, ihrer präzisen Form und Schönheit und nicht zuletzt ihrer *magischen Wirkung* jede intellektuelle Distanz zu etwas Bleichem, wenig Bedeutendem. *Invocation* ist kein narrativer, sondern frei assoziierender, gleitender oder suchender Film. *Akustische* Spur: eine von Mick Jagger am Moog-Synthesizer enervierend-insistierend monoton, also ekstatisch gespielte Beschwörungstonfolge im Falsett (Morsezeichen ins Jenseits oder aus ihm). Prinzipielle Elemente der *visuellen* Spur: Personenbilder als Gottheiten, Dämonen,

Satyrn, Inkarnationen, magische Wesen. Bilder der zu überwindenden, feindlichen Gegenwelt: US-Marines, wie Tötungsroboter aus einem Kampfhubschrauber springend, TV-Ikonen aus dem Vietnamkrieg, rot eingefärbt. Bilder der alltäglich-»normalen« Welt, in die Luzifers befreiender Geist einzusickern beginnt: nackte Lustknaben am Sofa, entrückte Musiker, Hell's Angels in metallgespicktem Leder, Mick Jagger *on stage*. Zauberbilder: Tätowierungen, Tarot-Piktogramme, Hexagramme, Totenköpfe, Swastikas. Bilder des Feuers: Flammen der rituellen Verbrennung eines Katzenkadavers, rubinrot viragierter Glutregen aus einem Hollywood Picture. Und Bilder der Transformation. Flackernde Metamorphosen.

Vampyr. Eine Evokation des Schattenlandes zwischen Leben und Tod. *Vampyr:* ein Traum? Traum eines Wesens, dessen Imagination ihn in die *mondes surnaturels* entführt? Die Tonqualität scheint fernen Jahrhunderten zuzugehören. Ihr »Mangel« lässt Stimmen und Geräusche wie aus kryptischen Gewölben oder einer anderen Welt ans Ohr dringen. Die Tatsache, Tonfilm zu sein, in dem die *Bilder* der Dinge nahe, ihre *Töne* jedoch fern zu sein scheinen, steigert den Charakter der Wirklichkeitsirritation von *Vampyr.* Ein Spielfilm: eine Erzählung, die, würde sie als Papierstreifen voll Informationen vorgestellt, so oft geknickt ist, dass nur mehr Fragmente erkennbar sind und der Hauptteil sich im Schatten der Faltstellen verbirgt. Dreyer verunklärt *Vampyr* zum Raum-Zeit-Labyrinth. Fragen in der Art von »Wo?« (Courtempierre in Frankreich oder am Gestade der Halluzination?), »Wann?« (1932?), »Wie lange?« (eine Nacht, ein Monat aus Nächten?) bleiben in ihm unbeantwortbar. Wie im Traum auch schließt *Vampyr* Träume *im* Traum in sich. Es sind solche des Todes. Dreyers weiße Mauern aus *La Passion de Jeanne d'Arc* sind zu *schwarzen* geworden. Zu Schattenwänden, in die verirrte Strahlen weiße Inseln und zerfließende Kreisformen stanzen. Rudolph Matés *flutende Kamera* dient weder der räumlichen Klärung noch der Fixierung bewegter Personen im Raum. Sie stiftet keine Ordnung, sondern untergräbt sie. Sie ist nie folgsam, nie erpicht, Eleganz oder Leichtigkeit zu generieren. Sie verlässt die Akteure, gibt sich Abwegen hin. Sie schlafwandelt und entwickelt eine Schrift der Verunsicherung. Ihr Sog ist Verstörung: der bewegliche, in die Irre führende Anteil an der Konstruktion eines Labyrinths, in dem Dunkel regiert und das bevölkert ist von Sterbenden, Gestorbenen, Untoten und dem Tode selbst. Am Ende ein Regen aus Mehl, der das Böse begräbt. Knirschen ineinander greifender Mühlenräder der Gerechtigkeit oder Zahnräder der Kinematografie. Die Nacht ist beschworen, das Unheil gebannt. Weiße Vernichtung. Weißer Morgennebel. Die Fliehenden, vielleicht Liebenden in ersten Strahlen des anbrechenden Tags. Glück auf Abruf. *Ils rêvent.* Sie träumen.

Harry Tomicek

Vampyr

21

Razor Blades

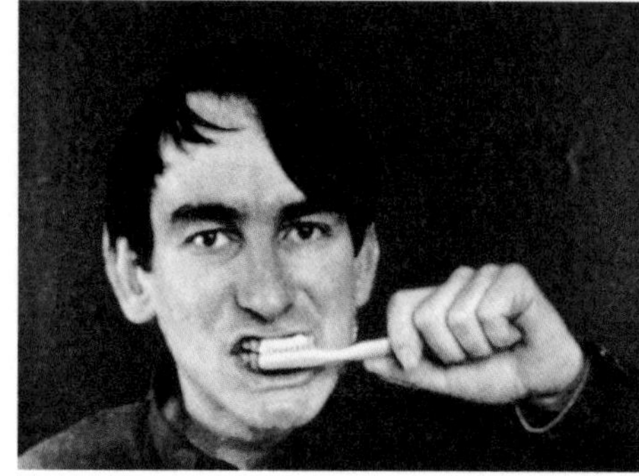

Doppelprojektionen

PAUL SHARITS
Razor Blades (1968) 25 min
ANDY WARHOL
The Chelsea Girls (1966) ca. 200 min

The Chelsea Girls besteht aus zwölf durchgehend auf je einer Rolle aufgenommenen, ungeschnittenen Rohzeit-Blöcken oder halbstündigen Segmenten. Es werden jeweils zwei Rollen *simultan* Seite an Seite projiziert: eine Art Doppelfenster aus Film. Warhol lässt den Filmstreifen automatisch aufzeichnen, was die automatisch laufende Kamera sieht. Er vertraut restlos *ihrem* Blick, auf den er *seinen* niemals überträgt, vielleicht deshalb, weil er keinen eigenen hat oder haben will. Film als *recording window* auf Selbstdarstellungen, in denen unklar bleibt, wo das Selbst aufhört und die Darstellung beginnt. Kunst- und Kinolosigkeit: keine Erfindungen, keine Bedeutung, keine Anweisungen, keine Dramaturgie, keine Struktur, weder Höhepunkt noch gestalteter Beginn oder ausgeformtes Ende eines Segments. Da die »Handlungen« von Warhols »Akteuren« keinen Plot vorantreiben und weder Sinn noch narrative Bedeutung artikulieren müssen, öffnen sie den Blick vorbehaltlos und einzig *auf sie selbst*. Nichtstun ist Nichtstun, Schlafen Schlafen, Geschwätz Geschwätz und *The Chelsea Girls* das Kompendium eines Dutzends unbearbeiteter *objets trouvés:* zwölf Lebensbekundungen von Junkies, Hochstaplern, Schwulen, Lesben, Hustlern, Drag Queens, *hangers-on,* Strichjungen, *street-wise kids,* Bohème-Typen und Factory-Habitués, die allesamt ihre Zeit darauf verwenden, zu telefonieren, zu existieren, zu rauchen, herumzustehen, Stirnhaare mit der Schere zu kürzen, leidenschaftslos in Betten zu liegen, im Duo, Trio und Quartett Sex zu absolvieren, Fruchtsaft zu trinken, sich Schüsse in den Hintern zu verpassen, abgestumpft *high* zu sein, zu kichern und ziemlich pausenlos (gelegentlich erregt, in der Regel ermattet cool) unendlich Nutzloses, Belangloses und Selbstverliebtes zu reden, woraus sich in diversen Zimmern des Chelsea Hotel und auf zwei Teilen der Leinwand links, rechts ein Doppel-Fluss enervierend ähnlicher Komödien, Psychodramen, Possen, Seelen-Strips, Monologe, Selbst-Performances, ermatteter Opern

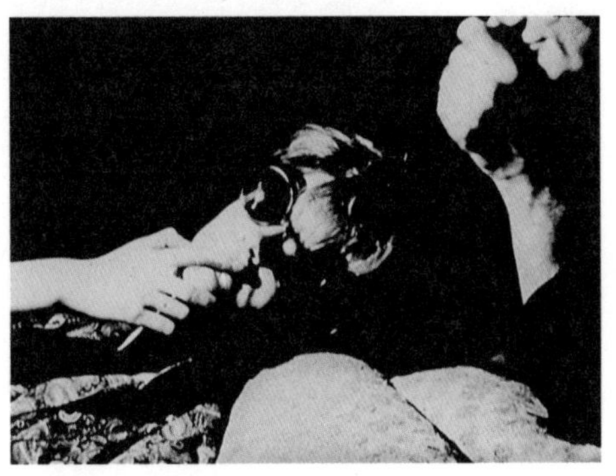

The Chelsea Girls

und lustloser Freveltaten ergibt. Warhol hat es gestattet, die Rollen in *beliebiger* Reihenfolge zu spielen, den Ton *beider* Rollen zu vermischen oder ihn nach Gutdünken einmal am *linken* Film zu belassen und am rechten *nicht* abzuspielen oder umgekehrt. Die Gestaltung: auf Null reduziert. Die Ausleuchtung: elendiglich. Der Ton: jämmerlich. Die Kamera bleibt entweder ohne Aufsicht gelassen, weil W. oder derjenige, der ihn gerade vertritt, telefonieren gegangen ist. Die Bohème eine etablierte, träge Kleinbürgerwelt. *Chelsea Girls* ist zur Aufführung gebrachtes Anti-Orgien-Mysterien-Theater. Aber auch ein gigantischer ethnologischer Monolith, der eine Ära im Rohzustand aufbewahrt.

Warhol arbeitet mit *laissez-faire* und Dauer, Paul Sharits mit konziser Kontrolle und kürzester Zeitphase. Warhols Material ist die Filmrolle, jenes von Sharits der Einzelkader oder die auf Filmstreifen-Raum gebannte Vierundzwanzigstelsekunde. Warhol benützt Film zur Aufzeichnung einer bestehenden, Sharits zur Erschaffung einer neuen, bislang nicht existenten Welt. Warhols Film ist ebenso leidenschafts- wie Ich-los, Sharits' Film eine leidenschaftliche Ich-Verdichtung. Warhols Doppelprojektion währt 200 Minuten und besteht aus 12 Einstellungen, Sharits' Doppelprojektion dauert 25 Minuten und beinhaltet zweimal 36.000, also 72.000 Einzelbilder. Während Warhol einlädt, durch Film hindurch zum *Gefilmten* zu kommen, verführt Sharits dazu, durch Film auf den *Film* zu sehen, um im Sehen-Hören ausschließlich *beim Film* und *im Film* zu sein. *Razor Blades* ist die wie ein prasselndes Sperrfeuer aufs Auge zuckende, aufs Ohr hämmernde Erfahrung kürzester *Bild-* und *Ton-*Ereignisse in rasender Abfolge. Das Feuer *Razor Blades* gründet in seiner *Schnelligkeit,* ist Doppelfeuer oder gespaltenes Feuer: *zwei* Schnelligkeiten, *aufeinander* schnellend. Schnelligkeit, welche in Phasen des Films die Farben aufeinander folgender Kader zu neuen Farben vermischt, die Formen aufeinander folgender Kader zu neuen Formen verformt. Ein doppeltes Fließen. Eine kosmische Reise. Zen-Dialog in Blitzen. In Licht, Schatten, Farbe, Form, Ton explodierende Doppelprojektion. Film gleich einem Naturereignis. Film: das Entstehen neuer Erfahrung, die sich der Sprache verwehrt. Film: neues Gefühl/neues Denken. Film als Feuer. Film als Gleichnis.

Harry Tomicek

22

ALEKSANDR DOVŽENKO
Arsenal (1929) 86 min (18 B/Sek)
Drehbuch: Dovženko; Kamera: Daniil Demuckij;
Darsteller: Semen Svašenko, Nikolaj Kučinskij

Dovženko: »Das Riesenhafte der Ereignisse hat mich gezwungen, das Material unter dem Druck vieler Atmosphären zusammen zu pressen. Das kann man nur, wenn man sich der poetischen Sprache bedient, die meine künstlerische Besonderheit ist.«

Das *»Material«:* die letzte Phase des Ersten Weltkriegs. Russisch-deutsche Front. Das Elend im ukrainischen Hinterland 1917. Die Beendigung der Kriegshandlungen von Seiten Russlands 1918: de facto ein *doppelter,* aus divergierenden Motiven genährter Kriegsaustritt: jener Russlands, jener der Ukraine. Das bolschewistische Russland beendet den Krieg, um einen sinn- und ideenlosen Krieg zwischen Nationalmächten zu beenden und eine (der Idee nach) internationale Revolution durchzusetzen – und sei es mit Krieg. Die Ukraine beendet den Krieg, um 300 Jahre russische Vorherrschaft zu beenden und einen Nationalstaat zu etablieren – und sei es mit Krieg. Die Beendigung *eines* Kriegs löst einen *anderen,* dreifachen aus: den Bürger-, den sowjetisch-ukrainischen und den Klassenkampf-Krieg.

1918 werden die Zentral-Rada mit Sitz in Kiev und die Regierung von Simon Petljura gegründet. Bolschewistische Partisanen besetzen das Kiever Arsenal, verteidigen es gegen Rada-Truppen und werden bei seiner Erstürmung ausnahmslos im Kampf getötet oder exekutiert. Als Niederlage am Weg zum Sieg gerät »Der Fall des Arsenals« zur Legende, zum heroischen Sowjet-Mythos und zum El Alamo der russischen Revolution. Der »Stoff«, den Dovženko zu *verdichten* gedenkt, ist Geschichte im dreifachen Sinn. Erstens *spezifische* Geschichte im Stadium der Phase. Als *Revolutions-*Geschichte zweitens Geschichte, welche *eigentliche* Geschichte hervor treibt: als Aufruhr, *Neubestimmung, Verwandlungs-*Drama. Drittens zur *Legende* gewordene Geschichte in der Gestalt des *Mythos.* Der gemeinsame Nenner lautet Krieg. Als jener, der *Geschichte* erzählt, bezieht Dovženko leidenschaftlich Stellung. *Arsenal* ist eine *Partei nehmende* (und von der KPdSU 1929 in Auftrag gegebene), *monumentale* Filmerzählung über Geschichte. Als jener, der *Krieg* darstellt, gehört Dovženko keiner Partei der Welt an, auch nicht der eigenen, und wenn doch, dann einzig der Partei der Wahrheitsforscher und Künstler. *Arsenal* stellt die Frage »Was ist Krieg?« und erteilt Antwort. Der Charakter der Antwort ist essentiell: Sie ist rücksichtslos und *furchtbar.*

Erste Verszeile der *Ilias:* »Singe, Göttin, den Zorn des Peleiaden Achilleus.« Erstes Versbild in *Arsenal:* Himmel und Erde; der Einschlag einer Granate; der Himmel verdunkelt sich mit Rauch und einer Fontäne aufgewühlten Erdreichs: »Singe, Kinematografie, den Zorn des Krieges.« *Harry Tomicek*

23

PETER HUTTON
July '71 in San Francisco, Living at Beach Street, Working at Canyon Cinema, Swimming in the Valley of the Moon (1971) 33 min
GEORGE KUCHAR
Mosholu Holiday (1966) 7 min
PAT O'NEILL
Runs Good (1970) 15 min
PAUL SHARITS
Epileptic Seizure Comparison (1976) 34 min

Film als Kapazität, Verwirrung darzustellen – und sie zu genießen. Am Beginn: Leben im Einklang mit Natur. Am Ende kollabieren Bild-und-Wirklichkeits-Ströme im Kopf zu spastischem Aufruhr. Eine Reise von Lust zu Qual in vier Werken. Zehn Jahre Amerika. Geschichte(n) einer Zivilisation. Film als Historie, als Diagnose, als Kunst, als radikale Selbstdarstellung des Filmemachers im Material.

July '71 nennt Peter Hutton einen seiner frühen, stummen 16mm-Filme und fügt im Titel barock und dennoch schlicht vier jener wunderbar unwichtigen Wichtigkeiten hinzu, die zum Reichtum von Tagebüchern und Tagebuch-Filmen zählen. *July '71* entführt und verführt zu nichts anderem als zum reinen, unaufgeregten Schauen *um des Schauens willen* und löst damit die gesehenen Dinge aus den Skalen ihres Nutzwerts. Das »Beiläufige« ist gewichtig, das »Belanglose« reich an Bedeutung. Vor dem Holzhaus steht ein Mann, schaut in die Kamera und nimmt einen Schluck aus der Flasche. Ein Ereignis. Weiß schäumend mäandern die Bugwellen vor dem elliptischen Schiffsfenster – ein Ereignis. Bewegungslos liegt eine Frau im Bett und betrachtet durchs Fenster die Farne im Garten. Schattenschwarz. Das Weiß einfallenden Lichts. Brechungen, Vermählungen, Übergänge von Helldunkel. Hundertzahl der Grauwerte im

July '71 in San Francisco ...

nebeldurchsickerten Farndschungel. Ereignis.

Das Ich bleibt ausgespart und unsichtbar. Und ist dennoch dargestellt in der *Sicht* und dennoch sichtbar im elementaren Vorgang, auf den Peter Hutton es so rigide wie federleicht

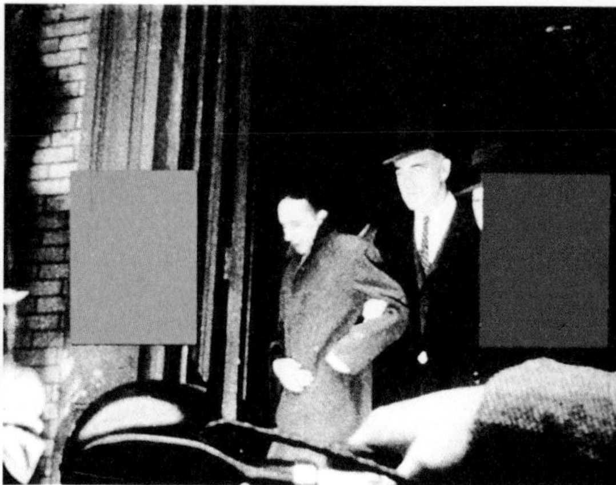

Runs Good

beschränkt: Das Auge des Objektivs öffnet sich, die sichtbaren Dinge strömen auf es ein, das Objektiv schließt sich. Das Ich ist Enigma und dennoch einfach. Es schaut: umwillen des Schauens. *July '71* ist das Porträt des abwesend-anwesenden Filmemachers und das Porträt einer alternativen Lebensform, die dem *american way of business life* entsagt hat. Personen, die bekunden, dass sie Zeit haben, da sie sich Zeit genommen oder es gelernt haben, mit ihr bedachtsam, freudig und anders zu verfahren als Willy Loman in *Death of a Salesman* oder Henry Ford und seine Fließbandsklaven. Kochen, Essen, Sprechen, Spielen, Ruhen, Schauen. Die Freuden der Arbeit und die Künste des Müßiggangs.

Mosholu Holiday ist ein Film über trostlose Freizeit-Verrenkungen trostloser Kleinbürger im Tarnanzug diverser Hollywood-Genres – sowie eine höhnische Versuchsanordnung über Bedeutung und Funktionieren akustischer, visueller und narrativer Kino-Codes. In Hollywood-Manier überträgt George Kuchar den Ton wie ein sicher wirkendes Gift aufs Bild: Wenn Musical-Töne zu hören sind, *sieht* man im Kino ein Musical. Aber Kuchar erkürt *zugleich* das Bild zum Gift Nr. 2, das auf den Ton einwirkt: Es entspricht ihm nicht, man sieht keinen tanzenden Star, sondern die verdrossene Blondine, die aus unerfindlichen Gründen Steine vom Brückengeländer kippt, was die Musical-Melodie so blöd klingen lässt, wie sie ist. Kuchar liebt, hasst, parodiert, entlarvt Hollywood – und übernimmt getreu dessen Spielfilm-Kameragestus, dem die Funktion des Klärens, Verdeutlichens und Unterstreichens obliegt. Er klärt mit ihm Vorgänge, die unklar bleiben, verdeutlicht Erzählstränge, die sich mit anderen nimmermehr verbinden, und unterstreicht, dass in *Mosholu Holiday* nichts zu etwas passt. Auf erhabene Weise wird dadurch *alles* stimmig in diesem pervers synthetischen, von Kino-Absud durchdrungenen Filmreich, in dem die Kreaturen sich wie in *Movies* bewegen, obgleich sie bloß ihr kleines, verkümmertes, aufgeblasenes Stück Alltag zelebrieren. *Mosholu*

Holiday ist nicht nur schrill und vergnüglich, sondern auch die auf Um-, Ab- und Irrwegen exakte Darstellung eines Zustands der Welt.

Es läuft gut, denn wir sind im reichen, glücklichen Amerika und inmitten des glorreichen 20. Jahrhunderts. Auch in den Bildern, die Pat O'Neill als Beleg fürs amerikanische Glück vorgefunden und als Material für *Runs Good* bearbeitet hat, laufen die Dinge bedenklich gut: Rugbyspieler, Strandleben, aufsteigende Flugzeuge, goldene Hochzeiten, Karnevalsumzüge, schreitende Passanten, turnende Pin-ups, feierlich stramme Militärs, parlierende Politiker, Zuchthunde-Shows und ein Bison, dem menschliche Intelligenz beigebracht hat, statt der Bisondame die Wiese zu begatten. Feierndes, fliegendes, sportelndes, badendes *God's Own Country.*

O'Neill, der vom Design und von der Fotografie kommt, arbeitet mit dem optischen Kopierer und der modernsten Technologie: Er löscht Formen aus dem Bild, fügt andere hinzu, verändert die Farbe, verwandelt im Kader positive Partien in negative, während andere positiv bleiben, aber von Schwarzweiß in Farbe überspringen oder umgekehrt. O'Neill, Magier der Bearbeitung, Durchdringung und Überschichtung von Bildern, setzt *in einen* Kader einen anderen oder mehrere andere. O'Neill, der auch Bildhauer gewesen ist, modelliert Film zu mobilen Skulpturen aus versprengten Bildtrümmern und ineinander schießenden Filmfragmenten, die unterschiedlich beschleunigt oder verlangsamt sind. Am Ende von *Runs Good* bilden grafische Kürzel und Raster, Palmen und Hunde, Masken und Menschen, Flugzeuge und TV-Geräte mit Politikergesichtern ein gespenstisches, sich von Moment zu Moment änderndes anamorphotisches Bild-Ton-Gebirge aus kaum mehr überschaubaren Zeit- und Bewegungsformen. Pracht und Schrecken der Vielfalt.

Epileptic Seizure Comparison ist ein Film über zwei epileptische Anfälle, die separat gezeigt werden. »*Seizure*« meint Besitzergreifung, Inbesitznahme, Gefangennahme. Diese erfolgt durch den epileptischen Anfall am Epileptiker und durch *Epileptic Seizure Comparison* am Betrachter. Töne fallen über Bilder her; Bilder stürzen in Töne, und beide hageln, aneinander maßlos gesteigert, in Fortissimo und Prestissimo als unentwegter Bild-Ton-Furor auf Retina und Ohr des Zusehers ein. Doppeltes Inferno. Der Patient flackert, zuckt und zerbirst in Farbe, in Schwarz und in Weiß. In den Synkopen aus Röcheln-Stammeln-Kreischen toben die Synthesizer-Simulationen des Gewitters im Hirn, begleitet vom Beat eines unerbittlichen Grundtons. Die Maschine Mensch stampft, ihre Teile zerbersten.

Selbst wenn man sich der Mühe unterzieht, in der Geschichte der Künste sehr weit auszuholen (man lasse Poe, Goya, Kubin, Kafka, Artaud und Arnulf Rainer im Geist Revue passieren), wird es schwerfallen, ein mit dem Komplex »Geisteskrankheit« befasstes Werk zu finden, das Wahnsinn mit vergleichbarer Wucht erfahrbar macht. Indem Paul Sharits sein Material zum Rasen, Tosen, Flickern bringt und es als Licht-Schatten-Ton-Bombardement benützt, treibt er das Medium in einen Bereich, in dem Film sich in seinem äußersten Potenzial entfaltet. Film als *exzessives Ereignis,* als Angriff auf die Perzeption und als Ungeheuerlichkeit. Film als Tortur und Ekstase. Film, der sich des Zusehers bemächtigt und ihn in den Kopf eines von konvulsivischer Qual Befallenen reißt. Film, der Verrücktheit nicht abbildet, sondern selbst verrückt (und verrückend) geworden ist. *Harry Tomicek*

24

MICHAEL SNOW

Rameau's Nephew by Diderot (Thanx to Dennis Young) by Wilma Schoen (1972–74) 263 min

Ein *talking picture* über (und mit) Ton und Film, Ton im Film, Tonfilm, Film-Ton, Sprache-Sprechen-Tönen-Verlauten im Film, Filmsprache(n), über (und mit) Hören-Sehen-Lesen von Sprechendem, Verstehen & Nicht-Verstehen von Gehörtem-Gesehenem-Gelesenem, Sehen im Hören, Hören im Sehen. Eine Selbstdarstellung des Ton-Films. Ein *joke,* ein Spiel, ein philosophischer Diskurs, ein Dialog von Ton und Bild, eine *talking picture*-Enzyklopädie, eine Klärung durch Verwirrung, ein Labyrinth. Ein Rebus.

Le Neveu de Rameau ist eine philosophische, zwischen 1762 und 1774 von Denis Diderot verfasste *»Satire seconde«* in Form eines Dialogs. Jean-François Rameau, genial-parasitärer Neffe des berühmten Komponisten, führt am Vorabend der Revolution im Pariser Café de la Régence mit dem *Moi* des Erzählers ein Gespräch, das um Grundfragen von Kunst, Genie, Moral, Ästhetik, Erziehung, Individualität und Gesellschaft kreist. *Le Neveu de Rameau* wird von Goethe ins Deutsche übersetzt, von Schiller und Hegel rezipiert, inspiriert im zerrissenen 20. Jahrhundert den Kanadier Dennis Young dazu, einen *Film* über *Le Neveu de Rameau* zu drehen, was einen anderen Kanadier zum Diskursfilm *Rameau's Nephew by Diderot* anstachelt. Im Titel fügt er in sophistisch-barocker Manier seinen Namen im Anagramm hinzu: Wilma Schoen = Michael Snow mit Geschlechtsverkehrung und vermutlicher Anspielung auf »schoen« wie *»schön«* in Hegels Ästhetik. Anspielungen, die auf tausend andere verweisen. Ein 263 Minuten langer ironischer Denk-Mammutfilm aus 24 Segmenten und hunderterlei ontologischen Ton-Bild-Spielen. Was Auge und Film-Auge vermögen und artikulierende Sprache *nicht vermag:* In einer Plansequenz verfolgt der Blick des Zusehers, wie zwei Hände zahllose auf einem Tisch verstreute Dinge (eine Schreibmaschine, Stifte, Schlüssel, Lineale, Mappen, Fotos, Briefe, Bücher, Büroklammern) schnell, aber exakt verrücken, wenden, stapeln, reihen, hin und her stellen, immer wieder anders legen und dabei in ein kompliziertes, sich ständig veränderndes, doch genau verfolgbares Netz von Relationen versetzen. Während an den Dingen das Ballett des Verrücktwerdens vollzogen wird, unternimmt eine weibliche Stimme im Off den Versuch, jede der parallel erfolgenden Hand- und Dingbewegungen *präzise* zu beschreiben. Was einmal gelingt, beim zweiten Mal ins Nachhinken kommt, gerät beim *dritten* oder *fünften* Mal zum Gestammel, das den Vorgang im Bild zwar korrekt wiedergibt, aber nie *vorstellbar* macht. Nicht irgendeine, sondern die schlagende und Beweis führende Demonstration der Unersetzbarkeit der Anschauung schlechthin. Der Name des Beweisführers: Ton-Film. *Harry Tomicek*

25

GREGORY J. MARKOPOULOS
Du sang de la volupté et de la mort (Psyche, Lysis, Charmides) (1947–48) 59 min
Gammelion (1967) 54 min

Zwei Jahre nach Ende des Zweiten Weltkriegs dreht ein Amerikaner von neunzehn Jahren einen Spielfilm, dessen Handlung sich weder im Verlauf eines Jahrzehnts noch eines Tags vollzieht, sondern in einem *Augenblick.* Der Titel seines Films: *Psyche.* Gregory J. Markopoulos, Sohn griechischer Emigranten, verachtet das Unterhaltungsware ausspuckende, Geld scheffelnde Hollywood-Firmen-Kino, aber er verehrt zumindest drei seiner klassischen Meister wegen ihres Talents zur Kadrierung, Ausleuchtung und Komposition der Einstellung: Griffith, the great Stroheim, the magnificent Sternberg. Bei Letzterem hat er Vorlesungen über Filmästhetik belegt. Das Geld für *Psyche* ist knapp, die 16mm-Kamera geborgt, jeder der Akteure im Film ein Freund oder Bekannter. Markopoulos zeigt sich wild entschlossen, einen Spielfilm in Farbe zu gestalten, der sorgsam gebaut ist wie ein Griffith-*Movie*, plastisch wie ein Stroheim-Melodram, sinnlich raffiniert wie ein Sternberg-Kinotraum, außerdem tiefenscharf und ausgeklügelt manieristisch fotografiert wie Orson Welles' *Citizen Kane.* Er ist weiters gewillt, sämtliche im industriellen Kino auf Spezialisten verteilte Funktionen der Filmherstellung in *einer* Person zu vereinen: der seinen. Betreffs Perspektive soll *Psyche* einem Kinostück gleichen, betreffs Form sich jedoch grundlegend von jedem irgendwann in Hollywood gedrehten Spielfilm unterscheiden, allem voran in Erzählweise und Behandlung der Zeit – also in der Vision des Augenblicks.

Der Mann, elegant gekleidet, hager, schwarzhaarig, und die junge Frau im hellen Kostüm mit weißblondem Haar stehen einander im Nachmittagslicht auf dem Gehsteig des von Bäumen flankierten Boulevards gegenüber. Sie sehen sich an, sie lachen. Ihre Oberkörper werden vom Lachen leicht rückwärts gebogen. Hinter den von Sonne gesäumten Gestalten gleiten Autos auf der Fahrbahn entlang. Mann und Frau sind einander vor Sekunden begegnet. Er hat sich nach ihr umgewendet, sie sich nach ihm. Sie ist stehen geblieben, er auf sie zugeeilt. Die Art des Lächelns verrät, dass sie einander weder unbekannt noch sonderlich vertraut sind. Der Mann lacht, die Frau ebenfalls, aber in *ihrem* Lachen kämpfen Interesse, Irritation und Skepsis um die Vorherrschaft.

Du sang de la volupté et de la mort

Ein Ereignis in einem Moment. Solch *äußerer,* physischer Aspekt des Augenblicks ist für Markopoulos nicht mehr als ein Ausgangspunkt, ein Sprungbrett. *Psyche, Lysis* und *Charmides,* die Filme der Trilogie *Du sang de la volupté et de la mort,* sind Visionen dessen, was ein Augenblick eigentlich, also *innerlich* ist. Er ist unmessbar. Er ist Hingerissensein: zu den Din-

Du sang de la volupté et de la mort

gen oder zu sich selbst. Und er ist Zeitverwirbelung, Zeit-Ekstase. Erinnertes, Vorweggenommenes und Gegenwärtiges schießen in ihm zusammen, teils aus dem Gedächtnis kommend, teils aus individuellem und kollektivem Wissen, teils aus der Wahrnehmung, teils aus der Imagination (wobei Imagination mindestens folgendes umfasst: Vorwegnahme, Ausmalung, Ahnung, Assoziation, Abschweifung, Angsttraum, Befürchtung, Sehnsucht, Erwägung, Phantasie). Dem Wunsch nach Vergewisserung, der danach fragt, was in Markopoulos' Vision des Augenblicks *jetzt* oder *davor* oder *danach* geschieht und was sich *real* oder aber in der Realität des *Gedankens* ereignet, bleibt die Antwort auf schwindelerregende Art verweigert. Umso mehr, da der Filmemacher den inszenierten *stream of consciousness* nicht nur hin- und herschnellen, sich wiederholen und verschlingen lässt, sondern immer wieder in den Bereich des antiken Mythos überführt, in dem jegliche Befindlichkeit bereits archaische Gestalt gefunden hat, die Verwirrung der Frau in der Erzählung von Psyche, das Begehren des Mannes in der Figur des Amor/Eros.

Die springende, repetierende, vor- und rückwärts lesbare Narration von *Du sang de la volupté et de la mort* findet eine radikale wie luzide Anschauungsform für das dynamische Wesen der Zeit – und begründet den Ruf eines Filmemachers, der das Medium neu zu denken und zu benützen weiß. »*Theory: Time is a crystallization. A universal particle: a particle in the long sentence which is the meaning of Man. The film image is a crystallization* of *time; indeed, a crystallization* in *time. One particle of time contains trillions of imprisoned images, and all those foreign bodies which create the sense of the image itself.*«

Markopoulos' Œuvre teilt sich in drei Werkgruppen: narrative Filme, Filmporträts von Personen, Filmporträts von Orten. *Gammelion* ist das Meisterwerk der dritten Gruppe. Der porträtierte Ort: das Burgschloss Rocca Sinibalda in der mittelitalienischen Provinz Rieti.

Die 20-Jahres-Spanne zwischen *Psyche* und *Gammelion* wird von Markopoulos' Bestreben bestimmt, das Element des *Bildes* durch *Verknappung* pur und akzentuiert im Film hervortreten zu lassen. Seit Ende der fünfziger Jahre verdichtet er den *single shot* zur Kürze des *single frame:* Keine Einheiten von 500 oder 1000 Kadern geraten aneinander, sondern minimale, gleichsam kondensierte – 5 Kader in Spannung zu 3 Kadern oder 2 zu 10 oder 4 zu 1, Einzelbilder allemal, strahlend kurz, aufleuchtend in ihrer Evidenz, immer schon am Sprung ins Verlöschen, im Übergang zum nächsten Bild, sich dabei mit diesem und den folgenden Bildern paarend, Gruppen bildend und in wieder anderen Gruppen wiederkehrend, als könnten sie sich mit ihrer Einmaligkeit nicht abfinden – wie Erinnerungen, Gedanken, Töne in einem Musikstück, Farben in einem Gemälde oder Wörter, die, wiederholt, ihren Reichtum erst im wechselnden Kontext der Sprache offenbaren. Montage und Repetierung von Einzelbildern, so Markopoulos, eröffne unausschöpfliche *architektonische Möglichkeiten* und gestatte, Film ungleich straffer, konziser und komplexer als gewohnt zu komponieren. Parallel entwickelt Markopoulos eine zweite, der Präsenz des *single frame* dienende Strategie: Er isoliert das Einzelbild im Zeitrahmen schwarzer Kader. Es wird zu einem Blitz im Dunkel. Es verweist nur mehr auf sich. Es ist reines *Aufscheinen.* Es stellt, griechisch gedacht, das *phainesthai* (Sichtbarwerden, Erscheinen) eines Phänomens als dessen *Sein* und *Wesen* dar: als Licht-*Ereignis* in der Zeit.

Gammelion ist 54 Minuten lang. Ein Teil dieser Dauer wird von Dunkel und Stille geprägt, der andere vom Aufleuchten kürzester Bilder. An die tausend Mal: das Erscheinen von Dingen und Farben. Es kann jäh wie ein Blitzen erfolgen. Oder sacht wie ein Aufblühen und Verlöschen. In der Stille, sie steigernd, bisweilen das unerhörte Ereignis des Tons. Blenden, Schnitte und den Rhythmus schwarzer und belichteter Kader hat Markopoulos nicht am Schneidetisch und im Labor hergestellt, sondern ausnahmslos während des Drehens *in der Kamera.*

Das Farblicht sticht ins Schwarz und verblüht *langsam.* Stille und Dunkel. Das Farblicht blüht aus dem Schwarz und verschwindet *abrupt.* Stille und Dunkel. Am Beginn von *Gammelion* die Geburt eines Pulses, der das Weitere geheimnisvoll ruhig durchströmen wird. Er überträgt das Elementar-Drama von Licht und Finsternis, von Tag und Nacht, von Sehen und Nicht-Sehen, von Öffnen und Schließen des Auges auf das Licht-Bild-Geschehen des Films und in die Dunkelheit des Kinosaals. *Gammelion* feiert die Hochzeit von Finsternis und Licht. Nichts anderes besagt der griechische Name des Films. »Gamelios«, »hochzeitlich«, umschließt alles, was zur Hochzeit und Heirat gehört, das Hochzeitsmahl, das Licht der Opferflamme, jede Hochzeit, auch jene der schwarzgeflügelten, anfänglichen Nacht und des lebendigen Feuers. *Gammelion* kann auch als stetige Geburt und ständiges Sterben von Licht *und* Finsternis gelesen werden. »Unsterbliche: sterbend, Sterbliche: unsterblich: sie leben gegenseitig ihren Tod und sterben ihr Leben.« (Herakleitos, Fragment 62) Da diese Worte auch über Liebende gesprochen sein könnten, ist *Gammelion* in seiner Dunkelheit zuletzt auch ein Film über die Liebe zum Licht oder übers Licht der Liebe. Rilke schreibt in *Die Aufzeichnungen des Malte Laurids Brigge:* »Geliebtsein heißt aufbrennen. Lieben ist: Leuchten mit unerschöpflichem Öle. Geliebtwerden ist vergehen. Lieben ist dauern.« Inmitten der Stille von *Gammelion* spricht die Stimme von Markopoulos diese Zeilen in englischer Sprache.

Harry Tomicek

26

KENNETH ANGER
Puce Moment (1949) 6 min

GEORGES FRANJU
Le Sang des bêtes (1948) 22 min

Drehbuch: Georges Franju; Kamera: Marcel Fradétal, assistiert von Henri Champion; Musik: Joseph Kosma; Schnitt: André Joseph

STAN BRAKHAGE
The Act of Seeing With One's Own Eyes (1971) 32 min

ROBERT BREER
Pat's Birthday (1962) 14 min

Vier Filme über *Oberfläche:* Stoff, Fell, Fleisch, geschminkte und ungeschminkte Haut, geöffnetes Fleisch, Organe, Gras, Blätter, Wasser, bemaltes Holz, bemalter Stein.

Puce Moment: 15 Kleider schweben wie farbig schillernde Gespenster ins Bild, wallen und zittern dicht vor der Kamera. Eine Parade von *evening dresses* und *ball costumes* aus den *roaring twenties:* eine *Orgie* in Farbe, in Atem gehalten von zarter Wolllust aus Stoff-Kolorit und Film-Kolorit. Die Kleider beben, als seien sie von sich selber erregt. Und Yvonne Marquis gebärdet sich, wie man sich in einer kalifornischen Luxus-Eremitage aus Seide und Spitzenwerk zu gebärden pflegt: als würde sie permanent gefilmt. Deshalb schaut sie auch nicht in den Spiegel, sondern *spielt* dieses Schauen und hebt dabei die Arme himmelwärts wie Clara Bow, die eine Heilige in Entrückung spielt. Miss M. wird von Geisterhand auf die Terrasse geschoben, die bereits in Spätnachmittagsblau gebettet ist und den Blick über die Berge der Reichen von Beverly Hills und Hollywood schweifen lässt. Sie begibt sich zeremoniell zum Akt des Ausgehens, schreitet mit der *Sunset Boulevard*-Grandezza Gloria Swansons vor 40 absenten Paparazzi versonnen die Treppe

Puce Moment

von der Villa in getürktem Cinquecento zum Park in falscher kalifornischer Renaissance hinab – einsam, erhaben lächerlich, ein sich selbst produzierendes und zelebrierendes Produkt. Ein Film über die Erotik der Oberfläche samt dem Geheimnis der Leere darunter.

Silhouetten von Mietshäusern und Schornsteinen. Lokomotivenrauch am Horizont. Im Vordergrund ein Flohmarkt. Kinder tanzen Ringelreihen, das Liebespaar küsst sich. Stadtrand-Tristesse in lyrischer *grisaille:* Der Betrachter hegt nach der ersten Minute von *Le Sang des bêtes* keinerlei Zweifel, dass er einen feinsinnig gestalteten Kultur-Dokumentarfilm übers Leben kleiner Leute in der Banlieue genießen wird. Eine perfekt funktionierende Falle. Tritt ein, sagt der trügerische Rahmen, die Welt ist schön! Auch die Fassaden der Schlachthäuser in Vaugirard und an der Porte de la Villette sind schön. Auch das weiße Pferd, das über den Hof geführt wird, ist schön. Dann fährt das Stichmesser in den Hals des Pferdes und aus dem weißen Fell schießt ein schwarzer Sturzbach hervor – die Schönheit ist furchtbar geworden. *Le Sang des bêtes* wendet sich Vorgängen zu, die zu sehen der Blick der Zivilisation scheut: dem Schnitt durch die Schafskehle, Stich in die Rinderbrust, dem Sprudeln und Dampfen des Bluts, Aufspalten des noch zitternden Kadavers, Ausweiden, Abziehen der Haut, Abtrennen des Kopfs, Zersägen, Zerhacken und Zerschneiden des Fleisches. *Le Sang des bêtes* entführt in eine Wahrheit, die schmerzt.

The Act of Seeing With One's Own Eyes: ein Film über das Öffnen und Durchforschen toter menschlicher Körper. Das Motiv des Filmens: *mit eigenen* Augen zu sehen, *was ist.* Nichts anderes besagt Autopsie. Das gewohnte Sehen sieht keine farbigen Schatten, sondern *Dinge,* die durch *Namen* gegangen sind. Wer *The Act of Seeing With One's Own Eyes* sieht, sieht indes nicht mehr »die Dinge« und nicht mehr »die Welt«, sondern wie *Stan Brakhage* sie sieht, der wie sein Kameraauge sieht, das sieht, wie *er* will, dass es sehen soll. Es sieht etwas, das uns zittern macht, wofür aber – noch – Namen zuhanden sind: geöffnete Schädel, sezierte Körper, Gehirn, Gewebe. Und es sieht auch und wesentlich »Dinge«, die keine mehr sind, weil der Name für sie gebricht und der Verstand keinen Ort für sie findet. Höhlenwände? Blutseen? Landschaften aus Rosa und Grau? Eine schweigende Reise in die Beunruhigung. Die Welt ist schwankend geworden. Mehr noch: *unbekannt.*

Metaphorisch gesprochen, besitzt jeder Film ein Gewicht. *Puce Moment* ist so leicht und schwer wie Damast, *Le Sang des bêtes* erst leicht, dann drückend schwer, dann wieder leicht, aber voll Erinnerung an die Schwere, *The Act of Seeing With One's Own Eyes* durchgehend maßlos schwer. *Pat's Birthday* jedoch ist auf wundersam heitere Art schwerelos. Pat Oldenburgs Geburtstag, ein Sommertag, eine Autofahrt, ein Fest unter Bäumen. Kalauer, Künstler samt Kindern und Frauen am Land. Schwimmen mit Kleidern im Wasser. Golfspiel im Regen auf dem zum See gewordenen Rasen. Pats weißer Stöckelschuh in der Lacke. Dada-Slapstick am Waldsee. Ein Kopfsprung ins Wasser. Kuss für die Kamera. Kleinstadtstraße mit Verkaufsläden und ballspielenden Buben: ein in Bewegung geratenes Walker-Evans-Foto.

Harry Tomicek

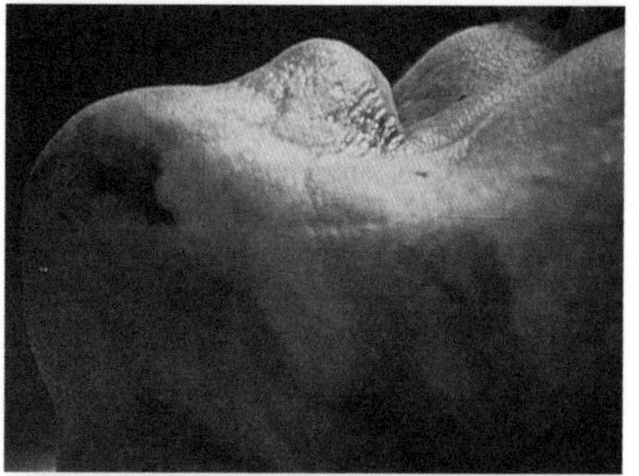

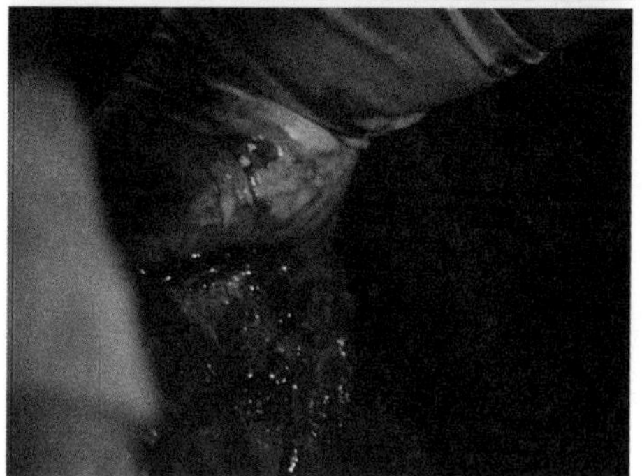

The Act of Seeing With One's Own Eyes

27

MICHAEL SNOW
Presents (1980–81) 98 min

Ein Snow-Präsent in Snow-Manier. Zwei Filme in einem. Philosophie-Fragen in Form von Slapstick-Zen. Oder 100 Rätsel-Erörterungen von »Was ist Gegenwart? Was heißt Vergegenwärtigung?«. Film über: Gegenwarts-Arten *(presents)* und Darstellungs-Arten *(presentations)* von Bildern *(representations)*. Film über: abgebildete Vorgänge und Dinge, erstens im Spiel-, zweitens im Dokumentarfilm. Um solch Dimension auszuloten, spielt *Presents* in Teil 1 (unter anderem) das Spiel, ein Spielfilm zu sein, der *ironisch*-didaktisch (und sehr spielerisch) die Schaustellung, das Künstliche und Spielfilmhafte eines *Spielfilms* re-präsentiert, während Teil 2 *passioniert*-didaktisch (und ernst) die Essenz eines *Dokumentarfilms* präsentiert, indem er ist, was er ist, Dokumentarfilm – ein Versuch des Aufspürens und Wiedergebens der Anwesenheit *(presence)* im augenblicklichen Jetzt *(present)* der Dinge.

Teil 1 durchspielt die Valeurs der Versuchsanordnung »Spielfilm« in Abfolgen dargestellter und düpierter Illusion, um die Bühne der Versuchsanordnung zuletzt voll Hohn zu zerstören. Mit Verzicht auf Montage werden befremdlich surreale Pop-Art-Vorgänge in einer *einzigen*, langen, ununterbrochenen Einstellung von der erst am Stativ fixierten, dann auf ihm lose schwenkenden, dann unkontrolliert taumelnden Kamera aufgezeichnet. Snow inszeniert die erhaben absurde Inszenierung einer Inszenierung: um Weisen lachhafter Präsenz von Inszeniertem begreifbar zu machen. Der *single long take* gerät sardonisch zur Philippika gegen André Bazins Glauben an die *plan-séquence* als Errettung physischer, »wahrer« Realität. Anstatt in der ungeschnittenen Länge einer Einstellung »wahrhaftig« zu werden, zeigen Posen, Personen & artifizielle Dekors nur umso mehr ihr Gespielt- und Gemachtsein. Das Geschehen vollzieht sich »real«. Aber die Realität ist *mise en scène,* in Szene gesetzt. Sie gleicht einem Mix aus Kino-Vaudeville und Bühnen-Dramolett à la Ionesco. In Teil 2 wechselt Snow abrupt zur *dokumentarischen* Art der Film-Gegenwart: zur einstündigen Montage gefundener, mit freier Hand aufgenommener Einstellungen. Sie verdanken sich flüchtiger, nicht-inszenierter Anwesenheit – und der momentanen Reaktion des Filmenden auf sie. Die *hand-held camera* schnellt, schwingt, zuckt, gleitet in alle Richtungen des Raums. Sie *folgt* den Dingen und *formt* sie gemäß der Art ihres *filmischen* Folgens. Und fügt sie in *filmische* Kürze, die das Singuläre und Ephemere ihres Aufscheinens bewahrt. Teil 1 verfährt circensisch, Teil 2 meditativ und rätselhaft. Jeder seiner Hunderten *short shots* wird akustisch durch einen Schlag auf der *snare drum* markiert. Ihr Ton fällt mit dem letzten Moment zusammen, in dem das jeweilige Bild anwesend ist. Er unterstreicht das Kostbare seines Seins und Endgültige seines Verschwindens. Es ist da. Es ist nicht mehr da. Trauerarbeit als Fest.

Harry Tomicek

MICHAEL SNOW
So Is This (1982) 47 min
Seated Figures (1988) 40 min

So Is This

So Is This ist ein Entertainment-Film, vergnüglich wie ein Spaziergang, inspirierend wie ein Gespräch mit einem geistreichen Partner. Das Vergnügen, das *So Is This* bereitet, beruht auf seiner Ironie und der nicht alltäglichen Gelegenheit, in einem Film statt Bildern ausschließlich *Wörter* zu sehen, den Film also zu lesen, indem man ihn sieht, oder zu sehen, indem man ihn liest. Die Wörter sind auch Bilder von Wörtern. Jede Einstellung zeigt *ein* Wort. Die *Folge* der Einstellungen verbindet die Wörter zu *Worten,* die Worte zu Sätzen, die Sätze zu einem Text. Dieser Text handelt ausschließlich vom Film, den man sieht: also von *So Is This*. Da *So Is This* aus zu Worten werdenden Wörtern, das heißt aus niedergeschriebener, gefilmter und projizierter Sprache besteht, handelt *So Is This* von der Sprache und von sich: von *Sprache* und *Film*. Da die Sprache in jedem Augenblick des Films in Form eines geschriebenen Wortes auf der Leinwand *gegenwärtig* ist, handelt *So Is This* (wie Michael Snows vorangegangener Film *Presents*) von *Präsenz:* von Gegenwart oder Dasein. *So Is This,* spielerisch im Denken und schwerelos im Ernst, ist im schönen Sinn des Wortes ein *philosophischer* Film.

Seated Figures. Jemand hustet, flüstert, gähnt, räuspert sich. Ein Baby stößt Babylaute aus. Die Stimmen einer Frau und eines Mannes sind vernehmbar, auch das Geräusch eines Filmprojektors. Man sieht die Personen nicht; sie und der schnurrende Projektor existieren nur auf der Tonspur von *Seated Figures* und in der Imagination des Zusehers. Dieser betrachtet *Seated Figures,* einen »Landschaftsfilm«, in dem die Kamera in unterschiedlichen Tempi sich immer ganz dicht am Boden über den Asphalt einer Straße, über Steine, einen Bach, Grasbüschel und Sand, Moos und eine Wiese voll Blumen bewegt. *Seated Figures* suggeriert Bewegung und stellt zugleich (wie Teil 2 von *Presents*) deren filmische Darstellung systematisch wie geheimnisvoll dar. *Seated Figures* ist auch ein Reisefilm über den *Boden.* Er fährt vor und zurück auf ihm, hin und her, kreuz und quer: von der Zivilisation in die Natur. Landschaft, die nur nahsichtig als Boden und Erde und Gras präsent ist. Präsent in unterschiedlichen Schnelligkeiten und Richtungen der Bewegung: dadurch dem Schein nach selbst bewegt. Präsent in Ruhepausen, um vorzuführen, was und wie sie im Grunde ist: unbewegt.

Harry Tomicek

29

JONAS MEKAS

Scenes From the Life of Andy Warhol
(1963–90) 36 min

Reminiscences of a Journey to Lithuania
(1971) 81 min

Reminiscences: Erinnerungen. Anklänge dessen, was war, gefärbt vom gewesenen Jetzt und vom gegenwärtigen Ich. Gefärbt, geformt von einem, der filmte, um Augenblicke festzuhalten. Und der später aus *glimpses* einen Film fügt, der sich das Bewahren der Augenblicke zum Thema macht. Das Drama »*lost, lost, lost* und dennoch bewahrt«. Oder »bewahrt und dennoch *lost, lost, lost«.* Ich erinnere mich. *Ich* sah die Welt. Ich sah sie durch *mich* hindurch. Sie war da und der Augenblick in seinem Da auch schon wieder verflogen. *We walked: we walk: we walked: we will never walk again like this.*

Jonas Mekas, geboren 1922 in Litauen, Emigrant, *Displaced Person,* rühmender Dichter, heimwehkranker und trunkener Melancholiker auf der Suche nach dem verlorenen Paradies. Er besteht darauf, sich nicht *filmmaker* zu nennen, sondern *filmer:* einer, der in gewählter Sekunde ungeplant filmt. Der dem flüchtigen Augenblick vermählt ist: der mit und in der Kamera auswählt, antwortet, reagiert, die Form spontan erfindet, die Montage im Nu bestimmt. Ein *glimpse* von Mekas vibriert, atmet, tanzt, zuckt vor und zurück, verändert wie ein Zeitraffer-Chamäleon in rasendem Wechsel seine Farbe und wie ein unbekanntes Geschöpf in einem Cartoon seine Konsistenz und Form. Stan Brakhage über Mekas' *catch-as-catch-can* und *clackety-clack* mit der Bolex-Kamera: *»In a flurry of fingers a quarter-second's worth of single frames would be rattled off.«*

Teil 1 von *Reminiscences of a Journey to Lithuania* beinhaltet Material, das Mekas im Zeitraum 1950–1957 in New York aufgenommen und 1971 montiert und kommentiert hat. Ich erinnere mich an die ersten Jahre der Emigration in der Neuen Welt. Ich erinnere mich an Euch, meine Freunde in den *Displaced Persons*-Lagern. Ich erinnere mich an den Krieg. Bist du je auf dem Times Square gestanden und hast ganz in deiner Nähe frische Birkenrinde gerochen oder Walderdbeeren, mitten in der Stadt? Ich erinnere mich an Gerüche und Geräusche aus meiner Heimat. Teil 2: *100 Glimpses of Lithuania, August 1971.* Die junge Frau am Seeufer. Die Blumen. Die Rinder auf den Sommerwiesen. Pferdefuhrwerke voll Heuballen. Dörfer mit Reihenhäusern. *»Mamma (born 1887)«.* Himbeeren in den Händen der alten, mageren Bäuerin mit steinernem Gesicht. *»And she was waiting, she was waiting for 25 years.«* Mit weißem Kopftuch und geblümtem, schwarzem Kleid unter Obstbäumen. Dann eine Brücke, die Teil 2 und 3 miteinander verbindet: Besuch in der Fabrik und jenem zur Wiese gewordenen Lager in Hamburg, Elmshorn, wo Jonas und Adolfas Mekas, Mitglieder der Widerstandsbewegung, 1944 für die Nazis Sklavenarbeit verrichtet haben. Kinder sehen zu, wie Mekas filmt und laufen lachend davon. *»Run, children, run. I hope you never have to run for your life.«*

Teil 3: Vor der Rückreise nach New York ein Besuch in Wien. Peter Kubelka füttert Spatzen, verzehrt mit strahlender Miene eine Speise und leuchtet vor Lebenslust wie ein Geschöpf von Jacob Jordaens oder François Rabelais. Er beobachte Peter, sagt Mekas, und ertappe sich dabei, dass er ihn beneide, um seinen Frieden, seine Gelassenheit, sein Ruhen in sich selbst mit den Dingen ringsum, die ihn immer umgeben haben, *»at home, in place, in time, in mind, in culture«.* Besuch im Stift Kremsmünster. Auf der Tonspur Bruckner und ein Madrigal von Gesualdo. Er fange, sagt Mekas, wieder an, an die Unzerstörbarkeit des menschlichen Geistes zu glauben, an bestimmte Qualitäten, die in vielen Tausenden Jahren von Menschen geschaffen seien und die noch gültig sein werden, wenn wir nicht mehr sind.

Scenes From the Life of Andy Warhol ist Mekas-Hochgeschwindigkeitsfilm par excellence. *Single frames,* geschnitten im Filmapparat, flackernde Licht-Farbwechsel und zitternde, ruhelos schweifende Kamera-Handschrift: Augenblicke aus dem Leben Andy Warhols – so, wie Jonas Mekas sie sah. Vom ersten Konzert der Velvet Underground bis zur Messe für Warhol in der St. Patrick's Cathedral. Es huschen und tanzen vorüber: George Maciunas, John Lennon, Allen Ginsberg, Yoko Ono, Nico, Lou Reed, Barbara Rubin, Edie Sedgwick, Joe Dallesandro, viele andere und die silberperückte Sphinx selbst, Andy Warhol, scheu und zugleich selbstsicher, immer so, als gehöre er, umgeben von Menschen, nicht ganz dazu. Ein Mondkalb mit Hütchen, das angezogen am Strand sitzt und seine Fotoausrüstung überprüft, während die Freunde oder vielleicht doch nur Bekannten im Meer baden. Einer, der nur ganz selten lächelt und dann wie ein Alien. Der jedoch unentwegt filmt oder Fotos von Anderen und anders Lebenden schießt, Polaroidbilder, die sich dann auf Tischplatten türmen, um später sorgfältig signiert zu werden. Eine um Warhol kreisende Welt, in deren Zentrum er irgendwie unbeholfen herumsteht und bloß dann Ähnlichkeit mit dem gewinnt, was er vielleicht ist oder sein könnte, wenn er die Kamera hebt und zu Menschen oder Dingen über die Distanz von Metern hinweg maschinenhaft schnell Kontakte knüpft, welche wie Besitznahmen, aber auch wie Entfernun-

Reminiscences of a Journey to Lithuania

Scenes From the Life of Andy Warhol

gen vom Leben sind. Bilder, die danach bunt, fremd, absolut unpersönlich neben ebenso unpersönlichen Bildern von Brillo-Schachteln und Elektrischen Stühlen die Wände des Whitney Museum füllen, wo Warhols stürmischer Antipode Jonas M. sie verrückt vor Bewegung so persönlich und körperlich filmt, dass sie tanzen und unter den Händen wie zuckende Insekten wegzulaufen drohen, auf jenes blitzschnell hell und dunkel werdende Blau der Straßenschluchten hin, das M. genauso interessiert wie Warhol und seine Bilder oder das explodierende Rot eines Ärmels und das Picasso-Blaue-Periode-Blau des Union Square, das er durch Warhols abgewinkelte Hand im Vordergrund und geschlossene Fenster im Mittelgrund mit einem Zoom-Flug für eine fliehende, halbe Sekunde zu sich zieht.

Jonas Mekas: »Die Welt ist voller Verzweiflung / der Künstler … obwohl er weiß, wie traurig die Welt ist / er singt in Farben und Bewegungen … / Es gibt heutzutage Dichter des Films, die so schön singen / dass die Hässlichkeit weinen muss.« *Harry Tomicek*

CINÉMATOGRAPHE LUMIÈRE
Démolition d'un mur (à l'envers) (1896)
2 min (16 B/Sek)
CHARLES RIDLEY
Germany Calling (1941) 2 min
STAN BRAKHAGE & JOSEPH CORNELL
Wonder Ring (1955) 5 min
JOSEPH CORNELL & STAN BRAKHAGE
Gnir Rednow (1955) 5 min
ERNIE GEHR
Eureka (1974) 30 min
MARTIN ARNOLD
pièce touchée (1989) 16 min
MICHAEL SNOW
See You Later / Au revoir (1990) 16 min 30 sek
Mit Michael Snow und Peggy Gale

Démolition d'un mur (à l'envers)

In den ersten 60 Sekunden: Eine Mauer fällt. In den folgenden 60 Sekunden: Die Mauer richtet sich wieder auf. Teil 1 von *Démolition d'un mur* ist eine »dokumentarische« beziehungsweise für den *Cinématographe* inszenierte *vue,* in der Arbeiter unter Leitung eines Poliers übereifrig wie Ameisen ein Mauerwerk niederreißen. Danach eilt der Polier im Film von links in die Bildmitte, um – der große Augenblick und Übergang zu Teil 2! – mitten im Bewegungsfluss übergangslos im *Rückwärtsgang* wieder zum linken Kaderrand *zurück* zu eilen und sein Dirigieren *à l'envers* aufzunehmen. Statt zu hämmern, legen die *ouvriers* nun ihre Spitzhacken sanft auf Trümmer und reißen sie jäh empor, die Brocken fallen nicht, sondern schweben nach *oben,* und der Staubnebel ballt sich zur Wolke, die plötzlich nach *unten* gerissen wird, als befände sich im demolierten Mauerwerk ein unsichtbares Luftabsaugegerät. Und dann richtet sich in abrupter Majestät die gefallene Mauer erneut auf, sie stürzt aufwärts, wird in ihrer Bewegung langsamer, zögert – und steht. Erstmals in der Geschichte ist etwas bis dato Unmögliches geschehen: Der unaufhaltbare Lauf der Natur und unumkehrbare Lauf der Zeit finden sich *umgewendet*. Bewegung und Raumzeit laufen *rückwärts*.

Germany Calling: ein britischer Propagandafilm aus dem Jahr 1941, der – von einem Bild abgesehen – ausschließlich auf Nazi-Filmmaterial zurückgreift, primär auf Bilder aus Riefenstahls *Triumph des Willens,* Ode auf den NSDAP-Reichsparteitag von 1935. Charles Ridley nimmt die germanischen Filmstreifen in die Hand und besinnt sich: Film ist *künstlicher Zeitablauf*. Man kann die Gesten zerhacken und wiederholen, die Stiefel im Stechschritt auch *rückwärts* stampfen lassen, dem Weihe-Akt sein fehlendes Lachen posthum verpassen und mit all dem die Lachhaftigkeit der Sache demonstrieren. Und man vermag das Bild vom Ton zu trennen, die Fanfaren und Reden des Reichs-Oberherrenmenschen mit *Lambeth Walk* unterlegen, dem knalligen britischen Gassenhauer der Saison. Das Ergebnis: Hitler,

30

Eureka

und niemand anderer, kein ihn imitierender Chaplin, kein Zeichentrick-Führer, keine Hitler-Karikatur, *er* in abgebildeter Person samt Inventar erhabener und eingelernter Gesten ist zum Clown geworden, zum letztklassigen oder besten, zu sich selbst. Geleitet von *Lambeth Walk* fuchtelt er geisteskrank in der Luft, greift blöd wie ein Wagner-Arien singender Biertischtenor mit der Rechten nach dem Herz, um, als hätte er zu viel Quark verschluckt, den Mund aufzureißen und die Augen beim roboterhaft repetierten Fahnenschwur zum deutschen Himmel zu verdrehen. Ein Cockney-Junge pfeift frech durch die Finger, und Hitler wendet sich verdutzt. Film *attackiert* und legt bloß. Grüße aus Old England. Wenn *Germany Calling* Propagandafilm ist, dann ist das einzige, was er propagiert, böser, britischer Humor. Und Wahrheitsfindung.

Gnir Rednow/Wonder Ring: ein auf den Kopf gestellter, rückwärts ablaufender Film. Joseph Cornell, Meister des Found-Footage-Labyrinths *Rose Hobart,* beauftragt 1955 den jungen Stan Brakhage, für ihn die vom Abbruch bedrohte *Third Avenue El*-Bahn zu filmen. Der Titel des Brakhage-Films lautet *Wonder Ring*. Cornell kopiert ihn (mit Bewilligung von Brakhage) in *Gnir Rednow* um, was links ist rechts, was unten ist oben, was zuletzt ist zuerst, und fügt dem Produkt das Insert »The End is the Beginning« hinzu. Feuermauern und Fassaden mit abwärts gewandten Wassertanks und Schornsteinen gleiten kopfüber an verkehrten Hochbahnfenstern vorbei. Am oberen Kaderrand Schienen. In den Stationen hängen Wartende gleich Fledermäusen an den Perrons. Gegenzüge wie geisternde Schwebebahnen. Die Waggondächer: beige zitternde Böden von Raumschiffen.

Eureka: eine andere Kamera-Bahnfahrt auf einem anderen gefundenen und neu bearbeiteten Film. *Eureka* basiert auf einem einzigen kontinuierlichen *take* oder einem minutenlangen *view* der Firma Hale's Tour aus dem Jahr 1905. *Recorded from the front of a moving trolley:* eine schwebende Fahrt durch San Franciscos schnurgerade Market Street von der Höhe der Seventh Street abwärts. Die Bearbeitung des gefundenen Originals besteht in nichts als seiner zeitlich extremen *Dehnung*. Ernie Gehr kopiert jeden Kader sechs-, sieben- oder achtmal, wodurch alle Bewegungen befremdlich *verlangsamt* erscheinen – als würden sie unter Wasser, wie im Traum geschehen.

Wie Michael Snows *Wavelength* ist *Eureka* eine Raumdurchmessung in Form eines Zeitdauer-Blocks. Aber auch: eine Reise ins *Material* des Films, das sich aus seiner Langsamkeit hervor entbirgt – seine Versehrungen, seine Emulsion, sein Korn.

Das Ausgangsmaterial in *pièce touchée:* 18 Sekunden aus *The Human Jungle,* einem soliden Hollywood-Noir-Polizeifilm von Joseph F. Newman aus dem Jahr 1954. Studio-Set, ein Apartment repräsentierend; geblümte Tapeten, gerahmtes Bild; die wartende Ehefrau, der heimkehrende Polizist in Zivil. Kontinuum ruhiger Bewegungen. Draußen: urbaner Dschungel. Drinnen: geordnete *middle class*-Welt. Noch. Martin Arnold vervielfältigt die 612 Kader des *found footage,* um 18 Sekunden gemäß *Zeitlupen*-Prinzip zu 16 Minuten zu dehnen, die *takes* andererseits in tausende Fragmente zu zerlegen und gemäß *Zeitraffer*-Prinzip zum Rasen in verrückt gewordenen Rhythmen zu bringen. Gesten und Körper zucken. Sie wippen, klappen, hageln ineinander, stehen in Höchstgeschwindigkeit Kopf. Auch der Soundtrack gerät in Ekstase. Ostinates Stampfen, als brächte *pièce touchée* mit Drehkolbengewalt sich selbst hervor. Die Filmmaschine tobt, mit ihr der zur Maschine gewordene Mensch. Alle Energie, deren Film fähig ist, entlädt sich auf gedrängter Leinwand, was die Wucht nur noch steigert. *Pièce touchée* zwingt das Sehen zu sehen, wie es noch nie gesehen hat. Keine Kinematografie, die Geburt neuer Kinesis. Was ist Film? Maschinenkunst.

See You Later/Au revoir. Michael Snow als *businessman* erhebt sich vom Stuhl. Er streift seinen Trenchcoat über. Er durchmisst mit wenigen Schritten das Büro, wobei er den Tisch der Sekretärin passiert. Er grüßt im Vorbeigehen, öffnet die Tür, tritt auf den Gang und

pièce touchée

schließt die Tür hinter sich. Ein Vorgang von 30 Sekunden, aufgenommen in einer einzigen Fahrteinstellung mit jener High-Speed-Videokamera, die es gestattet, die 30 Sekunden auf 990 Sekunden oder 16 ½ Minuten zu dehnen. Die Videoaufnahme auf Film kopiert: *See You Later/Au revoir.* Ein Monument extremer Zeitlupe. Bewegungsvorgänge, abgelöst von der Raumzeit des Naturlaufs und überführt in eine Zeitform und Bewegung, die es vor dem Film in der Welt nicht gegeben hat. *See You Later:* die technisch erwirkte Eröffnung der Möglichkeit, ein Ereignis auf eine Art zu betrachten, zu analysieren und zu erforschen, die nur im und durch Film geschehen kann. *See You Later* gewährt eine bislang unbekannt gebliebene Denkmöglichkeit der Welt. *Harry Tomicek*

31

Filme von Kren, Schmidt jr., Stenzel, EXPORT mit Brus, EXPORT, Mühl, Weibel, Wiener

KURT KREN

6/64 Mama und Papa
[Materialaktion von Otto Mühl] (1964) 4 min

7/64 Leda mit dem Schwan
[Materialaktion von Otto Mühl] (1964) 3 min

8/64 Ana [Aktion von Günter Brus] (1964) 3 min

9/64 O Tannenbaum
[Materialaktion von Otto Mühl] (1964) 3 min

10/65 Selbstverstümmelung
[Aktion von Günter Brus] (1965) 5 min

10c/65 Brus wünscht euch seine Weihnachten
(1965) 4 min (16 B/Sek)

12/66 Cosinus Alpha
[Materialaktion von Otto Mühl] (1966) 9 min

16/67 20. September (1967) 7 min

ERNST SCHMIDT JR.

Bodybuilding (1965–66) 9 min

Einszweidrei (1965–68) 8 min

Kunst & Revolution (1968) 2 min

HANS-CHRISTOF & ROSEMARIE STENZEL

Strangulation (1968) 5 min

VALIE EXPORT

...Remote...Remote... (1973) 10 min

Der österreichische Avantgardefilm der sechziger Jahre ist als Subgeschichte physischer Rausch- und Ritualakte zu lesen, als Belastungstestserie verschwenderisch begossener, bemalter, beschmierter, bespritzter und bestäubter Körper. Die Ästhetisierung (auto-)destruktiver und (sado)masochistischer Impulse im Aktionismus greift um 1964 auf das Kino über. In den stummen Aktionsfilmen Kurt Krens, die fraglos den bedeutendsten Beitrag des Kinos zur Geschichte des Aktionismus darstellen, wird die immense Musikalität des Mediums zelebriert: Krens Montagekunstwerke

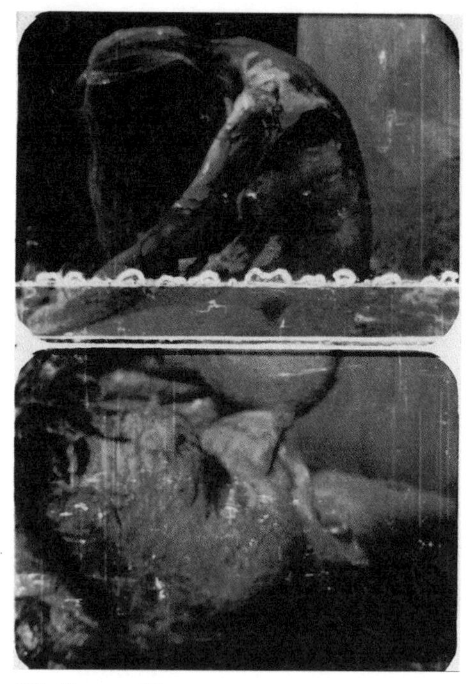

6/64 Mama und Papa

spielen mit seriellen Bildwiederholungen, visuellen Leitmotiven und subtilen metrischen Verschiebungen. Die inneren Widersprüche seiner Filme erhöhen ihre Wirkung noch: Die Nervosität des Schnitts bricht sich an der Zeitlupe vieler Bilder; die Tonlosigkeit entrückt das Geschehen, dessen schiere Sinnlichkeit andererseits fast zudringlich wirkt. Otto Mühls barock-regressive Lust an der umfassenden Modell- und Selbstbeschmutzung führt Kren zu einem filmischen Delirium aus Fleisch und Farbe, zu atavistischen Bilderrasereien (etwa in *6/64 Mama und Papa).* Das höher entwickelte ästhetische und sozialpolitische Raffinement des Aktionskünstlers Günter Brus dagegen provoziert eine mehrdeutige Kinosprache in kühlem Schwarzweiß: *8/64 Ana* dreht sich um das Elend der Künstlerexistenz und deren Entfesselung im malerischen Akt, den Kren in kinematografischen Tachismus übersetzt. Als Schmerzensmann inszeniert sich Brus deutlicher noch in dem (vergleichsweise bedächtigen) Film *10/65 Selbstverstümmelung:* Als weiß gekalkter Kunstmutant zieht er sich dickflüssige Masse wie eine zweite Haut über den Kopf und legt mit allerlei Operationsbesteck, mit Klemmen, Scheren, Reißnägeln und Rasierklingen Hand an sich. An Sinn für bitteren Witz mangelt es Brus dabei nicht: Die zwischendurch fällige Zigarette hängt ihm aus Aug, Ohr *und* Maul.

Was Mühl, Brus und Kren teilen, ist die Freude an der zynischen Demontage bürgerlicher Zweisamkeit (»Mama und Papa«) und familiärer Rituale (ein materialaktionistisch zu- und angerichteter schlaffer Penis sorgt in *9/64 O Tannenbaum* für gegenweihnachtliche Stimmung). Und auch die Fäkalbegeisterung verbindet: In *16/67 20. September* zelebrieren Kren und Brus die künstliche Simultaneität von Einverleibung und Ausscheidung: der Stoffwechsel als quälende Endlosschleife.

Wie Kren geht auch Ernst Schmidt jr. in seinen Aufzeichnungen der Materialschlachten konsequent (und von den Aktionisten weit gehend unbedankt) über das bloße Dokumentieren hinaus. Schmidts *Bodybuilding* koppelt vielfach manipulierte Bilder zweier Aktionen Mühls mit rohen Sprach-, Geräusch- und Musiksplittern; in *Einszweidrei* verschränkt Schmidt aktionistische Dokumente mit historischen Fundstücken. Unsanft setzt er Negativgegen Positivmaterial, übermalt und färbt die Bilder, fügt Kratzer und Störgeräusche ein.

Ende der sechziger Jahre ist ein Rückzug zu verzeichnen. Der Aktionismus lässt die Bühnen

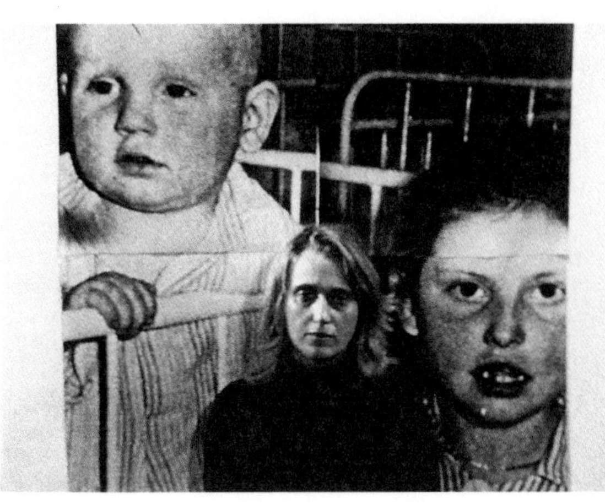

...Remote...Remote...

und Hörsäle (ebenso wie Kren und Schmidt jr.) hinter sich, um ins Private zurückzukehren, wo die Versuchsanordnungen leichter zu kontrollieren sind. *Strangulation*, eine Aktion von Günter und Anni Brus, in einer einzigen Einstellung aufgezeichnet von Hans-Christof & Rosemarie Stenzel, ist ästhetisch gebaut wie ein *snuff movie* oder ein autoerotischer Amateurfilm. Wie sich die unbändige, ungebärdige Lust am inszenierten Chaos bereits Anfang der siebziger Jahre in ein theoriegesättigtes Traumakino absetzt, führt VALIE EXPORT vor. In ihrem psycho-physischen Drama *...Remote... Remote...* traktiert EXPORT, eine Schale Milch vor sich auf den Knien, mit einem Messer die Finger ihrer linken Hand. Sie schabt sich die Haut unter ihren Nägeln in aller Ruhe blutig, taucht die Hand in die Schüssel, einige Tropfen Blut ziehen in feinen Bahnen durch das Weiß der Milch. Die Künstlerin kaut und saugt an ihren nassen Fingern. Öffnung, Ausscheidung, Einverleibung: Der Körper des Menschen ist antastbar.

Stefan Grissemann

32

CARL THEODOR DREYER
Ordet (Das Wort) (1954–55) 125 min

Drehbuch: Carl Theodor Dreyer nach dem Theaterstück von Kaj Munk; Kamera: Henning Gendtsen; Bauten: Erik Aaës; Schnitt: Edith Schüssel; Darsteller: Henrik Malberg, Emil Hass Christensen, Preben Lerdorff Rye, Cay Kristiansen, Brigitte Federspiel

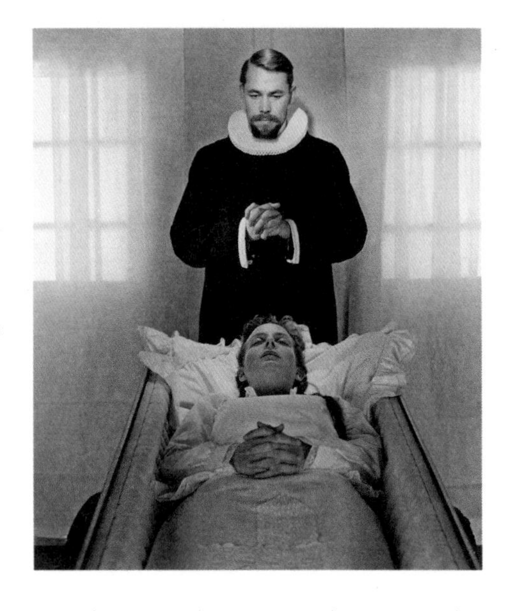

Im Anfang, heißt es, sei das Wort gewesen. Es hat im Kino viele Seiten und in Carl Dreyers *Ordet* alle Freiheit: Es wird verkündet, festgeschrieben und dahingesagt, es gilt als strategisches Mittel, als Lippenbekenntnis oder Glaubensbeweis. Das Wort, das Dreyers vorletztem Film seinen Titel gibt, ist keineswegs nur jenes, das – wie das Evangelium nach Johannes vorschreibt – »bei Gott« (und sogar Gott selbst) sei, sondern eben auch die Waffe der Profanen und der Zweifler.

Ordet führt in eine befremdliche Welt, die mit 1925 konkret datiert ist, aber in einer ganz eigenen Zeit zu existieren scheint. Ein junger Mann wandert frühmorgens durch die Dünen Jütlands. Unheilbar sei er, klagt seine Familie, mit religiösem Wahn geschlagen. Der Wind pfeift übers Land, die Wolken ziehen über ihn hinweg. *Ordet* dreht sich, wie besessen, um Glaubensfragen: Die Borgens, eine Familie von Lutheranern, können in Johannes' Behauptungen und Prophezeiungen nichts anderes als Anmaßung und Irrsinn sehen. Johannes, der heilige Narr, doziert mit monotoner, jammernder Stimme und nicht geringer Selbstgefälligkeit. Er sei das Licht der Welt, sagt er daheim und hält, wie in Trance, eine Kerze vor sich hoch, aber die Dunkelheit begreife ihn nicht. Die verstörende Präsenz dieses in sich selbst versunkenen Mannes, der sich Jesus von Nazareth nennt, verleiht Dreyers spröder Inszenierung (kaum Musik; Distanz zu den Figuren; die schwebenden Bewegungen der Kamera) ihre Dringlichkeit: Johannes, gespielt von Preben Lerdorff Rye, ist eine unerhört moderne, ganz »unpassende« Gestalt. Seine Präsenz ist zugleich gespenstisch, lästig und absurd. Dreyers zeremonielle Arrangements scheinen auch die anderen Familienmitglieder erfasst zu haben: Eine große Mattigkeit, an der Grenze schon zur Depression, greift in *Ordet* um sich. Dazu passt der markante Anti-Realismus des Regisseurs: Die Innenräume, in denen sich das Drama vollzieht, sind abgeschlossene, unbelebte Orte, bloße Bühnen für eine laufende Glaubensdebatte. Die wenigen Außenaufnahmen treten jäh, schockartig auf, mit jener Offenheit, die man sonst nur aus dem frühen Kino kennt: ein letzter Rest an Dokumentarismus in einer Erzählung, in der Zeit und Raum fast lückenlos versiegelt sind. *Stefan Grissemann*

PAT O'NEILL
7362 (1965–67) 10 min
Easyout (1971) 9 min
Down Wind (1972) 14 min
Sidewinder's Delta (1976) 21 min
Foregrounds (1978) 13 min
Let's Make a Sandwich (1982) 19 min

7362

Zwei schwarze Kreise vor weißem Grund gleiten wiederholte Male aufeinander zu, berühren und trennen sich wie ein auf imaginären Schienen rollendes Kugelpaar, das dem Gesetz von Anziehung und Abstoßung gehorcht. Metallischer Kastagnettenklang. Weiß vor Schwarz, in schnellem Wechsel wachsend, schrumpfend: ein gezackter Kreis, der alsbald in zwei zitternde kleinere Kreise zerfällt. Ein einfacher Beginn. Wenige Sekunden lang sind die Formen von *7362* überschaubar wie in frühen, archaischen Animationsfilmen von Emile Cohl und Hans Richter. Dann entsteht aus Nichts das gefletschte Maul zweier über dem Kreis-Duo sich öffnender, es verschluckender Klammern. Grafische Kürzel werden vertikal als Verdauungsrest ausgestoßen. Sie verschmelzen zu jenem zuckenden, pulsenden Gebilde, das Pat O'Neill zum Stampfen, Röhren und Klirren der Tonspur über zehn Minuten hin in wahnwitzigem Tempo, nämlich pausenlos, vierundzwanzig Mal in der Sekunde, dem Furor flutender Veränderungen überantwortet.

Jegliches könne, möge, solle sich in Jegliches verwandeln, lautet um 1924 eines der Desiderate der *révolution surréaliste*. Ein nachgerade romantischer Appell an die gebärende Macht der Phantasie, über die Ordnung bestehender Wirklichkeit zu triumphieren. Einige Abgründe der Geschichte später ist »Alles vermag sich in alles zu verwandeln« zum keineswegs nur gloriosen, sondern banalen, erschreckenden, auch terroristischen Motor zentraler Partien der Wirklichkeit geworden. Revolution, verwandelt in Mode, Surrealismus in Reklame, Kunst in Werbung, Avantgarde in Zerstreuung und noch der subversivste Gedanke in einen Slogan, mit dem sowohl etwas als auch das Gegenteil behauptet werden kann. Nichts, das technisch irgendwie aufnehmbar, vermessbar, digital speicherbar ist, das nicht – bedacht mit Applaus – in »alles andere« umgebogen, umgelogen, umgemünzt werden könnte, jedes vorhandene Bild in jedes x-beliebig *andere,* ähnliche oder auch kaum mehr ähnliche Bild.

Pat O'Neills Filme sind Verwandlungsmaschinen par excellence. Die Verwandlung in ihnen erfolgt planvoll und permanent, von modernster Technologie zu einem Reichtum der Formen gebracht wie bei keinem zweiten Filmemacher seiner Generation. Sie kann als

33

Down Wind

Dämon wüten wie in *7362.* Sie kann als Ausdruck einer vor Bildgetümmel unverständlich und unüberschaubar gewordenen Welt walten wie in *Runs Good.* Sie kann Erstaunen befördern, fremdartiges Vergnügen bereiten und das Auge betören wie in *Easyout* oder *Let's Make a Sandwich.* Sie kann das Geheimnisvolle beschwören wie in *Sidewinder's Delta.* O'Neills Kunst ist vielgestaltig und ambivalent. Sie ist bedrohlich, ironisch, magisch. Sie antwortet auf die Veränderungswut ihrer Zeit mit Veränderungsexzessen äußerster Verdichtung. Und widersetzt sich zugleich dem Zeitgeist. Bei O'Neill geschehen Verwandlungen strikt um ihrer selbst willen.

7362: ein technoides, im nächsten Moment biomorphes, im nächsten Moment mit menschenähnlichen Gliedmaßen bestücktes Gebilde, rastlos mutierend, kaleidoskopartig, symmetrisch wie ein zu wütendem Wuchern, Flickern und illusionärer Körperlichkeit entbrannter Rorschach-Test. Dazu Klangchaos. Geräusche, als würden Raketen starten, Motoren heulen, Hallen aus Glas zerbersten. *7362* gebiert schlechthin Unbekanntes: *a self-regulating-animal-plant-mineral-man-maschine-system.* In den anderen Werken prallen beharrlich zwei Arten Film aufeinander: Animationsfilm aus künstlich generierten Formen und real fotografierter Film. *Sidewinder's Delta* ist komponiert aus Bildern, die O'Neill in den Wüsten Utahs im Zeitraffertempo aufgenommen hat: über Landschaften hinjagende Lichter und Gewitterwolken. Das Monument Valley auf den Kopf gestellt. Die gigantische Hand. Die gigantische, mit der Spitze in die Holzplatte gerammte Maurerkelle. Die Hand versetzt die Kelle in heftigste Vibration. Sie schwingt stumm hin und her zum Klang absenter Gongs und Maultrommeln wie eine Symbiose aus Baum und Hebel, und hinter ihrem Zittern wird das Monument Valley sichtbar, wie kein Navajo und John Ford es je gesehen haben.

Er liebe, so O'Neill, die leeren, offenen Räume des Westens und die große Kinoleinwand, die Großformat-Fotografie, die Groß-Projektion, alles, was dem Gesichtssinn gestatte, die Komplexität und Tiefe eines Bildes zu durchforschen und zu durchwandern. O'Neills Arbeiten sind auch komplizierte Spielzeuge eines Augmenschen, der sich Filme so reich und vielgestaltig bastelt, dass sie zu Geografien seiner visuellen Wanderlust geworden sind. Sein Studio trägt den Namen *Lookout Mountain.*

Harry Tomicek

Katzelmacher

RAINER WERNER FASSBINDER
Katzelmacher (1969) 88 min
Drehbuch: Rainer Werner Fassbinder nach seinem Bühnenstück; Kamera: Dietrich Lohmann; Musik: Peer Raben; Darsteller: Hanna Schygulla, Lilith Ungerer, Fassbinder, Harry Baer, Irm Hermann

PETER TSCHERKASSKY
Outer Space (1999) 10 min

Ein filmisches Konfrontationsprogramm: *Katzelmacher* gegen *Outer Space.* Realisiert von zwei freien Radikalen des Weltkinos im Abstand von drei Jahrzehnten, markieren die beiden Filme ästhetische Endpunkte, Extrempositionen. Sie bieten weniger intakte Geschichten als narrative Bruchstücke zu Stagnation und Beschleunigung, Dehnung und Verdichtung, Leerlauf und Eskalation, Beengung und Entfesselung. In Fassbinders *Katzelmacher* wird in Gasthäusern, Wohnungsküchen und Hinterhöfen trübsinnig herumgesessen, aneinander vorbei geredet, lustlos auf das Große Irgendwas gewartet. Die Kommunikation verendet in Sprachlosigkeit und Gewalt. Nichts geht mehr. In Tscherkasskys Wunderbildersammlung *Outer Space* dagegen ist alles möglich: Dem psychischen und physischen Zusammenbruch einer jungen Frau im Kampf gegen ungreifbare Aggressoren folgt sogar der Kollaps des Mediums selbst.

Katzelmacher, gedreht an neun Tagen im August 1969 in München, denkt in nicht einmal 50 Einstellungen über existenzielle Monotonie,

Outer Space

Fremdenfeindlichkeit und Sexualneid nach: Fassbinder selbst spielt den scheuen Griechen, einen »Fremdarbeiter«, auf den sich der Zorn der Gruppe, in die er gerät, bald konzentriert. In der Welt, die *Katzelmacher* beschreibt, wird im Kreis gegangen und gedacht, in einer Endlosschleife alltäglicher Rituale. In Fassbinders geschliffener Verarmungs- und Verkümmerungssprache werden das Leiden und der Hass der Menschen evident. »Ein Weiterkommen, das ist schon wichtig,« sagt Hanna Schygulla in *Katzelmacher.* Es bleibt beim Traum – und beim Stillstand. Am Ende des Films unterhalten sich zwei junge Männer mit leerem Blick vor einer weißen Wand. Der eine sagt: »Und dann geh' ich zur Bundeswehr, weil das is besser wie arbeiten und immer Gedanken im Kopf, wo nix draus wird, und ändert sich nix.« Der andere meint: »Du musst hin, wo's dich hintun.« Der Erste entgegnet: »Is auch egal eigentlich, wo man hinkommt.«

Man sieht und hört, wie sehr Fassbinder *Katzelmacher,* seinen zweiten abendfüllenden Film unmittelbar nach *Liebe ist kälter als der Tod* (1969), aus der Theatererfahrung entwickelt hat. Ein hohes Maß an Stilisierung zeichnet den Film aus, ein präzise gesetzter Minimalismus, der die bayrische Wirklichkeit der späten sechziger Jahre signalhaft skizziert: in der Mode, den Frisuren und den Sprachfärbungen, in den tristen Orten, den kahlen Mauern und billigen Spelunken. Einen »Totenfilm« nennt Wim Wenders die Arbeit im Dezember 1969 angewidert in der *Filmkritik.* Das Leben nach Fassbinder ist, von Anfang an schon, kälter als der Tod.

Mit dem drohenden Tod, einer Grundbedingung des Kinos, spielt auch Peter Tscherkassky – allerdings mit Lust an der schnellen Erhitzung. In seinem *Outer Space* vollziehen sich die Eskalationen nachts, in fremden Bildern, als Alb-Traumarbeit: Eine junge Frau betritt ein Haus, einen dunklen Korridor, einen Thriller. Die Räume, die sie durchquert, greifen unwirklich ineinander, verschwimmen, während das Knacksen des bearbeiteten, versehrten Filmmaterials und das Rauschen der Lichttonspur immer dringlicher werden. *Outer Space* ist,

Outer Space

wie *Katzelmacher,* eine Geschichte der Gewalt, allerdings eine der offenen, physischen Aggression: Die Frau (Barbara Hershey) sieht sich in die Enge getrieben. Sie wird gegen Spiegel gedrückt, Glaswände brechen, Möbel kippen, und der Kinoapparat, auf den die Kämpferin irgendwann blindwütig einschlägt, wird selbst in Mitleidenschaft gezogen: Der Lauf der Bilder gerät ins Stocken, Filmperforation und Tonspur kippen, stürzen ins Bild, in ein irrlichterndes meta-filmisches Vernichtungsszenario.

In Tscherkasskys *Outer Space* wird ein US-Horrorfarbfilm aus den frühen achtziger Jahren neu gelesen (und ins nächtliche Schwarzweiß zurückübersetzt). Beide, der alte wie der neue Film, beschreiben eine Krisensituation, den verzweifelten Kampf gegen eine Reihe unsichtbarer Gegner. In den Spiegeln des Hauses, durch das die Protagonistin streift, vervielfachen sich ihr Gesicht, ihr Körper, ihr Selbst; sie reagiert mit Aggression gegen die Ent-Individualisierung. Die unaufhörliche, auf allen Ebenen vollzogene Polarisierung (Stasis gegen Raserei; Ruhe gegen Hysterie; Schwarz gegen Weiß; Negativ- gegen Positiv-Bildmaterial) versorgt den Film mit seinem Furor, seiner Energie – und mit der ungeahnten Schönheit eines vorführtechnischen Umsturzes, mit der Ekstase eines »fehlerhaften« und gerade darin filmisch so sinnlichen Kinos. Dem Spiel mit der Vernichtung ist das Potenzial eines Neuaufbaus eingeschrieben – die Destruktion ist zur De*kon*struktion ausbaubar. Eine Linie der produktiven Widersprüchlichkeit speist das Schaffen dieses Filmemachers: Der Bilderüberschuss führt (in der Mehrfachbelichtung) zu einer Form des Bildentzugs, die Abstraktion wird aus einer Summe von Gegenständlichkeiten gewonnen, und die Ort- und Zeitlosigkeit vieler seiner Arbeiten folgt aus der Überdefinition (und Ineinanderspiegelung) von Schauplätzen und Zeiträumen. In und von diesen Widersprüchen lebt Peter Tscherkasskys hochreflexives Kino, das sich selbstzweiflerisch, in jedem Bild und jedem Ton, auf Sinn und Sinnlichkeit befragt. Der *outer space* des Films beginnt an den Kanten seiner Bilder.

Stefan Grissemann

35

Nashörner

KARL KELS
Heuballen (1981) 2 min
Kondensstreifen (1982) 4 min
Schleuse (1983) 5 min
Nashörner (1987) 9 min
Stare (1991) 6 min
Flusspferde (1993) 36 min

Die Systeme des Filmemachers Karl Kels sind eigenwillig. Seine Arbeiten kommen mit wenig Bildmaterial, bisweilen bloß ein paar Sekunden Film aus. Seine knapp kalkulierten visuellen Rohstoffe erforscht Kels durch Wiederholungen, subtile Variationen und intensive Bildbearbeitungen. Kels' Filme sind meist schwarzweiß und grundsätzlich stumm: Die Laufbilder, mit denen er hantiert, sind, auch wenn sie noch so simpel scheinen, kompliziert genug. Die Titel der Filme weisen auf die sachliche Natur seiner Arbeit hin: Sie nennen in der Regel Tiere (Stare, Flusspferde, Elefanten, Nashörner) oder landschaftlich-bauliche Ereignisse (Kondensstreifen, Schleuse, Heuballen).

Karl Kels stellt Grundfragen des Mediums. *Kondensstreifen* behandelt ganz offen ein formales Problem: In welchem Verhältnis steht die steil nach oben gerichtete Spur, die ein Flugzeug im Himmel hinterlässt, zu einer darunter gespannten Leitung und der oberen Kante eines anonymen Bauwerks? Mit dieser, von zwei Diagonalen (Kondensstreifen und Leitungsdraht) definierten Einstellung beginnt Kels zu spielen: Er spiegelt das Bild an seiner Horizontalachse, bearbeitet und beschneidet Teile der Einstellung und rhythmisiert sie, er beschleunigt den Puls der Szene, verfremdet sie zur Abstraktion hin. *Kondensstreifen* ist real und phantasiert zugleich, ebenso sehr gefunden wie gesucht. Gegen Ende quert ein Vogel im rechten oberen Teil des Bilds die Komposition: Kels' Filme sind Spiele mit Absicht und Zufall, sind der Kunst in gleichem Maße verpflichtet wie dem Leben, in das sie eingreift. In *Stare* nimmt Kels den Blick in den Himmel noch einmal auf: Er zeigt ein grobkörnig-pulsierendes, vielfach kopiertes Bild, über das schwarze Punkte wie das Ergebnis photochemischer Prozesse ziehen: Erst mit Verzögerung nimmt man wahr, dass die auseinander treibenden und sich wieder verdichtenden Punkte von einem Starenschwarm dargestellt werden, der seine Bewegungen vor dunklen Wolkenformationen vollzieht. In großzügigen Choreografien schweben die Vögel über den Nachthimmel: Einen Augenblick lang sieht es so aus, als stürze ein Teil von ihnen plötzlich ab.

An der Frankfurter Städelschule war Karl Kels, geboren 1960 in Düsseldorf, während der ersten Hälfte der 1980er Jahre einer der Schüler Peter Kubelkas. Die Prägung ist nicht zu verleugnen, aber Kels verwendet die Vorgaben seines Mentors zu etwas letztlich ganz Eigenem. Seine genau geplanten und gebauten Filme zielen weniger auf radikale Verdichtung als auf räumlich-zeitliche Analyse. Mit einem kurzen, irrlichternden Werk namens *Heuballen*

Stare

Flusspferde

setzt Kels' Filmografie ein. Seine Phantasie entzündet sich an einem banalen Bild: an dem Blick auf ein paar Heuhaufen in einem offenen Feld. Das Bild selbst verspricht keine Bewegung, stattdessen bezieht Kels Geschwindigkeit aus der Montage: Er verschiebt seine statischen Objekte im (irrealen) filmischen Raum, springt zwischen Totalen und Nahaufnahmen, erzeugt Flickereffekte. Technisch verfährt Kels ganz primitiv, macht sich von allem falschen Modernismus frei, als könne er noch einmal ganz zurück an den Anfang der Filmgeschichte. In *Heuballen* wird das Alltäglichste zum strukturierenden Bildelement: ein Feldweg, ein Telefonmast – Horizontale, Vertikale. Der Konflikt zwischen dem nicht Naturhaften und dem Natürlichen scheint Kels zu fesseln: Wie die Kunst (oder die Wirtschaft) eingreift in die Natur. Sinnliche Faszination ist diesen Eingriffen allemal abzugewinnen: *Schleuse* thematisiert das Glitzern und die wechselhaften Bewegungszustände des gestauten und regulierten Wassers. In Kels' ekstatischem Schnitt wird daraus eine Art abstrakter Mini-Katastrophenfilm.

In der ersten seiner bislang vier Zoo-Studien, in *Nashörner*, präsentiert Kels erst das von ihm stark manipulierte Material – Bilder der Abläufe in einem Nashorngehege, in gewohnt antichronologischer Montage und im kühnen Sprung zwischen Tageszeiten und Umbauphasen. Die Lichtverhältnisse wechseln radikal, die Tiere geraten im flackernden Kurzschnitt zu Phantomen, konditioniert auf die sich öffnenden Tore, Schleusen zwischen Außen- und Innenraum. Dem exzentrischen Genre des avantgardistischen Tiergartenfilms bleibt Kels in den Jahren danach treu: *Flusspferde* zeigt Bau-, Mal- und Reinigungsarbeiten an einer bestimmten Stelle im Wiener Zoo, ist somit erneut ein Film über die doppelte (filmische, bauliche) Bearbeitung von Raum. Herauszufinden, in welcher Reihenfolge die Einstellungen gedreht wurden, fordert ein gewisses Maß an detektivischer Arbeit. Lakonischen Witz im Blick auf die ritualisierten Verhaltensweisen der schwarzen Kolosse und ihrer vergleichsweise fragilen Zeitgenossen hat sich Kels bewahrt: In der letzten Einstellung des Films tapst ein ins Flusspferdareal verirrter Vogel ratlos durchs Bild – und schwingt sich, in der Wasseroberfläche eines Beckens gespiegelt, schwerelos in die Freiheit davon.

Stefan Grissemann

36

ANDY WARHOL
Sleep (Essential Version) (1963) 42 min (16 B/Sek)
Haircut (No. 1) (1963) 27 min (16 B/Sek)
Eat (1964) 35 min (18 B/Sek)

Das Neutralitätsabkommen, das Andy Warhol früh mit sich selbst getroffen hat, sichert die so fruchtbare Widersprüchlichkeit seiner Filme. Eine »wissende« Primitivität ist ihnen eigen: eine Kunst- und Leidenschaftslosigkeit, die auch als Gegenmaßnahme zu den melodramatischen Komplikationen des amerikanischen Sixties-Kinos zu verstehen ist. Das Menschliche ist Warhol nicht nur nicht fremd, sondern sogar so vertraut, dass es zum Einzigen wird, woraus und worüber er Filme machen kann und will: Es geht im Warhol-Kino, zum Beispiel, ums Küssen, ums Essen, ums Herumsitzen und ums Schlafen.

1963 ist das Jahr, in dem Andy Warhol – als Prinz der Pop Art längst zum Superstar der New Yorker Kunstszene avanciert – mit dem Filmemachen beginnt. Die Idee des *objet trouvé* legt er kühn ins Kino um: Stoisch filmt er Gebäude, Gesichter und Körper, ohne ihnen mehr an »Geschichte« zu geben, als sie selbst ohnehin schon mitbringen. Warhols neue Sachlichkeit durchdringt die Titel seiner Arbeiten: Sie stellen entweder knapp fest, was sie zu zeigen haben (Schlaf, eine Nahrungsaufnahme, einen Haarschnitt) – oder wovon sie erzählen, *ohne* es direkt zu zeigen *(Suicide, Blow Job)*. Andy Warhols Filme sind meist Porträts von Freunden. In *Haircut (No. 1)* kann man einer kleinen Männergruppe um Warhol-Intimus Billy Linich (vulgo Billy Name) eine knappe halbe Stunde lang beim Haareschneiden und erotischen Zusammensein zusehen. Schauspieler sind in Warhols Filmarbeiten nicht nötig: Wie die Kunst steht auch das Kino allen offen. Ein paar Minuten Ruhm schaden schließlich niemandem.

Im Sommer 1963 lichtet Warhol seinen Freund John Giorno stundenlang und aus verschiedenen Blickwinkeln ab. Viel muss dieser dazu nicht tun: Sein Brustkorb hebt und senkt sich, manchmal murmelt er etwas und wendet mit geschlossenen Augen und schnellen Bewegungen seinen Kopf. Giorno schläft – unter Aufsicht. Die 42minütige *essential version* des ursprünglich fast fünfeinhalbstündigen Films *Sleep* hat die New Yorker Kritikerin Amy Taubin ironisch »nap-sized« genannt: die Nickerchen-Fassung des Originals.

Das Verstreichen von Zeit ist eines der Generalthemen Warhols: In *Eat* lässt er seinen Künstlerkollegen Robert Indiana einen Pilz verspeisen – und bittet ihn, dies so langsam wie möglich zu tun. Der Film, gedreht Anfang Februar 1964 in Indianas Atelier in Lower Manhattan, zeigt einen jungen Mann mit breitkrempigem Hut und gleichmütigem Gesicht bei der Nahrungsaufnahme. Versunken kauend betrachtet und betastet er den Pilz, meist aber blickt er in den Raum hinein, in den *outer space* jenes Films, in dem er Hauptdarsteller ist. Er sieht, was seinen Zuschauern verborgen bleibt. Zudem sucht Indiana immer wieder auch den Blickkontakt mit der Kamera, als warte er auf Kommentare oder Anweisungen. In »Profi-Filmen« gilt die Blickkommunikation zwischen Protagonist und Kamera als Nachlässigkeit, als »Unfall«. Hier ist sie geplant. Warhol will nichts ausschließen, am allerwenigsten die Möglichkeit des Bruchs mit der Illusion einer »intimen« Beobachtung. Vor dem Objektiv einer Kamera ist niemand je mit sich allein. So verweist Warhol nebenbei auch auf die Situationen, in denen seine Bilder entstehen.

Eat

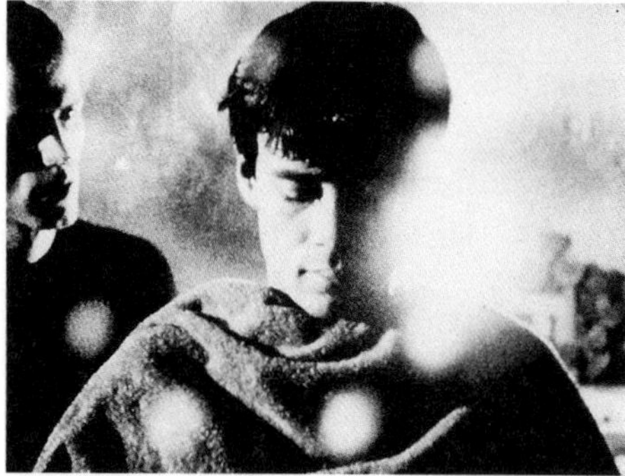

Haircut (No. 1)

Eat ist das Produkt einer doppelten Zuwendung, eines zweifachen dringenden Interesses an etwas eigentlich ganz Nebensächlichem: Warhol konzentriert sich auf die Aufmerksamkeit, die Indiana seiner kleinen Zwischenmahlzeit zuteil werden lässt. Einmal lacht der Essende plötzlich – über etwas, das links von ihm, im Off, geschieht. Kurz danach dreht er sich mit dem hölzernen Schaukelstuhl, in dem er sitzt (und den man bis dahin als solchen nicht wahrnehmen konnte), nach rechts, gewinnt neue Beweglichkeit. *Eat* führt vor, wie viel Information in einem auf den ersten Blick wenig mitteilsamen Close-up bei näherer Inspektion tatsächlich stecken kann. Andy Warhols frühe Filme öffnen Mikrokosmen: Es gibt in ihnen, gerade weil sie so ereignislos scheinen, erstaunlich viel zu entdecken.

Etwa alle vier Minuten versinkt Warhols Indiana-Porträt in weißem Licht, wie in einem Nebel, der jäh über die Bilder kommt: Das Licht signalisiert das Ende jeder Filmrolle – und den Anfang einer neuen; aus neun aneinander gehängten, nicht weiter bearbeiteten kurzen Rollen ist *Eat* gebaut. Gegen Mitte des Films steigt eine Katze ins Bild, die nach kurzem Zwischenspiel auf Indianas Schulter, desinteressiert auch an dem ihr angebotenen Pilzrest, wieder abgeht. (Der Hausherr zwingt sie noch zweimal ins Bild, hält sie liebevoll der Kamera entgegen, aber sie hat andere Pläne – und sucht wieder das Weite.) Die entrückte Stimmung in *Eat* verdankt sich einem simplen Kunstgriff: Die Produktion läuft in der von Warhol verordneten Stummfilmgeschwindigkeit von 18 Bildern in der Sekunde ab, also in leichter Zeitlupe. Von 27 Minuten gefilmter Realität wird *Eat* damit auf 35 Minuten filmischer Zeit gedehnt.

Die Stille der frühen Warholfilme ist Programm: Anders als in seinen Schauspiel-Improvisationsübungen und Hollywood-Variationen – von *Tarzan and Jane Regained ... Sort of* (1963) bis zu *My Hustler* (1965) und *Blue Movie* (1968) – sind Warhols Stummfilme eher dokumentarische Meditationen, Studien minimaler Ereignisse in Gesichtern und Körpern. 1966 dreht Andy Warhol seine letzten stummen Filme – die späten *Screen Tests*. In ihnen ist noch jener Essentialismus am Werk, der auch seine ersten Kinoarbeiten definiert: Nur wenn man den Menschen und den Dingen im Film ihre Freiheit lässt, gewinnen sie die Kraft zu zeigen, wie weit das Kino gehen kann.

Stefan Grissemann

Blue Moses

STAN BRAKHAGE
Blue Moses (1962) 11 min

ALEKSANDR DOVŽENKO
Aerograd (1935) 81 min

Drehbuch: Dovženko; Kamera: Ėduard Tissé, Michail Gindin, Nikolaj Smirnov; Darsteller: Stepan Šagajda, Sergej Stoljarov, Evgenija Mel'nikova

Eine Reflexion über den Stellenwert der Kunst angesichts der Dunkelheit und des Todes. *Blue Moses,* die große Ausnahme im Werk von Stan Brakhage: *talking picture* für einen Akteur. In Fluten von Brakhage-Überblendungen und inmitten von Fels, Gebüsch, mannshoch wogenden Wiesen ändert der einzige Protagonist unentwegt Aussehen und Status. Er ist Satyr, Pan, König, Magier, Schwindler. Und in allem: der Schauspieler, der *spielt.* Ein wilder Film, der ironisch durch Pathos, Masken und Mimik hindurch spricht. Etwa wie folgt: Kunst vermag den Tod nicht zu besiegen. Aber sie rühmt und verdichtet die Welt. Die einzige mächtige Entgegnung aufs Dunkel lautet (und hier feixt *Blue Moses* unverschämt und wirft verzweifelt, aber biblisch die Arme empor): das Wort, das Bild, das Werk. Oder der Film. Also ich.

Aerograd, die Luftstadt: noch ungebaut – ein Traum in Aleksandr Dovženkos Film. Mehr Utopie denn realer Posten im Kader jener Fünfjahrespläne, mit denen die Sowjetunion ihren wilden Osten unerbittlich zur Region wirtschaftlicher Ausbeutung verfügt. Kino, beherrscht vom Klima mythischer Entrücktheit, welche Hand in Hand geht mit sinnlich vibrierendem Realismus und einer Wucht und haptischen Präsenz der Dinge, die stechend, prall, plastisch, fast aggressiv ins Bild drängen. Anders als der proletarische, gegen das schlechte Bestehende kämpfende Held des frühen Revolutionskinos, ist der Protagonist von *Aerograd* zum *Verteidiger* der bestehenden Ordnung geworden – nicht nur zum Grenzwächter, sondern zum Ankläger, Richter, Henker der Feinde. Als Actionfilm, der er *auch* ist, beobachtet *Aerograd* ihn beim Erlegen der Diversanten im Kampf, als polit-symbolisches Werk zeigt er ihn in den Gerichtsphasen *danach* als ruhiges, gnadenloses Ein-Mann-Erschießungskommando. *Aerograd* will 1935 bezeugen, dass der Revolutionsgeist von 1917 kein historischer Gegenstand für Festtagsreden ist, sondern weiterhin lebendiges, begeisterndes Feuer. Das Finale wird zur Apotheose. Zwischen Wolkengebirgen schweben die Flugzeuge der Roten Armee wie motorisierte celestische Heerscharen, während die Montage Ureinwohner und Komsomolz, Natur und Technik, Himmel und Erde, das Alte und Neue zur phantastischen Allegorie einer strahlend anbrechenden Zukunft vereint. Die stalinistische Realität im 18. Jahr nach der Revolution indes sah auf kranke Art anders aus. Selbst wenn man Dovženko liebt, gibt es in *Aerograd* Momente, um deren willen man ihn hassen muss. Es folgen andere, die zwingen, ihn vorbehaltlos zu bewundern. Manchmal überschneidet sich beides, und Dovženko gerät zum Verwirrbild.

Harry Tomicek

38

STAN BRAKHAGE

Song 23: 23rd Psalm Branch (Part 1, Part 2, Coda)
(1966/67) 63 min

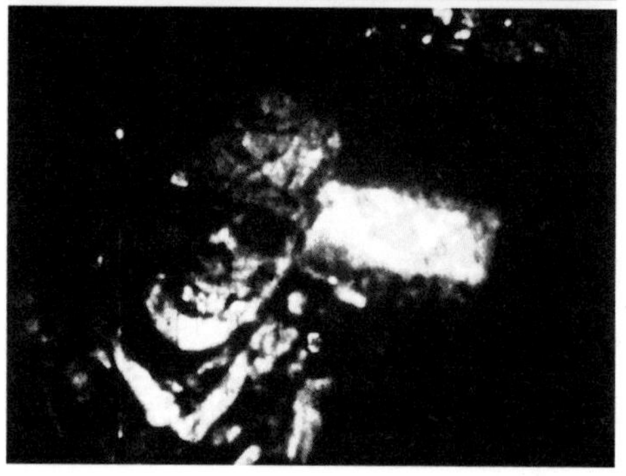

Der dreiundzwanzigste, längste, verstörendste jener 30 zwischen 1964 und 1969 entstandenen 8mm-Filme, denen Stan Brakhage den Namen *Songs* verliehen hat. Ein Lied des Schreckens. Lied vom Krieg. Ein Lied heimsuchender, quälender, das Ich überschwemmender *Bilder* des Kriegs. Bilder, die vom Film in »Musik« verwandelt werden. In Brakhages *23rd Psalm Branch* gibt es weder Gott noch Trost, weder Preisung noch Lob – nur das nackte Unheil des Kriegs, welches selbst noch in seinen *Bildern* Abgründe aufreißt. Bilder sind – wie Musik – im Ursprung *Huldigung*. Was würdig scheint, im Bild wiederholt zu werden, dem wird gehuldigt. *Song 23* ist ein Film, der singt und den Krieg – dies sein Paradox – in Bildern dennoch weder besingt noch entwirklicht. Ein verzweifelter Gesang. Der Versuch, in »realen«, nichtinszenierten Bildern das Grauen zu öffnen, das in ihnen eingeschlossen ist: in gefundenen, dokumentarischen Schwarzweiß-Filmbildern jenes 55 Millionen in Leichen verwandelnden Weltkriegs, den man den Zweiten nennt. Stumm gemacht, verzerrt, rhythmisiert. Gegen die ursprünglichen Absichten gewendet, benützt, um das versteckte Ungeheure freizumachen und alles Verharmlosende und Kriegs-Kulinarische zu tilgen. *23rd Psalm Branch* ist ein Film über die Heimsuchung eines in Filmbildern denkenden Künstlers durch den Krieg und durch die Macht der ihn darstellenden Bilder: an einem bestimmten Punkt der Geschichte (dem Amerika mit Kriegsbildern überhäufenden Vietnamkrieg), an einem bestimmten Punkt von Brakhages Leben (seiner Reise in jenes Europa, das für ihn durch Kriegsbilder ausgemalt und durch sie gleichsam versiegelt und verschlossen ist). Nicht vom Thema, aber von seiner Unmittelbarkeit her reiht sich *23rd Psalm Branch* in die 29 anderen *Songs* ein, in denen der Filmemacher tagebuchartig *sein* Sehen der Welt in *filmische* Äquivalente transponiert. *23rd Psalm Branch* besteht aus zwei Hauptteilen und einer Coda. *Part One* wird dominiert vom Schwarzweiß der Kriegsbilder, in das sich monochrome Farbkader, abstrakt bemalte Kader und Farbbilder der Gegenwart mischen, *Part Two* von düsteren, oft nächtlichen Farbbildern der Europa-Reise, in die immer wieder Schwarzweißbilder des Kriegs einbrechen – wie sichtbar werdende Gedanken, die nicht aufhören, das Bewusstsein zu quälen.

Harry Tomicek

39

ALEKSANDR DOVŽENKO

Zvenigora (1927) 106 min (16 B/Sek)

Drehbuch: Michail Johansson, Jurij Tjutjunik; Kamera: Boris Zavelev; Darsteller: Nikolaj Nademskij, Semen Svašenko, Les Podorožnij

Zvenigora ist ein Kuriosum, eine Kino-Tollkühnheit, die selbst im Phantasiereich des sowjetischen Revolutionsfilms Ende der zwanziger Jahre noch ins Auge sticht. Dovženkos ukrainisches »Kino-Poema«, noch vor den »respektableren« Dovženko-Filmen *Arsenal* (1929) und *Zemlja* (1930) entstanden, gefällt sich als entfesselte Allegorie und Zeitensprung-Inferno, als bodenloses Märchen aus Licht und Bewegung, als Melange aus historischen Fakten, lokalen Legenden, Propaganda und Polemik. Ein Jahrtausend habe er, so Dovženko, in 2000 Metern Film unterbringen wollen: die Geschichte der Ukraine, seiner Heimat, von den skandinavischen Invasoren des Frühmittelalters bis zum Sieg des revolutionären Sozialismus.

Es fordert einiges an historischer Sicherheit, um die unzählbaren Anspielungen auf die ukrainische Geschichte in *Zvenigora* zu dechiffrieren. Die einzelnen Episoden der stilistisch brüchig gehaltenen Erzählung des Films sehen sich nur vage durch das Motiv einer Schatzsuche in den Hügeln des titelgebenden heiligen Berges und die Figur eines alten Mannes verbunden: Letzterer scheint, als Wanderer zwischen den Zeiten, den Kampfgeist der ukrainischen Arbeiter zu versinnbildlichen. Dovženko mischt sorglos Burleske und Gewalt, Sinnliches und Übersinnliches.

Zvenigora erregte schon der Freiheit wegen, die sich Dovženko so offensichtlich genommen hatte, den Widerwillen der stalinistischen Brandredner für den sozialistischen Realismus. Die Kritik an der Avantgarde wurde im Kurzschluss mit der Verordnung einer neuen »Einfachheit« von Fabeln, Themen und Stilen, die der Bauer im Kino eben brauche, legitimiert. Eisenstein liebte *Zvenigora:* Er stellte die »bewundernswerte Verflechtung des Realen mit einer stark nationalen Poesie« und den »bezaubernden Reiz« des Films fest, der darin liege, »eigenständig zu denken«. Dovženko beschloss, sich seinen Kritikern im Sinne der Karriere, die er vor sich hatte, zu beugen; er gab Verfehlungen zu, bezichtigte sich selbst als unangemessen formalistisch.

Stefan Grissemann

40

STAN BRAKHAGE
Scenes From Under Childhood (1967–70) 136 min

Wie jede Arbeit von Stan Brakhage seit den späten fünfziger Jahren unternimmt *Scenes From Under Childhood* den Versuch, den Film rigoros von seinen ein halbes Jahrhundert alten Erblasten der Kinofilm-Kunstsprache zu befreien: vom Theater- und Literaturschlamm einerseits (dem Spiel, den Spielern, nacherzählbaren Geschichten, fingierten Dramen), von den feierlich ruhigen Tableaus und gravitätischen Maschinenbewegungen andrerseits (den »gestochenen Aufnahmen«, »Fahrten« auf Schienenwägelchen und völlig »unmenschlich« gleichförmigen, nie zitternden Schwenks). Als Ideal, als jenes, *wozu* der Film befreit werden soll, gilt das *Sehen* des *menschlichen Auges,* dem das »Sehen« des *Film-Auges* angeglichen werden soll und für das Brakhage unermüdlich *»Äquivalente«* sucht und erschafft. *Scenes From Under Childhood* ist weniger ein Film *übers* Sehen des menschlichen Auges, vielmehr einer, der danach trachtet, *wie* dieses zu sehen. Wie das Sehen von Brakhage. Wie jenes der kleinen Kinder, die der Film aufnimmt. P. Adams Sitney sieht im Film eine Art Autobiografie und darf sich auf B., den Meister, berufen, der seine Arbeit naiv auch als *»autobiography in the Proustian sense«* bezeichnet hat, ungeachtet der Tatsache, dass *Scenes From Under Childhood* (Gegenwart in jeder Sekunde) mit *À la recherche du temps perdu* (Evokation von Gewesenem in jedem Satz) soviel gemein hat wie die Gartenterrassen von Tivoli mit tropischen Bergwäldern oder Orson Welles mit Harpo Marx.

Darüber hinaus: die Frage, wie ein neugeborenes Kind die Welt »sieht« oder nicht sieht, bleibt für jeden von uns (die wir *ausnahmslos* die Erinnerung an den eigenen Beginn verloren haben) unbeantwortbar, ein nicht zu lösendes Rätsel. Das wenige Wochen alte Kind sieht zweifellos; ob es jedoch scharf oder unscharf, deutlich oder verworren sieht – kurz: *was* es sieht und *wie* es sieht –, bleibt ein verschlossenes Buch. Das Baby sieht kriechend, und es kriecht tastend, riechend, schmeckend, hörend, ängstlich oder geborgen, neugierig oder ausgesetzt: sein Sehen sieht eingebunden ins Insgesamt der anderen Sinne. Die *nicht* oder nur auf äußersten Umwegen (Bild-*Erdichtungs*-Umwegen) visualisiert (und auf »bloße Bilder« isoliert) werden können. Brakhage bezweckt aber eben dies: *»a visualization of the inner world of foetal beginnings, the infant, the baby, the child«*. Man wird in *Scenes From Under Childhood* kein Bild finden, dem von Brakhage nicht ausgetrieben worden wäre, eine herkömmliche Kino-Fotografie zu sein. Er selbst umschreibt seinen im Stummen bildhaft tönenden Film als Klang-Gedicht fürs Auge: *»A ›tone poem‹ for the eye – very inspired by the music of Olivier Messiaen.«*

Über drei Jahre hinweg gefilmt – auf Brakhage-Art: verdichtete und bis zur Kaum-Kenntlichkeit verformte Bilder von Kindern, seinen Kindern. Im Haus, vor dem Haus, in der Natur. Mit sich, mit Dingen, miteinander spielend, weinend, essend, planschend, kämpfend, faulenzend, fernsehend, aus dem Fenster, aus dem Auto schauend, schaukelnd, schlafend, angezogen, nackt, einzeln, zu zweit, zuhauf. Bilder von Jane Brakhage, wie sie gesehen sein könnte aus dem Auge der Kinder – oder aus dem ihres Mannes. Bilder von sich in Weiß und traumartiger Überbelichtung fast auflösenden Schwarzweißfotografien: Jane und Stan Brakhage als Kinder, wie durch Schleier hindurch gesehen. Bilder vom Inneren des Hauses, Bilder im näheren und ferneren Umkreis des

Hauses. Bilder von Dingen, die bestimmte Dinge sein *könnten,* aber vielleicht auch nicht, *vielleicht* Wiese, *vielleicht* Wasser oder auch etwas anderes: Bilder von »etwas«, »irgendetwas«, dem mit der Erkennbarkeit der Name abhanden gekommen ist. Bilder von *Nicht*-Dingen, die zu zuckenden Farben und sprühenden oder glimmenden Lichtern geworden sind.

Ein Film ohne Erzählung, ohne Entwicklung und weitgehend ohne Gliederung. Brakhage filmt der Tendenz nach jegliches und alles, das Elementare wie das »Unwichtige«, das eine so rauschhaft, hingegeben und ekstatisch staunend wie das andere, um zu demonstrieren, dass die Trennung in »bedeutsam« und »unbedeutend« für das abenteuernde Auge widersinnig ist. Er filmt *scenes from childhood,* in denen alles – vom Weinen und Spielen bis zum Daumenlutschen – gleich wichtig ist, und er filmt Zahnbürsten und Füße, Waschbecken und Deckenbalken, Spray-Dosen, Flaschen, Fruchtsaftkartons, Arme und Auto-Armaturen, Sesselbeine, Tischplatten, Sand und Haut, Wände, Böden, Augen, Gras, Gliedmaßen, Zweige und Berge und Wasser und Kleider und Betttücher und Gesichter in wilder Unordnung und fügt das Gefilmte zu einem majestätischen Fließen, in dem Jegliches sich ins andere verwandelt und alles in eines zusammen strömt.

Harry Tomicek

41

ROBERT BREER
Un Miracle (1954) 33 sek (16 B/Sek)
Form Phases #4 (1954) 3 min
Cats (1956) 1 min 28 sek
Recreation (1956) 1 min 28 sek
A Man and His Dog Out for Air (1957) 2 min
Jamestown Baloos (1957) 5 min
Eyewash (1959) 3 min
Blazes (1961) 3 min
Breathing (1963) 5 min
Fist Fight (1964) 9 min
66 (1966) 6 min
69 (1968) 4 min
70 (1970) 4 min
Gulls and Buoys (1972) 7 min
Fuji (1974) 9 min
Rubber Cement (1976) 10 min

Was es zu feiern gelte, notiert Robert Breer 1962, sei »ein formloser Film«, genauer: »ein nicht literarischer, nicht musikalischer Bilderfilm, der keine Geschichte erzählt, zu keinem abstrakten Tanz wird oder irgendeine Botschaft verbreitet«. Ein Film »ohne Ausflucht vor den Bildern«: Daran sei zu arbeiten.

Filmische Präsenz ist eine Frage von Sekundenbruchteilen: Breers Animationen lenken den Blick darauf, dass die Dinge, die man im Kino zu sehen kriegt, flüchtig sind. Sie sind da – und augenblicklich wieder fort: nicht zu fassen. Man müsste gleich schnell denken und schauen können, um Breers Filme zu bewältigen. Sie bieten hochverdichtetes Stückwerk, Rätselgeschichten, unauflösbare narrative Andeutungen. Der Maler, Bildhauer und Filmemacher Robert Breer, geboren 1926 in Detroit, Michigan, beginnt seine Arbeit am Kino 1952. Die traditionellen Regeln des Spiels lässt er nicht gelten: Der süße Illusionismus des alten Trickfilms interessiert ihn so wenig wie die formalen Reinheitsgebote der neuen amerikanischen Avantgarde.

Bewegte Bilder sind auch nur Serien von Standbildern: Davon geht Robert Breer aus. 24 Einfälle in der Sekunde, das scheint ihm nicht sonderlich luxuriös, dem Medium einfach nur angemessen. In seinen filmischen Abstraktionen tritt Breer das Erbe der Animationen Hans Richters und Viking Eggelings an, allerdings geht er unbelastet von der Bürde der Pionierarbeit ans Werk. Die Freiheit ist seinen Filmen anzusehen. In *Form Phases #4,* geschaffen während der Jahre, die der Künstler in Paris verbringt, kompliziert sich das anfangs ganz simple geometrische Formenballett innerhalb weniger Sekunden radikal, wird zum spielerisch bewegten Kubo-Suprematismus, entgleitet in surrealen Permutationen und mit eigensinnigem Witz allen denkbaren Kunstkategorien. Schon in den frühen Filmen Breers wird ein ganzes Arsenal an staunenswerten visuellen Strategien, an Echos, Vexiereffekten und Rahmungen, an unentwegten Verdeckungen und Enthüllungen entfesselt.

Der Avantgardefilmhistoriker P. Adams Sitney nennt Robert Breer (neben Bruce Baillie, Jordan Belson und Harry Smith) einen der großen Koloristen des amerikanischen Undergroundkinos. Tatsächlich sind Breers Arbeiten farblich diskret (und gerade deshalb so wirkungsvoll): Seine Filme der fünfziger und sechziger Jahre sind meist auf wenige Signalfarben beschränkt; der Mondrian-Connaisseur Breer liebt es, Rot und Blau, seltener Grün und Gelb ins elementare Schwarzweiß seiner Filme zu mischen. Breers Bewegungsbilder sind in einem sehr grundsätzlichen Sinn malerisch: *Blazes,* einer seiner wenigen vollständig abstrakten Filme, nimmt strukturell und ästhetisch – 4000 Einzelbilder, zusammengestellt aus

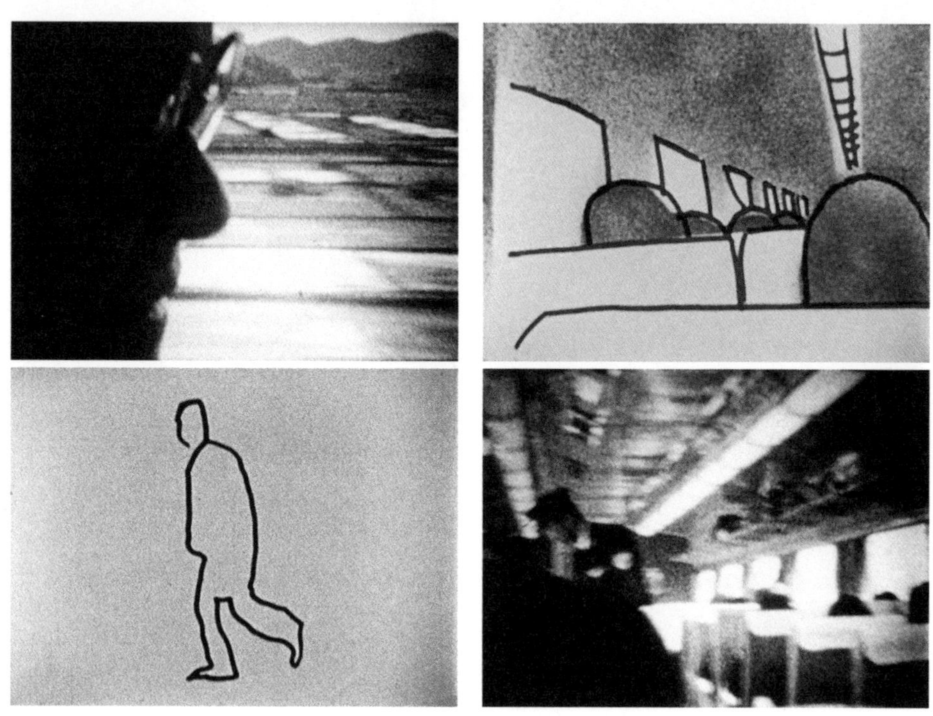

Fuji

100 Gemäldetafeln in 40 zufälligen Abläufen – bereits Stan Brakhages späte *hand-painted films* vorweg. Den gleichförmigen Geräuschspuren steht eine bisweilen extreme Bilderbeschleunigung gegenüber: Breers Stil des *single frame*-Stakkatos erreicht in *Recreation* 1956 eine frühe Hochblüte: eine burleske Raserei der Lettern, Fotos, Werbegrafiken, Zeichnungen, Farbtafeln und gefundenen Gegenstände, flankiert von einem unergründlichen Text des Kinotheoretikers Noël Burch. Synthetisches Vogelgezwitscher begleitet dagegen *A Man and His Dog Out for Air,* einen Tanz der Kritzellinien, der an die Zeichnungen Cy Twomblys denken lässt: Ausflug ins Reich der instabilen Zeichen. Breer verweigert stilistische »Reinheit«, mischt Techniken und Materialien, Zwei- und Dreidimensionales, Real- und Trickfotografie. Das macht seine Filme so diffizil, auch überfordernd, so schwer zu fassen. Das Kino Robert Breers ist vor allem anderen: ein außer Kontrolle geratener Bildergenerator.

Um 1970 verändern sich Breers Filme, unter dem Einfluss der Rotoscope-Technik, merklich: *Gulls and Buoys, Fuji* und *Rubber Cement* basieren auf Umriss-Nachzeichnungen dokumentarischer Realfilme – das Maschinelle und das Handgemachte werden systematisch, visionär ineinander geblendet. In seinen Filmen, meint Robert Breer, sollten »die Wörter zu Bildern oder Tönen werden und sprunghaft, beweglich wie die Gedanken sein«. Das ist das Ziel: »ein Film, der, statt bloß Sinn zu ergeben, Sinn *ist*«.

Stefan Grissemann

42

ROBERT BREER
77 (1977) 7 min
LMNO (1978) 9 min
T. Z. (1979) 9 min
Swiss Army Knife with Rats and Pigeons (1980) 6 min
Trial Balloons (1982) 5 min
Bang! (1986) 10 min
A Frog on the Swing (1988) 6 min
Sparkill Ave! (1992) 5 min
Time Flies (1997) 5 min

Die kompromisslose Verdichtung ist Robert Breers Programm: Sein zeichnerisch-filmisches Gesamtwerk, in fünf Jahrzehnten kontinuierlicher Arbeit hergestellt, umfasst kaum 140 Minuten Laufzeit. In Breers Kino ereignet sich unentwegt Kryptisches, in dieser Hinsicht führen die späten Filme die Vorgaben der frühen unbeirrt weiter: Lapidar Gekritzeltes, andeutungsweise Geometrisches, aber auch Fotos und Realfilmsplitter trivialer Sujets (Werkzeug, Verkehrsmittel, Familienleben, Alltagsamerika) stoßen in Breers Filmen mit einiger Emphase gegeneinander, um sich alle paar Augenblicke zu verwandeln oder ineinander zu verschmelzen. Eine ästhetische innere Logik, die sich der Verbalisierung radikal entzieht, ist dabei spürbar am Werk.

Der Surrealist in Robert Breer liebt es, banale Objektbilder mit seiner Choreografie abstrakter Formen zu vernetzen. Bilder konkreter Gegenstände sind in Breers Kino zur unverzüglichen Transformation verurteilt. Genau wie die Geometrie: In *77* werden die Kreise oval und die Quadrate schiefwinkelig, aus Rechteckigem wird Fleckiges, aus Linearem Welliges. Nichts hält bei Robert Breer, nichts gewinnt je Stabilität. Der scheinbar leitmotivische Einsatz bestimmter Bilder ist auch nur

Time Flies

eine Finte: eine bloße Simulation »ausgewogener« oder »melodischer« Präsentation. In Breers Kino ist alles aleatorisch.

Bewegung findet in den Werken dieses Filmemachers *für sich* statt, nicht metaphorisch, sie steht nicht *für* etwas, behelligt einen nicht mit Botschaften, sie ist einfach nur *da:* in aller Klarheit und Geschwindigkeit, unaufhaltsam. Die scheinbare handwerkliche Nachlässigkeit, die Breer kultiviert (vom schnell hingeschmierten Titel und der bloß skizzenhaften Ausführung seiner Zeichnungen bis zu den polternden, rumpelnden, kaum je zu definierenden Geräuschtonspuren), zelebriert nicht nur lakonisch den nicht-maschinellen, nichtkunstgewerblichen Trickfilm, sondern täuscht auch über die Vielzahl der zeichnerischen Mittel hinweg, die in seinen Arbeiten zur Anwendung kommt: Breer lässt das Chaos, das er inszeniert, in einer überaus *gestalteten* Welt ablaufen, ordnet ihr ständig wechselnde

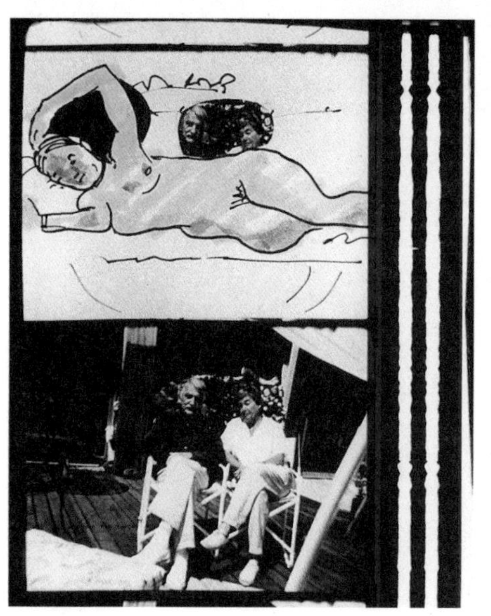

Hintergründe zu, benutzt Farbspray, Aquarell, Unschärfen und radikale Kontrastwechsel.

Das Home-Movie ist ein Lieblingsformat Breers. *T. Z.* (1979) widmet sich, ähnlich wie schon *Rubber Cement* (1976), einer privaten, zwischen Fotografiertem und Nachgezeichnetem oszillierenden Welt: ein Haus, außen und innen; Bilder aus Küche und Bad; ein Telefon läutet, ein paar Worte (»Hello«, »swell«, »but«) werden von einer männlichen Stimme monoton eingesprochen und als (leicht abweichende) Textinserts auch eingeblendet. Kunsthistorische Einschübe, die eher wieder ans Frühwerk Breers erinnern, definieren *Swiss Army Knife with Rats and Pigeons* (1980). Eine kleine Hommage an Mondrian mischt sich da unversehens unter die titelgebenden Protagonisten des Films: Ein rotes Taschenmesser klappt auf, eine kleine Ratte blickt der Falle, in die sie zu tappen bereit ist, ins Auge, und eine Taube sucht über den Köpfen der Menschen das Weite.

Die groben Linien und der breite Strich beherrschen Breers späte Filme: den betont nicht-fragilen *Trial Balloons* (1982) ebenso wie *Bang!* (1986). Auf die Einsamkeit laufen Breers letzte Arbeiten hinaus, wenn auch nicht ohne einen gewissen bösen Witz: *Sparkill Ave!* (1992), eine weitere Variation über das kleinstädtische Leben in Amerikas Suburbia, über das Verstreichen der Zeit und der Jahreszeiten, mündet zu orgelnder Amateur-Hausmusik in das Bild einer Taube, die am Mittelstreifen einer Landstraße schon auf ihre Auslöschung (oder einen Grund zur Flucht) zu warten scheint. *Time Flies* (1997) heißt passenderweise der Film danach, dessen letzte Einstellung – das Foto eines kleinen Mädchens mit erhobenem linken Arm an einer Landstraße – das Finale aus *Sparkill Ave!* noch einmal variiert. Robert Breer ist, nach all der Bilderraserei, am Ende doch beim Standbild, im Stillstand angelangt.

Stefan Grissemann

43

KURT KREN
2/60 48 Köpfe aus dem Szondi-Test (1960) 4 min
3/60 Bäume im Herbst (1960) 5 min
5/62 Fenstergucker, Abfall etc. (1962) 5 min
15/67 TV (1967) 4 min
20/68 Schatzi (1968) 2 min
26/71 Zeichenfilm oder Balzac und das Auge Gottes (1971) 37 sek
31/75 Asyl (1975) 9 min
32/76 An W+B (1976) 8 min
33/77 Keine Donau (1977) 9 min
37/78 Tree again (1978) 4 min
49/95 tausendjahrekino (1995) 3 min

3/60 Bäume im Herbst

Schnitt durch ein einzigartiges Werk, mit Filmen aus fast allen der so unterschiedlichen Phasen eines 40jährigen Schaffens – von der zweiten Arbeit der offiziellen, durchnummerierten Filmografie bis hin zu deren vorletzter: frühe serielle Kompositionen, politische und anarchische Filme aus den »68ern«, ruhigere, zumeist in der deutschen Emigration entstandene Zeitstudien, ein »amerikanischer« Film und eine strukturelle Blickverdichtung aus der letzten Wiener Zeit.

Das Œuvre Kurt Krens (1929–1998) zeichnet sich nicht allein durch Vielfalt und Erfindungsreichtum aus, durch eine im Rückblick erstaunliche Beharrlichkeit und Kontinuität, über alle bio- und geografischen Brüche hinweg, sondern vor allem durch seine gedoppelte Konzentration aufs Bild: auf die Prozesse der Wahrnehmung ebenso wie auf die Materialien des Mediums Film. Es ist eine – ganz undogmatische – Schule des Sehens (und Filmens), die fragend vorgeht, suchend, forschend, und dabei auf keine letzten Wahrheiten oder ersten Gründe abzielt.

Was passiert, wenn einer Reihe von bewegungslosen Bildern, gerasterten Porträtfotos filmisch Bewegung eingehaucht wird? Wenn die in kleinsten Einheiten dahinrasende Abfolge der Gesichter und heraus vergrößerten Gesichtspartien in den Zwischenräumen der Einzelbilder ein phantastisches Eigenleben zu generieren scheint? *(48 Köpfe aus dem Szondi-Test)* Oder wie sieht Zeit aus, die nicht chronologisch abläuft, sondern im Bild einer sich ständig wandelnden Naturszene, aufgefächert in zahlreiche Ebenen, synchron materialisiert wird? *(Asyl)*

Krens Filme sind – produktions- wie rezeptionsseitig – Experimente mit offenem Ausgang, trotz aller Planung und genauen Festlegung vieler Parameter im Vorhinein. Die meisten der hier versammelten Arbeiten sind

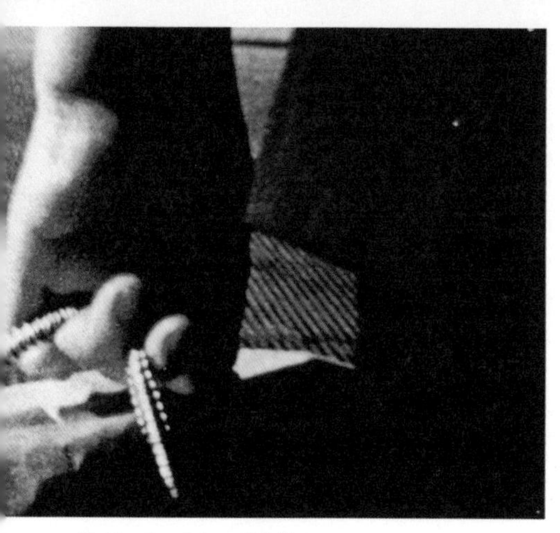

5/62 Fenstergucker, Abfall etc.

direkt in der (16mm-)Kamera gestaltet, ohne jede nachträgliche Bearbeitung, nach detaillierten Partituren oder zeitlich festgelegten Drehplänen. Dennoch war das jeweilige Ergebnis nie exakt vorhersehbar und barg für Kren selbst Überraschungen beim ersten Ansehen, so wie die Filme auch heutige Zuschauer/innen im besten Fall in ein Abenteuer der Wahrnehmung hineinzuziehen vermögen. Diese ästhetischen und – im Verweis der Wahrnehmung auf sich selbst, in der Selbstbeobachtung und -befragung – *kognitiven* Ereignisse machen Krens Werk im Kern aus, nicht das Verfilmen und Wiedererkennen einer Konstruktion.

Auch *Bäume im Herbst* ist, wie *48 Köpfe aus dem Szondi-Test,* nach einem genauen Reihenschema gedreht, dessen Einheiten maximal acht Bilder, in der Projektion also 1/3 Sekunde lang sind und bis auf einen Kader verkürzt werden. Die mathematische Struktur ist jedoch nicht entzifferbar im Wuchern der wild gewachsenen, kahlen oder belaubten, windbewegten Zweige und Stämme, die in Schwarzweiß mit Handkamera gefilmt beziehungsweise in Einzelbildern fotografiert sind. Versucht Kren mittels Rahmung und Abzählen der Kader Ordnung ins Chaos zu bringen? Oder ist er es, der diese Kräfte erst entfesselt? Innerhalb der rigiden Baupläne von Krens Filmen herrschen Offenheit und Freiheit, die den Rahmen zu sprengen drohen. In den schnellen Filmen werden die Augen herumgejagt, in den langsameren zum Herumwandern angeregt; immer wird das Ergebnis vielfältiger, reicher, unvorhersehbarer sein, als es sich auf dem von Kren bevorzugten Millimeterpapier notieren ließe.

Kren schafft Ordnung, aber keineswegs um Phänomene, Objekte festzuhalten, ihr Bild zu fixieren, sondern um sie stets aufs Neue in Bewegung zu versetzen – und damit auch Sehen und Denken. Entscheidend hierfür ist, dass Krens Formalisierungen nie vollends das Band zur Welt durchschneiden, zur äußeren Wirklichkeit, der sie ihre Bilder durchgängig entnehmen. Seine Filme zeigen und verkörpern Abbildungsverhältnisse und Abstraktionsvorgänge, sind Auseinandersetzungen mit wahrgenommener Realität. *Fenstergucker, Abfall etc.,* einer von Krens seltenen Montagefilmen, der Bilder von Müll, Passanten, toten Vögeln und aus Fenstern starrenden Menschen verknüpft, ist mit seinen konkreten sozialen Gehalten nur scheinbar ein Ausreißer. In der – durch den Zusammenschnitt einzelner Kader bewirkten – Destruktion gesellschaftlicher Verhaltensweisen weist er voraus auf die nachfolgenden »Aktionsfilme« (zu sehen in Programm 31).

Auch wenn Kren die filmischen Formen erweitert und an die Grenzen des Mediums geführt hat wie kaum ein anderer, sind seine Filme nicht weltabgewandt, sondern im Gegenteil Konkretisierung, Komprimierung sinnlicher Erfahrung. Fünf kurze, beim Warten in

43

32/76 An W+B

37/78 Tree again

einem venezianischen Café beiläufig entstandene Aufnahmen; der Blick hinaus auf Kai und Lagune; mindestens vier hintereinander geschichtete Raum- und Handlungsebenen, darauf kurze Auftritte verschiedener Akteur/innen: Das Rohmaterial von *TV* bringt Kren in beständigen Wiederholungen und neuen Konfigurationen zum Tanzen, die durch Schwarz getrennten Schnappschüsse korrespondieren als Partikel möglicher Geschichten.

In mehreren Arbeiten lagert Kren Bild- und Zeitschichten übereinander, manchmal wird ein Bild in sich reflektiert, indem Positiv und Negativ kombiniert werden wie in *An W+B* oder *Schatzi*. In letzterem ist erst im Verlauf zu entdecken, was eigentlich zu sehen – bzw. im historischen Foto zu erinnern – ist. Sehen-Erinnern ist ein Prozess, das Abbild gibt nicht einfach (vergangene) Wirklichkeit wieder, sie ist im Bild und als Bild zu rekonstruieren. Zu befragen ist für Kren deshalb auch die Form und Erfahrung der Zeit selbst wie in *Keine Donau* oder *Asyl*, wo Bildfragmente, aufgenommen an 21 verschiedenen Tagen, gleichzeitig in einem Bild zu sehen sind. Mittels ausgeklügelter Maskentechnik und Mehrfachbelichtung direkt in der Kamera unterläuft Kren das Einzelbild als kleinste Einheit des Kinos, die Intervalle – die leeren, alles entscheidenden Zwischenräume – sind in den Einzelkader eingezogen. Entsprechend fragil mutet das Ergebnis an, die Zeitmaschine *Asyl* droht jederzeit auseinander zu brechen.

Die Arbeit mit (technisch und ökonomisch) einfachsten Mitteln zeichnet Kurt Krens Werk aus; und wie er diese Einschränkungen vielfältig fruchtbar gemacht hat; die Konzentration und Reduktion (meist bildet ein Sujet, ein Ort, eine Einstellung, ein Kamerastandpunkt den Inhalt des Films); die kleine Form, der er über die Jahrzehnte treu geblieben ist; die Unabhängigkeit, die er sich so Zeit seines Lebens erhalten konnte, auch wenn der Preis dafür Armut war.

tausendjahrekino – Was machen Touristen/Touristinnen, wenn sie fotografieren? Was tut Kren, wenn er sie dabei ablichtet? Bildkaskaden, Brechung der Kontinuität, Brechung des identifizierenden Blicks, der, aufs Wiedererkennen geeicht, arretieren will und dabei immer aufs Neue abgleitet.

Thomas Korschil

DIETMAR BREHM
Interview ohne Ton (1976/96) 2 min
Film Path-2 (Casting) (1977/94) 7 min
U.S.W. (Donauland) (1978/96) 4 min
Color de Luxe (1986/93) 7 min
The Murder Mystery (2nd Version) (1992) 16 min
Ostafrika (1993) 5 min
Mix-1 (32 Filme 1989–94) (1994) 22 min
Party (1995) 18 min

Was sich in Dietmar Brehms Filmen genau ereignet, ist nicht leicht festzustellen. Unbekannte gehen darin, beschallt von leisem Donnern und Rauschen, rätselhaften Verrichtungen nach, in flackerndem Licht und zigfach kopierten Bildern. Saugend tauschen Münder Küsse aus, verkrustetes Blut wird von Wunden gekratzt, am Fleisch der Körper wird hantiert, und ungewiss bleibt oft, wo der Beischlaf endet und die Autopsie beginnt. Die Menschen, die durch diese Filme geistern, verlieren sich buchstäblich, gehen auf in einem Kino, das fremde Zeichen zwanghaft aneinander reiht, eine ganz eigene, solitäre Sprache spricht. Weit über hundert Arbeiten hat Brehm in den vergangenen 36 Jahren angefertigt, eine einzige, sagt ihr Schöpfer, sei es in Wirklichkeit: *Total* heißt Brehms (verschollenes) erstes Werk, nur eine Vierundzwanzigstelsekunde lang. Brehm malt, filmt, zeichnet und textet, er mixt und remixt wie besessen gefundene und selbstgedrehte Filmbilder, bis diese vor dem insistierenden Auge der Kamera zerfallen, sich auflösen: Wo einmal Räume und Leiber waren, bleiben am Ende nur zuckende Lichtflächen. Die Haut seiner anonymen Mimen verfärbt sich gelblich-fahl ins Leichenhafte: In einem Austauschverfahren entweicht das Leben aus den handelnden Figuren, geht in Licht und Leinwand über, in ein Kino, das dabei zu pulsieren, zu atmen beginnt.

Brehm erzählt von Einsamkeit, Fetischismus und sexueller Praxis, von dunklen Korridoren und dem langsamen Entzug des Lichts – Geschichten, die niemand nacherzählen könnte, aber jeder gleich versteht, weil sie ganz direkt formuliert sind, weil sie an tief sitzende Ängste appellieren und an den Sitz der menschlichen Blicklust. Die Innenräume sind bei Brehm stets klar von der Außenwelt getrennt, wie der Zuschauer vom Handelnden, der Voyeur vom Akteur. Der Blick fällt durch Fenster oder Löcher in der Wand, von realen Räumen in virtuelle. Das Material, das er traktiert, holt sich der Filmemacher aus pornografischen und wissenschaftlichen Lehrfilmen, aus exotischem Action-Kino, jedenfalls aus der Peripherie der Filmgeschichte. Er konzentriert sich dabei auf Details, filmt Abgefilmtes wieder und wieder ab, bis die Bildinhalte abtauchen im Pumpen und Zittern des Lichts, im Brehm'schen Andeutungsreich verschwimmender Konturen und beunruhigender Schatten.

Der Mann im Zimmer, der Filmemacher selbst, ist in *Party* nur ein Schatten, den das Licht an die Wand wirft – ein Silhouettenmensch, der im groben Korn des schwarzweißen Filmmaterials seine Hand spielen lässt. *Party* pendelt, wie alle bedeutenden Arbeiten Brehms, zwischen dem Unentschlüsselbaren und dem Expliziten, zwischen visueller Abstraktion und brutaler Gegenständlichkeit, zwischen Gelassenheit und Exzess: Totenfeier für einen (fiktiven) Autisten.

Die Filme changieren zwischen Verführung und Abstoßung, zwischen Sog und Schock. Frei bewegen kann man sich in ihnen nicht: Brehms Blick engt die Welt ein – auf wenige Signale, Gesichter und Details, die einem filmischen

Kreislauf eingespeist werden. In *The Murder Mystery* taucht ein Mann mit dunkler Brille auf, der aus dem (und auf den) *Porno noir,* der um ihn abläuft, stoisch starrt: ein böses Spiel mit den Mitteln des Thrillers, in nervös flackernden Bildern und unter einer leise dröhnenden, drohenden Tonspur. *The Murder Mystery* deutet schon im Titel ein Verbrechen an, das man hinter all den bleichen Körpern und Gesichtern nur erahnen, nur befürchten kann. Brehms Arbeit ist ein Manifest für das Assoziationspotenzial des Kinos: Alle Geschichten der Welt, auch die abgründigsten, lassen sich in ein paar Zeichen fassen – oder insinuieren.

Das Morbide und das Sexuelle sind bei Brehm nur gekoppelt zu haben. Geöffnete Körper geraten zu Bilderrätseln, operative Eingriffe verschwimmen zu bizarren Praktiken am lebenden Objekt. Brehm schärft die Dinge, indem er sie unscharf macht: Er rückt den Menschen in seinen Filmen gern zu nahe, defokussiert die Bilder, um schaurige Indiskretionen anzudeuten – eben *nahe zu legen*. »Jeder ist letzten Endes eine lebende Leiche«, sagt Brehm – und erbringt den Beweis: Sein Kino handelt von Verwesungsprozessen (im verkratzten Filmmaterial, im abgelichteten Fleisch). Brehm zeigt nicht, er blickt, er führt nicht vor, sondern dringt ein: in einen fremden Raum, dem die Illusion der dritten Dimension fehlt. Die Welt wird in diesen Filmen flach, grafisch zersetzt, reduziert auf ein paar flimmernde Bildpunkte, in Blutrot und Schwefelgelb oft (wie in *Color de luxe*), öfter aber noch in leerem, Schaudern machendem Schwarz und Weiß: Kino mit Direktanschluss ins Unbewusste, Home-Movies für Paranoiker und Surrealisten.

Das ambivalente Bild ist ein Schlüssel zu Brehms künstlerischer Arbeit insgesamt: In seinen Gemälden, in tiefem Rot, Blau und Schwarz, tauchen überall scharf umrissene Symbole auf, die man instinktiv zu kennen glaubt – und die sich doch nie restlos klären lassen. Auch in Brehms Kinoarbeiten irritiert vor allem das klar Ersichtliche des Unerklärlichen. Dietmar Brehm spielt mit mehrdeutigen Bildern, mit den Schockwerten eines radikal körperlichen, nur scheinbar expliziten Kinos. Die Bilder pulsieren, als wollten sie jeden Moment in sich zusammenbrechen – und die Körper, die er filmt, bleiben das grausige Geheimnis seiner Filme.

»Ich versuche immer«, sagt Brehm, »die Filme und Bilder so zu formulieren, dass sie sich nicht löschen lassen.« Selbst Alltagsdinge – Sessel, Schuhe, Röntgenbilder, Zigarettenpackungen, Masken – verdreht Brehm, wie die *Mix*-Serie demonstriert, zu auratischen, phantomhaften Objekten. Brehm »destilliert«, wie er selbst es nennt, aus fremden, äußeren Ansichten eigene, innere – und er geht dabei so nah an die Bilder der Körper verkaufter, verfilmter Frauen und Männer heran, dringt so tief in die Wunden, dass man meinen könnte, er wolle sie alle, die Körper, die Menschen und ihre Verletzungen nur hinter sich lassen. Aber der einzige Weg dorthin, jenes schmerzhafte Sightseeing, zu dem Brehm zwingt, führt durch die Bilder selbst.

Stefan Grissemann

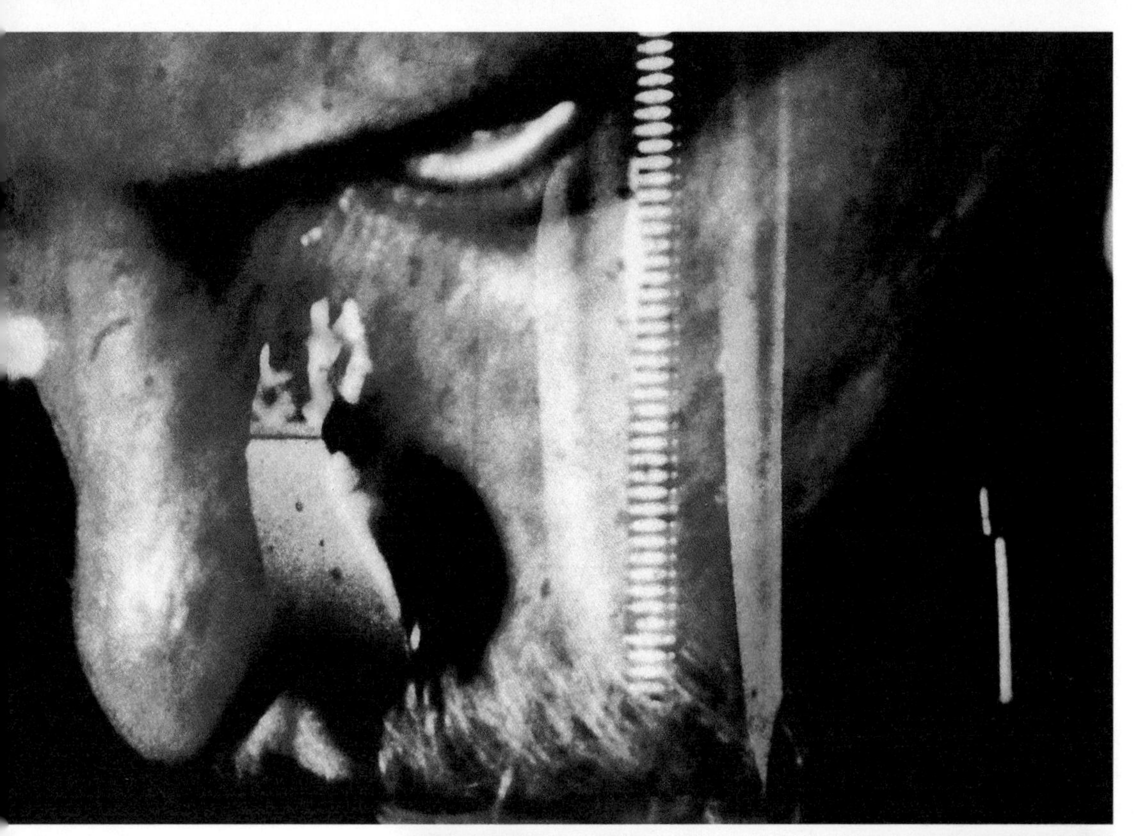

W. (Donauland)

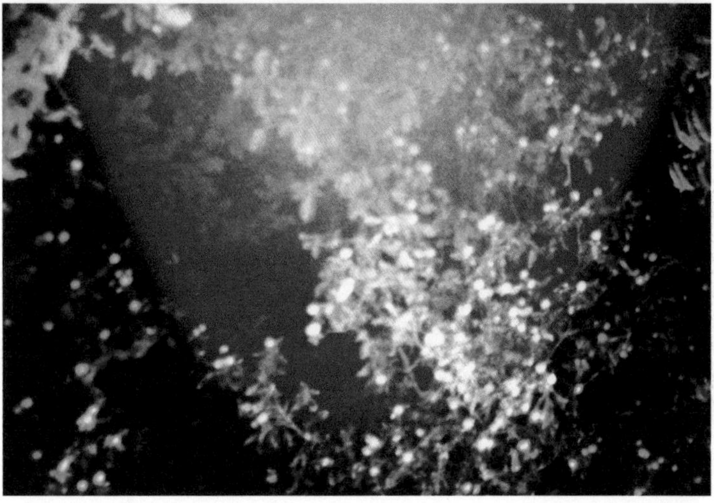

Film Path-2 (Casting)

45

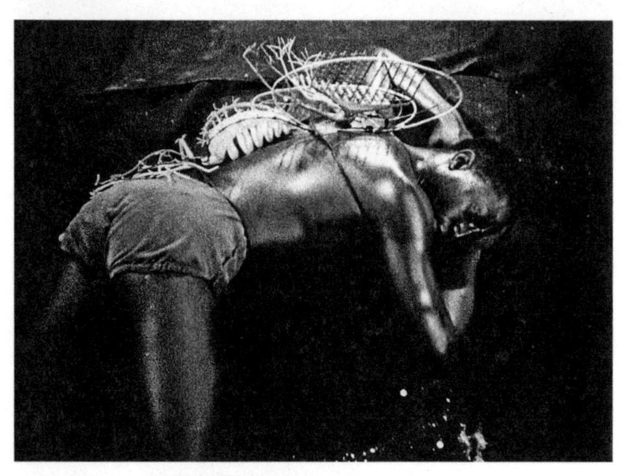

Le Sang d'un poète

JEAN COCTEAU

Le Sang d'un poète (1930) 53 min

Schnitt: Jean Widmer; Musik: Georges Auric; Bauten: Jean Gabriel D'Eaubaunne; Darsteller: Lee Miller, Pauline Carton, Odette Talazac

MAYA DEREN

Meshes of the Afternoon (1943) 14 min

A Study in Choreography for Camera (1945) 2 min

Ritual in Transfigured Time (1946) 14 min

JAMES BROUGHTON

Mother's Day (1948) 22 min

Drei Filmemacher/innen zwischen Wahrheit und Dichtung, drei Künstler/innen am Beginn ihrer Filmkarrieren, die ausgehend von einer grundsätzlich realistischen Kinematografie das (eigene) Unbewusste und Traumhafte erforschen wollen. Ihre film-poetischen Erfindungen entstehen im Dialog, zuweilen im Widerstreit mit anderen Künsten und Ausdrucksmedien, es sind Filme zwischen Literatur, Theater, Tanz und Fotografie, zwischen Wort, Bild, Musik und Bewegung. Es sind Werke auch zwischen den Zeiten, im Übergang, am Ende der europäischen Avantgarden der 1920er Jahre und – nach deren Abbruch – zu Beginn einer neuen Periode experimentellen Filmschaffens in den USA der 40er Jahre. Beeinflusst vom Surrealismus, dem Streben nach einer Über-Wirklichkeit, einer höheren, inneren und zu veräußerlichenden Wahrheit menschlichen Fühlens, Denkens, Seins, sind ihnen Film und Kunst nicht bloß Darstellungs-, sondern auch Erkenntnismittel.

In Jean Cocteaus *Le Sang d'un poète* wird der Künstler, ein Maler mit nacktem Oberkörper und Perücke aus dem 18. Jahrhundert, von seinen eigenen Hervorbringungen überwältigt. Das Eigenleben, das seinen Darstellungen entspringt (ein Frauenmund, eine weibliche Statue), wirft ihn auf und in sich selbst zurück – welcher Art, welchen Ursprungs ist seine »magische« Kraft? – und führt ihn zunächst zu einer somnambulen Schau absurder Bilder. In einem wird ein »verzweifelter Hermaphrodit« vorgeführt und dessen uneindeutige Geschlechtlichkeit im Bild wörtlich als *»danger de mort«,* als tödliche Gefahr etikettiert. Daraufhin wird dem Künstler eine Pistole gereicht, mitsamt Bedienungsanleitung (Off-Stimme) zur Selbsttötung. Diese vollzieht er auch, sie gelingt auf der traumähnlichen Reise, die den Helden in Folge auch in seine Kindheit führt, vorerst jedoch nicht. Geht es Cocteau um die Auslöschung des rationalen Ich »um einer mystischen, unfassbaren Poesie willen«, wie Peter Weiss geschrieben hat? Im Vergleich mit dem aggressiven, nach außen gerichteten Surrealismus eines Buñuel und Dalí (*Un chien andalou, L'Age d'or*) steht hier jedenfalls die Schau des Selbst im Vordergrund. Woher rührt die Verwundung? Wofür muss der Künstler bluten? Im Rückblick überrascht die Dominanz

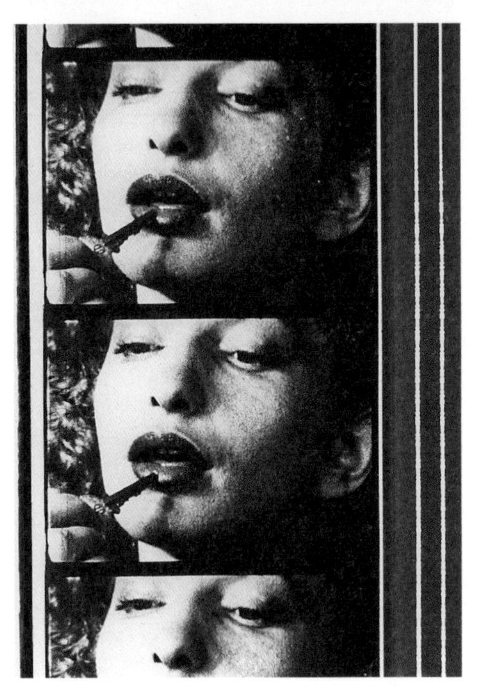

Meshes of the Afternoon

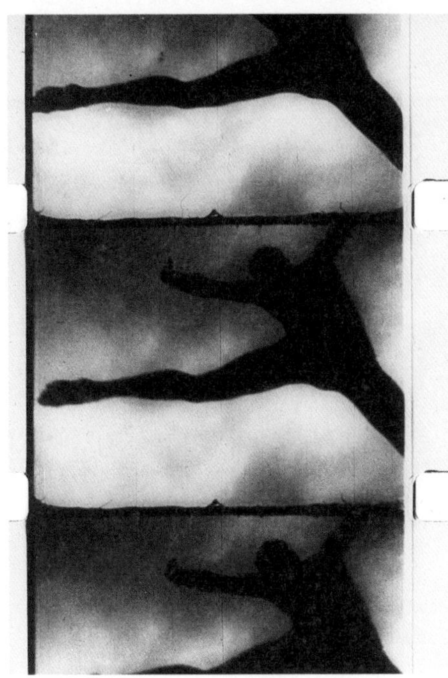

A Study in Choreography for Camera

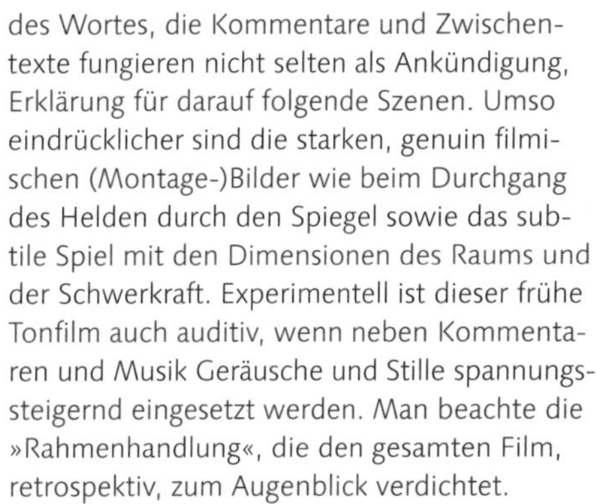

des Wortes, die Kommentare und Zwischentexte fungieren nicht selten als Ankündigung, Erklärung für darauf folgende Szenen. Umso eindrücklicher sind die starken, genuin filmischen (Montage-)Bilder wie beim Durchgang des Helden durch den Spiegel sowie das subtile Spiel mit den Dimensionen des Raums und der Schwerkraft. Experimentell ist dieser frühe Tonfilm auch auditiv, wenn neben Kommentaren und Musik Geräusche und Stille spannungssteigernd eingesetzt werden. Man beachte die »Rahmenhandlung«, die den gesamten Film, retrospektiv, zum Augenblick verdichtet.

»Echte« Stummfilme hat Maya Deren gemacht; sie wurden erst Jahre nach ihrer Entstehung musikalisch vertont (werden aber bei *Was ist Film,* wie ursprünglich gedacht, ohne Ton gezeigt). Wie Cocteau von der Literatur kommend und mit einem starken Interesse am Tanz (als rhythmische Gestaltung von Bewegung wie auch als gesellschaftliches Ritual), war es Derens ausdrückliches Anliegen, Film als eigenständige visuelle Kunst theoretisch wie praktisch herauszuarbeiten. Sie wollte das Bild von der Sprache befreien und das Medium gegenüber dem vorherrschenden kontinuitätslogischen Gebrauch im kommerziellen Spielfilm als wirkliche Raum-Zeit-Kunst begreifen.

Meshes of the Afternoon, der erste Film der als Kind mit ihren Eltern aus der Sowjetunion Emigrierten, entstand 1943 in Hollywood (wie der Anfangstitel explizit vermerkt) und in Zusammenarbeit mit ihrem aus Tschechien stammenden, in Linz geborenen Mann Alexander Hammid (Hackenschmied). Er gilt gemeinhin als Grundstein der so genannten zweiten,

Mother's Day

amerikanischen Filmavantgarde. Wie bei Cocteau ist es ein Trip nach innen, der hier aber nicht zu künstlerischem Mystizismus führt, sondern die Arbeitsweisen des Unbewussten mit filmischen Mitteln sichtbar machen will. Im Traum der Protagonistin (verkörpert von Deren selbst) wird eine scheinbar alltägliche Szene in mehreren Variationen zu einem bedrohlichen emotionalen Erlebnis uminterpretiert. Eine vielschichtige, verschlungene Erzählstruktur entwickelt sich, die – mehr als bloße Repräsentation unbewusster Prozesse – (den) Film selbst zu einer Maschine der Transformation und Konstruktion von Erfahrung werden lässt.

Derens Poetik, die Dichte und Vieldeutigkeit von *Meshes,* resultiert aus dem gezielten Einsatz filmspezifischer Mittel bei Aufnahme und Montage – einer subjektiven (Hand-)Kamera, der bewegten Kamera im Allgemeinen, Mehrfachbelichtungen oder, im Schnitt, der virtuellen Kontinuität von Handlungen bei gleichzeitiger Diskontinuität des Raumes.

Mother's Day ist, so James Broughton über seinen ersten Film, eine »nostalgische Komödie«, ein satirischer Lobgesang auf die Mutter, »the loveliest woman in the world«, wie es in den Zwischentiteln heißt, die durch eine fragmentierte Handlung leiten. Gegen das Bild einer kalten und narzisstischen Mutter rebelliert der Film nur verhalten. Es herrscht eine triste, träge Stimmung in San Francisco 1948.

Auch hier haben wir es mit einer Zeitreise zu tun, in der die Ebenen verschwimmen. In ihre Kindheit zurück versetzte Erwachsene werden konsequenterweise von Erwachsenen dargestellt, die Bildästhetik orientiert sich an einer noch weiter zurückliegenden Welt, vor der eigenen Zeit, vielleicht vor der Erfindung des Films. Die historische Zeit wird still gestellt: Die fotografischen Inszenierungen (genau komponierte, kaum je bewegte Bilder) muten wie ein animiertes Familienalbum aus dem 19. Jahrhundert an, dessen Protagonisten, große Kinder, sich dem Kontrollregime der Eltern nicht zu entziehen vermögen.

Broughton, neben der Filmarbeit auch ein Poet des Wortes, berichtet von Selbstmordgedanken in der Zeit, bevor er zum Film fand (es musste kein Blut fließen), und davon, wie *Mother's Day* in seinem Schlafzimmer Gestalt annahm, wo das Material wochenlang herumhing: »Night after night the strips of film rustled in the breeze from the open window as I lay awake listening to them, wondering how they would ever fit together, waiting for them to tell me how they would most like to be arranged in time. I had no frame of reference. During the shooting the original plan of the film had turned into something utterly different, something I did not understand but recognized was necessary.«

Thomas Korschil

46

ROBERT BEAVERS
Work Done (1972) 34 min
Ruskin (1974–75) 51 min
Amor (1980) 14 min

Die Filme von Robert Beavers halten der Epoche, die der Verführung des Rechnens-Verwertens-Funktionierens den Lorbeer flicht, die Wirklichkeit des *Geheimnisses* entgegen. Geheimnisse bleiben in sich, indem sie sich Übergriffen des Erkennens und Verfügens verwehren. All dies hat nichts mit sektenhaftem Obskurantismus, Geheimwissenschaften und vermarkteten Gegenkultur-Mirakeln zu tun. An Beavers' Werk haftet nichts »Mystisches«. Aber die Dinge in seinen Filmen – fremd, isoliert, befreit aus den Banden des sich ihrer versichernden Gebrauchs und entbunden aller üblichen Ausgelegtheit – treten rätselhaft in eine *Eigenheit,* die unser Sprechen und Sehen in Frage stellt. »Der Dichter«, sagt Rimbaud, »macht sich sehend durch lange, gewaltige *Entregelung aller Sinne.*« Bekrönt vom Meerblau künstlich verfärbten Himmels die in Schnee geschriebene Silhouette des Alpenkamms. Das aufgeschlagene Buch. Wasser, schäumend in Stille. Gebuchtet: ein Fragment aus Armen und Hüftknochen. Rot: die Schüssel mit geraubtem Tierkörpersaft. Schwarz werdend unter Einwirkung der Hitze die Schweineblut-Palatschinke: bestreut mit schneeweißem Mehl. Dinge, die sich durch Beavers' Art, sie zu filmen, ins Nie-Gesehene und Unerhörte entregeln. Nicht das »Neue« an ihrem Anblick bewegt das Sehen, sondern die Freilegung ihrer stummen, maßlosen Intensität und einer vom gewohnten Blick übersprungenen Verweisfülle.

Work Done »handelt« vom Herstellen gemachter Dinge, vom Binden eines Buchs, Pflastern einer Straße, Backen einer Blut-Omelette. Das Fertiggestellte wird in einer schweigenden Sprache des Zeigens mit dem Element, dem es sich verdankt, in Zusammenhang gebracht – der Eisblock mit Wasser des Gebirgsflusses, das florentinische Kopfsteinpflaster mit Steinpyramiden der Berggipfel, das Papier des gebundenen Buchs mit Bildern ragender oder fallender Bäume. So findet der Film zur Mög-

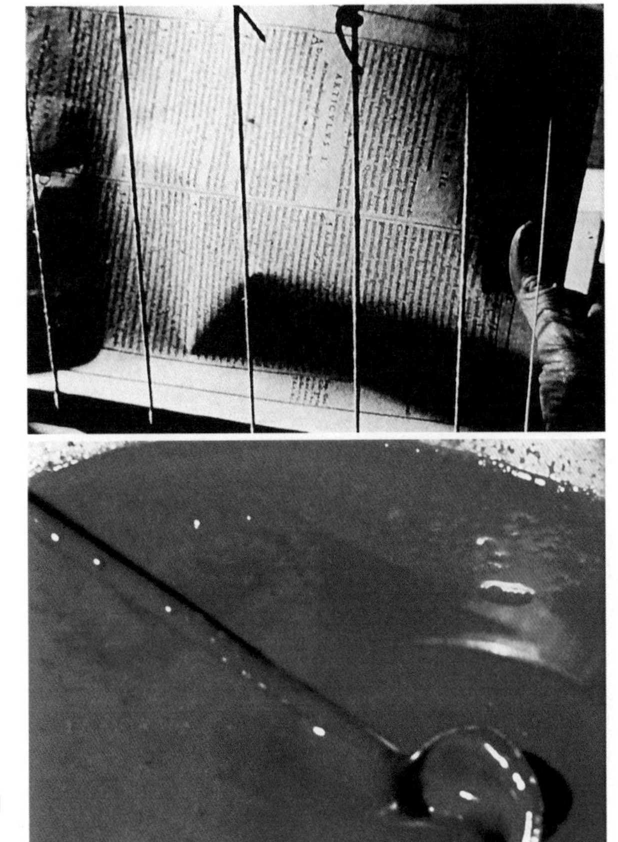

Work Done

lichkeit, *seine eigene* Präsenz und *seine* Eigenheit kund zu tun. *Work Done* »handelt« von *seinem* Fertiggestelltsein, *seiner* Gewordenheit. Sie wird sich im fernen Spiegel des Anderen selbst angesichtig.

Ruskin. Drei Orte, an denen, mit denen dem Autor von *Stones of Venice* eine freie, filmische Huldigung erbracht wird: Venedig, Portland Place in London Town und Soglio im graubündischen Bergell. Die Montage verbindet die Orte zu komplexem Reigen und fügt ein viertes Element hinzu, das in schwarzes Leder gebundene Buch, John Ruskins 1862 verfasstes *Unto this last.* Jeder Teil von *Ruskin* besteht aus einander *antwortenden* Bewegungen, aus Parts und Konterparts, Zügen und Gegenzügen, Setzungen und Erwiderungen, Gesten und *Entsprechungen*. Das Ergebnis: ein fein, intensiv, ungemein dicht gewirktes Gewebe filmischer Gesten. Ein *mobiles* Gewebe. Ein Gewebe aus Ruhe und Bewegung.

Eine mögliche Lesart von *Amor:* filmisches Atmen. Abfolge von Diastole und Systole. Innen–Außen. Dunkel–Licht. Stille–Ton. Nähe–Ferne. Sehen–Hören. Angehaltene Bewegung (Ruhe) – ausgeführte Bewegung (Dynamik). Fläche-Raum. Die Außenhaut – die Tiefe. Das Sich-Zeigen – das Sich-Verbergen. Die Hand, die mit einem Ruck aus den Buchenblättern wie aus einer Mauer gezogen wird – hervor ins Unverborgene. Die Hand, die jäh in und hinter den Stoff des aufgeknöpften Jacketts fährt – hinein ins Verborgene. Die Hand wendet sich, schnell, heftig, als würde sie um eine imaginäre Achse rollen: ein Zehntelsekunden-Halbkreis-Zucken, das den Handrücken an die Stelle des Handtellers befördert. Die physische Einschreibung der Dimension von *Tiefe, Oben* und *Unten* in den Film. Die Hand zeigt in ein Sichauftun hinein: in die

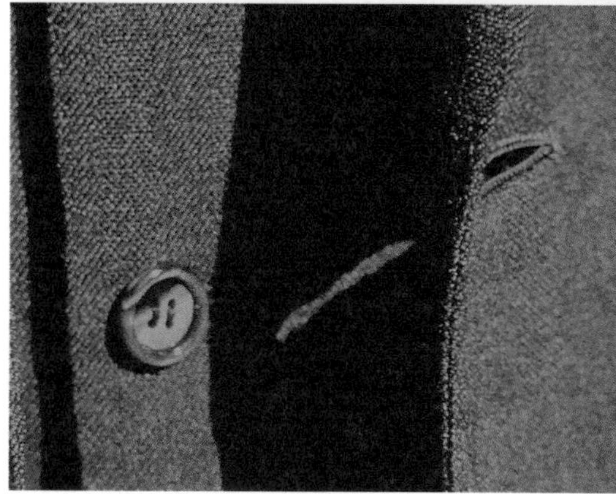

Amor

Öffnung der Laubwände des Heckentheaters im Mirabellgarten zu Salzburg, eine smaragdgrüne Straße im Fluchtlinien-Sog der Perspektive. Arm, Hand, Heckenkante: eine dreiteilige, einhellige Diagonale. Sie weist nicht nur in die Tiefe, sie *erzeugt* diese im Kaderrahmen aus ihrer eigenen Flucht von Nähe in Weite. Kein Bild in der Geschichte des Films, das ähnlich schneidend und heftig die Wolllust des Raums zum Klingen bringt, sein Geöffnetsein, seine Tiefe, in welcher die Nähe immer schon bei der Ferne angelangt ist und umgekehrt.

Nur in kurzen, seltenen, deshalb kostbaren Augenblicken bei Robert Beavers: das Ereignis eines *Klangs*. Ein Auftönen, Schon-gleich-wieder-Verklingen. Ein Ruf. Das Rauschen und Knattern von Taubenflügeln. Wind. Wasser. Ein gesungener Satz. Ein Nachhall. Flammenknistern. Das Geräusch eines fallenden Gegenstands. Davor, danach: durchdringende, maßlose, makellose *Stille*. Nie, nie ein Klang, der in naturalistisch-kausalem Konnex zum Bildgegenstand stünde, der zur Straße unnötigerweise den Lärm, zum Bach das Plätschern hinzufügte. Werke wie *Work Done* oder *Amor* stellen keine »Stummfilme« dar, die kurzfristig in *Ton*filme überführt worden sind. Denn in ihnen geraten das Hervorkommen des Tons aus der Stille und sein Verklingen darin zum machtvollen, im Wortsinn unerhörten Ereignis. Umgekehrt findet sich die Stille, die die Töne umgibt, durch diese *klingend* gemacht. Sie wird *hörbar:* plötzlich. Sie wird ungeheuer wie nur ein *Ton*-Ereignis zu werden vermag. Sie findet sich durch Beavers' Arbeiten überhaupt erst *erschaffen*. Es handelt sich um *Tonfilme der Stille*.

Der Prolog von *Work Done* wird bestimmt von Bildfolgen eines Eisblocks und einem Schild in der Tiefe des düsteren, gotischen Gewölbes, weit hinter dem weißen Monolith. Seine Aufschrift zu lesen gestattet der Film erst, nachdem er es Zug für Zug näher und ferner und dann ganz dicht ans Auge gerückt hat. Es lautet in dürrer Übersetzung: *»Werkfremden Personen ist der Eintritt strengstens untersagt.«* Die Zusammenkunft von Eis und Verbotsschild entzündet ein Moment des Sonderbaren im Film – zunächst. Hier ein Block aus Fremdheit und Glanz. Dort ein Schriftschild, Gegenstand alltäglicher Arbeitswelt. Seine Einführung in den Körper des Films erfolgt ohne Ironie. Vielmehr hat *Work Done* ein Klima in sich gekehrten Fremd*bleibens* erschaffen, das den Film in jeder Sekunde ruhig und fordernd umschließt und darin die Macht einer eigenen wortlosen Sprache jenseits der Sprache der Wörter und jenseits der bekannten Filmsprachen erfindet. Diese Sprache scheint zu sprechen: Ich bin nicht separiert von dem, was mein Sehen und Gesehenes ist. Ich habe Anteil am Eis. Wie dieses zeige ich mich, indem ich mich offenbare und zugleich im Offenbarwerden zu Teilen *verschließe*. Dies Sprechen hebt sich auf, indem es spricht. Aber es ist nicht gelöscht. Es bleibt aufgehoben. Es findet sich aufbewahrt: verwandelt in den Körper des Films wie Wasser in blockhaftes Eis. Entsprechend dieser Sprache lautet die eigentliche Lesart des Schilds wie folgt: Ihr, die ihr eintretet in *Work Done,* seid gewiss, dass ihr euch in der Fremdheit eines hermetisch geschlossenen Reichs bewegen müsst. Folgt ihr *meinem* inneren Verlauf, werden euch Wunder zuteil. Beharrt ihr, mich wie einen Film der Üblichkeit zu betrachten, bleibt der Eintritt *verwehrt*.

Ein deutliches, klares Sich-Zeigen, das in seinem Hervortreten ins Offene *zugleich* verschlossen bleibt. Das *Verborgene im Unverborgenen*. Der Film selbst: ein Austrag von Sprechen und Schweigen. Oder von *Entborgenheit* und *Verborgenheit*. Robert Beavers ist der vermutlich einzige Filmemacher der Welt, der sein Werk vom Geheimnis dieses Geschehens künden lässt.

Harry Tomicek

47

KENNETH ANGER
Eaux d'artifice (1953) 13 min
Inauguration of the Pleasure Dome (1954) 38 min
Scorpio Rising (1963) 30 min
Rabbit's Moon (1971) 16 min

Erstens: *Schwärze,* feierlich, tief, gesättigt, leuchtend. Ein Bildfundus, der die Formen der Fontänen wie Geschmeide vor dunklem Samt sich abzeichnen lässt. Zweitens: lichtgleißende, in die Lüfte springende, sprudelnde, fallende, in Kaskaden abwärts fließende, im Dunkel magisch funkelnde *Wasser*. Vom ersten Bild an macht Kenneth Anger deutlich, dass er in *Eaux d'artifice* Wasser nicht abbilden oder beschreiben, sondern *beschwören* wird. Drittens: *Blaufärbung,* die Halbschatten in die Farbe Lapislazuli und den Film in einen submarinen Ektachrome-Traum transponiert. Viertens: *Gartenarchitektur,* steil angelegt, in Dunkelheit versinkend, eine Abfolge von Terrassen, gewundenen Treppen, Grotten, Becken, Brunnen, Balustraden, Kaskaden. Sie gehört in den Gefilden der Realität der Villa d'Este in Tivoli an. Anger verwandelt sie in ein filmisches Labyrinth. Fünftens: *Musik,* Partien aus *Le quattro stagione* von Antonio Vivaldi. Sechstens, abgerückt in Totalen: die *»Person«,* gewandet in ein blumenkelchartig ausladendes, delikat wogendes Rokoko-Ballkleid, mit einem Terzett weißer, im Gegenrhythmus wogender Reiherfedern im Haar. Frau oder Mann? Gnom oder Kind? Anmut? Misswuchs? Die Ambivalenz bleibt unaufgelöst. Stachel einer Beunruhigung, welche das Schöne grotesk, das Groteske schön und beides in Ununterscheidbarkeit flirren lässt. *»Hide and seek in a night time labyrinth … until the Water Witch and the Fountain become One.«*

Den Katalogtext von 1966 zu seinem *Magic Lantern Cycle* eröffnet Anger mit einem Zitat seines Lehrmeisters, des englischen Mystiker-Okkultisten Aleister Crowley: *»The magician becomes filled with God, fed upon God, intoxicated with God. Little by little his body becomes purified by the internal lustration of God; day by day matter is replaced by Spirit, the human by the divine; ultimately the change will be complete; God manifest in the flesh will be his name.«*

Inauguration of the Pleasure Dome stellt in Form eines okkulten Maskenballs, einer Traumoper und psychedelischen Orgie das im Zitat angesprochene Angefüllt- und Vergiftetwerden menschlicher Personen mit Göttlichem dar. Wobei letzteres sich im *Plural* kommunizierender Gottheiten manifestiert, während »Vergiftetwerden« im Sinn der Intoxikation durch visionserzeugende Drogen verstanden werden darf. Den Rausch- und Verwandlungszeremonien des Films liegt Crowleys Überzeugung zugrunde, dass jede Person aus einer verborgenen *Vielzahl* opponierender göttlicher Kräfte zusammengesetzt ist und sich durch deren Beschwörung (Vergegenwärtigung, dramatische Durchwanderung) ins eigene höhere Selbst zu verwandeln vermag. Ziel der Verwandlung ist die Befreiung der Person: von den Fesseln christlich-jüdischer Moral, vom Knebel des Monotheismus. *»Do what thou wilt shall be the whole of the Law.«* Die Einsetzung des Genusses als neues Haus der Gottheit im und durch das Ritual des Films. In Angers Augen ist sie das Beschreiten des Wegs in ein neues, befreiendes Äon – das des Aquarius: inauguration of the pleasure dome.

Crowley ist allgegenwärtig in diesem Film, welcher seinen Titel vom Coleridge-Gedicht *Kubla Khan* herleitet, das sich seinerseits der Inspiration eines Opium-Traums verdankt. Die Teilnehmer des Happenings sind u. a. die

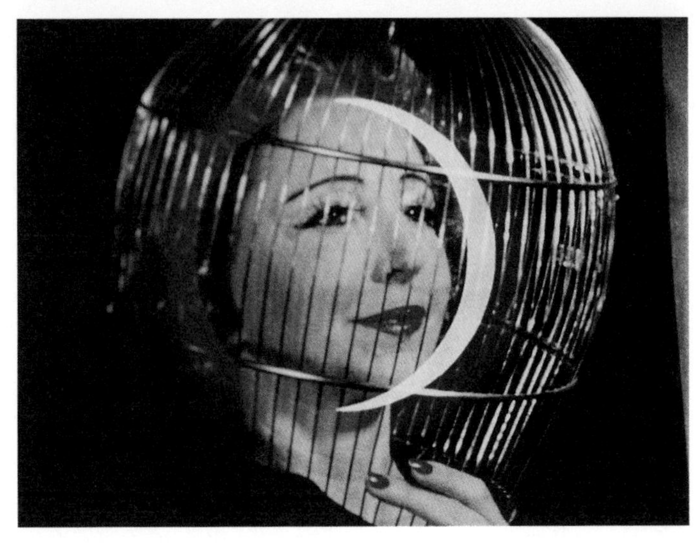

Inauguration of the Pleasure Dome

erlauchte Anaïs Nin, *writer, poet, diarist,* Filmemacher Curtis Harrington, Fantasy-Malerin Renata Loome, Miss Cameron *(»a Natural witch, artist and talisman maker«),* Kenneth Anger und – höchst aristokratisch-dekadent in der Inkarnation als Nero, Osiris, Cagliostro, Lord Shiva – Samson De Brier. Kultivierte Crowley-Initianten allesamt. Das Besondere: Sie verwandeln sich in Astarte, Cesare, Lilith, Kali, Hekate, Shiva und bleiben trotz Transformation *»breathtaking examples of ›typecasting‹«.* Anger: *»My friends were playing THEMSELVES!«*

Farbfilm in magischem Schwarz, Rot, Rot-Weiß, Weiß, Grün, Blau, Gelb und Gold. Film, in dem die Metamorphose der Mehrfachbelichtung wie Drogenrausch wirkt: Bilder in Bildern, in denen andere erblühen, in welchen weitere erscheinen. Eine Welt der Wunder, die nicht nur von Säften des Traums, sondern auch – mit diesen vermengt – vom Sirup populärer US-Kultur durchtränkt ist, was sie gelegentlich wie ein unter Meskalin gesetztes, in eine phantastische Antike verlegtes Mythen-Musical aussehen lässt. Aphrodite im pinkfarben bestrahlten Chiton inmitten von Flammen scheint aus einem DeMille-Technicolor-Film zu Anger geflohen zu sein, während *The Beast 777* sich kalifornischen Geisterbahnen und *Wizard of Oz*-Paraphrasen aus dem Jahrmarktszelt verdankt. Nieder mit den Untiefen guten Geschmacks! Großaufnahme in *Esquire*-Ästhetik: Astartes netzstrumpfgegitterter Fuß (plus durchschimmerndem Zehennagelrot), wie er im silbrigen Plüsch des Teppichs zu versinken weiß.

Der Bedeutungsreichtum diverser Gottheiten ist in *Inauguration* weder ausgeführt noch stringent als Drama abgehandelt – er ist vorausgesetzt: eine Aura, ein Nimbus, ein Nebel, in dessen Hitze und Halbdunkel die *orgia* trefflich zu gedeihen weiß. Personen in Götterkostümen zelebrieren mit hieratischen Gebärden, unerbittlicher Langsamkeit, berauschtem Ernst und grotesker, wunderlich am Rand des Komischen balancierender Feierlichkeit ein Mysterienspiel. Jede der einzelnen Gesten (der Akteure, aber auch des Films) malt ihren eigenen Abgrund und ihre eigene Wonne aus. Sie genießen sich, sind sich verfallen, begreifen sich selbst in ihrer

Bewegung und Stofflichkeit als etwas Mirakulöses, Divines, das nicht bloß vollführt, sondern zelebriert werden will.

Scorpio Rising: ein geniales Stück filmischer Montage, populärer Mythengeschichtsschreibung und Anger'scher Kunst der Gratwanderung zwischen Adoration und Ironie, Hingerissenheit und Kritik. Der Gegenstand: das Phänomen Hell's Angels oder *»The Myth of the American Motorcyclist«*, ein realer, historischer Gegenstand und einer der gesellschaftlichen Mythenbildung. *Scorpio Rising* ist Geschichtsschreibung im Vollsinn von Nietzsches Forderung, Historie habe dreieinig *archivarisch, kritisch* und *monumentalisch* zu sein. Anger, der Bekanntschaft mit einer Bikergruppe aus Brooklyn schließt, ihre Riten studiert und sie in milden Momenten als *»last romantics«* bezeichnet, durch deren Kult »Magie ins heutige Leben« gerate, archiviert Auftreten, Kleidung und Riten ihrer Mitglieder mit der dokumentierenden, spontan erkundenden Kamera eines filmenden Ethnologen. Es ist derselbe Anger, der gleich darauf sein Sujet wie ein Kino-Regisseur behandelt, seine Subjekte *fiction* spielen lässt, ihr Spiel sardonisch mit Fragmenten aus Hollywoodfilmen, Comics und anderen Fundstücken mischt und sie hohnvoller und vernichtender Kritik preisgibt. Und es ist nochmals Anger, der seine eben noch unnachgiebig beurteilten Geschöpfe fasziniert mit voyeuristisch schweifenden *pans* und *tilts* des Kameraauges liebkost, dabei wie ein Naturforscher »Wie verhalten sich diese Tiere?« fragt und als Spötter antwortet: »Phantastisch – und sehr lächerlich!« Dazu gesellt sich, dass er nicht umhin kann, sein Thema 1962 (im ersten Jahr des Wassermanns nach zwei *Age of Pisces*-Millennien jüdisch-christlicher Moral) okkult unter den Auspizien Crowley'scher Äonen zu sehen, was die Ambivalenz seines Blicks nur noch steigert. Die Motorradgangs und Scorpio, der *bad guy* des Films, stehen für ihn für eine Übergangszeit. Sie beendet das müde gewordene christliche Zeitalter des Fisches. Sie leitet ein anderes ein, in dem sich das aufrecht gehende Tier endlich befreit finden wird – das des Aquarius. Aber sie selbst ist unheilvoll, geprägt von Skorpion und Mars, Gewalt und brutaler Sinnlichkeit. Was Anger zeigt, inszeniert, montiert, sind also monumentalische Bild-Ton-Montagen einer barbarischen Epoche der Befreiung, die den Abgrund ihrer eigenen Unfreiheit und Lächerlichkeit noch mit sich trägt. Aber Anger ist angezogen vom Leder, vom Metall, den Muskeln, Maschinen, der phallischen Virilität der unter Todessymbolen und Hakenkreuzfahnen *rebels* mimenden Pseudogötter. Und er ist voll des Spotts. Er erklärt angeekelt: *»Humans idolized by IDIOTS.« »I find ridiculous the idea of anyone being the LEADER.«*

Die Montage rhythmisiert, strukturiert, kommentiert, ironisiert, kritisiert, erweitert und bricht das Gezeigte (oder Gehörte), sie ist das *»Aber«* des Films, das ihn denken lässt – unter Verwendung von dreizehn röhrenden Pop- und Rock-Songs der Ära. Es singen, schluchzen, schreien ohne Pause: Bobby Vinton, Elvis Presley, Ray Charles, Little Peggy March, Ricky Nelson, The Rondells, etc., etc. Die ursprünglich von den Songs unabhängigen Bilder dringen *durch* die Musik und *durch* die gesungenen Texte hindurch aufs Auge ein. Wir sehen also nicht Scorpio lesend auf dem Bett liegen, sondern nehmen durch Angers Augen und Presleys Song sowohl Bruce-Byron-Scorpio als auch *»You look like an angel, but you're the devil in disguise«* wahr. Und wenn die Kamera über die Jeans des sich ankleidenden »Taurus«

Scorpio Rising

innig empor zum halb offenen Hosenschlitz gleitet, während Bobby Vinton herzzerreißend *Blue Velvet* intoniert, sieht das Auge nicht nur den blonden Biker beim Ankleiden, sondern Jeansstoff als blauen Samt, die *low-key*-Beleuchtung als *»softer than satin was the light«*, den Schatten im Keller als *»bluer than velvet was the night«* und die lasziven, langsamen Gesten des T-Shirt- und Lederjackenanlegens als weich schluchzendes und abwärts sinkendes *»wou-wou-WOU«* des Chors. Chorische Funktion in einem anderen (antiken) Sinn erfüllt die Musik allemal. Sie ist nicht nur der im Rock-Beat pulsierende Zeitgeist und das Tropenklima für die Flora der Bilder, sondern deren lustvoller, parodierender, über den Text der *lyrics* hin oft punktgenau platzierter Kommentar. *»I have an IRONIC approach«*, erinnert Anger jene, die in ihm nur den Dämonischen sehen wollen. *»That's the way I look at everything.«* Was nur die halbe Wahrheit ausspricht, denn Angers ironische Annäherung ist nur *eine* seiner Blickweisen. Interessanterweise entzünden und vertiefen die Bild-Montagen auf pathetische Weise die *Wildheit der Songs*. Sie lassen, bei voller Wahrung der Pop-Banalität, deren Anteile von Leidenschaft und Lyrismus vehement im Sichtbaren aufglühen. Mindestens vier Generationen Filmemacher von Hopper über Scorsese bis Tarantino (von der

Auswertungsmaschine MTV ganz zu schweigen) haben sich von der Anger'schen Spannung zwischen Filmbildern und Pop-Songs in *Scorpio Rising* ausgiebig inspirieren lassen: der nachhaltigste Einfluss eines Autoren-»Avantgardefilms« auf Hollywoodkino und Entertainment-Industrie.

Angers Beschreibung von *Scorpio Rising: »The Power Machine seen as tribal totem, from toy to terror. Thanatos in chrome and black leather and bursting jeans.«* Als Vorspann ein Emblem, das die Worte »Puck Productions« umschließt. Auf geschwungenem Schriftband das Motto des Films, entliehen dem Diktum des Puck in Shakespeares *Sommernachtstraum*. Es spricht der Erdgeist-Kobold: *»What Fools these Mortals Be.«*

Rabbit's Moon. Ein im Licht der Bogenlampen wie Silber gleißender Zauberwald aus Studio-Birken. Auch dies ein Verweis auf *A Midsummer Night's Dream,* jene mit künstlichen *fairy woodlands* ausgestattete Max-Reinhardt-Hollywood-Version, in der es einem fünfjährigen Knaben namens Kenneth Anger einst, 1935, gestattet war, den *changeling prince* zu spielen. 1950 weilt derselbe Anger todtraurig und krisengeschüttelt in Paris und dreht, anstatt Suizid zu verüben, in Jean-Pierre Melvilles Studio einen kleinen, Fragment gebliebenen Film namens *La Lune des lapins,* den er 20 Jahre später mit einer Melange von Popsongs und afrikanisch-balinesischer Musik versehen und zu *Rabbit's Moon* überarbeiten wird. Eine Krise, sublimiert in einen Commedia dell'arte-Traum, der ein verschlüsseltes *portrait of the artist as a young man,* eine Vision der *»shining moments of my childhood«* und eine Hommage an die Magie des Mediums ist. Anger verbeugt sich vor der Prähistorie (in Form der Laterna magica), der Frühgeschichte (den *contes de fées* von Méliès) und der näheren Gegenwart des Kinos (Marcel Carnés *Les Enfants du paradis*). Ein Film mit stummer Pantomime, Kulissen und den schlichtesten Einstellungen des klassischen Kinos. Destotrotz oder darum: ein Film voll naiver und poetischer Magie. Ein Märchenfilm über die Sehnsucht nach dem *Mond,* also jenes träumerische, vulgär gesprochen unrealistische Begehren, das prinzipiell *nie, niemals* gestillt zu werden vermag. *Harry Tomicek*

Scorpio Rising

48

GREGORY J. MARKOPOULOS
Swain (1950) 20 min
Twice A Man (1963) 46 min
Ming Green (1966) 7 min
Sorrows (1969) 6 min

Irgendwann im noch so phantastischsten Kino-Spielfilm erwacht der Held, werden die Verwirrungen entwirrt, die Zeitformen geklärt, deklariert sich die Wirklichkeit und verkündet mit einem Schluckauf oder Trompetenstoß »*Hier* bin ich! *So* sehe ich aus. Und was ich war, und was so schien, war eben nur ein *scheinbares* Labyrinth.« 1959 lautet der Titel eines Romans von Alain Robbe-Grillet *Dans le labyrinthe.* Dieser Roman, ein *echtes* Labyrinth, kann nach vor oder zurück, kreuz und quer gelesen werden; gleich wie, irgendein aus seinem Irrgarten hinaus leitender Weg findet sich nicht mehr gewiesen. Nicht anders in den frühen Filmen von Gregory J. Markopoulos, die den Perspektiven, Zeit- und Realitätsebenen verwebenden Schreibstil von Robbe-Grillet, Claude Simon, Michel Butor und anderen Autoren des Nouveau Roman zum Teil um Jahre vorwegnehmen und im narrativen Film rigorose Neuerungen setzen.

Der Anfang von *Swain* ist nicht der Beginn seiner »Erzählung«. Es wäre denkbar, dass sich der Beginn in den *letzten* Bildern ereignet. Es könnte sich bei der »Geschichte« um eine *Erinnerung* des Helden handeln oder um die von ihm ausgemalte eigene *Zukunft*. Es könnte ein *Traum* sein oder ein stetes *Hin-und-Her-Fließen* zwischen Gedankenbildern des Mannes und der Frau oder zwischen dem, was man gemeinhin äußere Realität und jenem, was man innere Wirklichkeit nennt. Es *könnte* sein. Es könnte vielmehr auch *nicht* sein. Dieses *Vielleicht*, diese durchgehende *Möglichkeitsform,* macht die *Wirklichkeit* von *Swain* aus. Die montierten Bilder formen insgesamt einen Zusammenhang, der unerklärliche »Geschichten« erzählt, während das Auge unmittelbar Melancholie und eine hin und her schnellende Spannung von *Abstoßung* und *Anziehung* erfährt. Um eben diese Melancholie und Spannung kreist der zersplitterte Film.

Swain

Für *Twice A Man* gilt nämliches *in extremis:* eine Film-Erzählung, die außerhalb ihrer selbst nicht nach- oder anders erzählt oder resümiert werden kann. Sie bleibt in ihren eigenen Grenzen. Hinlänglich sicher ist nur, dass es sich bei den in spätem Sonnen- und Zwielicht aufgenommenen Straßenzügen und Parks um jene der Stadt New York handelt. Man sieht Personen, die sprechen und entnimmt ihren Mienen, dass es Wichtiges ist, was sie sagen. Viel wichtiger jedoch ist, dass der Film verwehrt zu hören, *was* sie sagen. Statt Worten ist *Stille* vernehmbar – oder Donnergrollen oder das Rauschen von Regen. Ein Film über Leidenschaft und über den Schmerz der Liebe ohne Psychologie, ohne Wenn und Aber, ohne Kleinkram und Kausalität. Nur Spuren: Nachklänge in Gesten, Nebel in Gesichtern. Eine Schrift der Indirektheit. Schwimmend. Schwankend. Wie in einem Traum: Man spürt, man *ist* in einem Raum, aber man weiß nicht, in *welchem.*

Ein Markopoulos-Verfahren, das sich in *Twice A Man* zur Vollkommenheit gebracht findet: von jedem *shot* (einer Flamme eigener Farbe und Gestalt) Funken zu den *shots* davor und danach überspringen lassen! Das Resultat: ein sämtliche Bilder heimsuchender Einzelbild-Funkenregen, bewirkend, dass jedes Bild die Bilder aus seinem Umkreis in sich trägt – in Form kurz funkelnder Spuren oder aufblitzender Spiegelungen. Als würde man einen hundertfach geschliffenen Edelstein bewegen, in dessen aufleuchtenden Facetten immer auch Heerscharen anderer Facetten mitleuchten. Ein Modell des Filmemachens, in welchem der Idee nach jedes Bild des Films sich mit jedem anderen verbindet, so, dass in ihm der *gesamte Film* als Funkenregen und prismatisches Schillern enthalten ist. Jeder einzelne Augenblick, ist Borges nicht müde geworden darzulegen, enthalte in sich unausgefaltet das *Insgesamt* aller jemals im Universum stattgefundenen Augenblicke. *»One particle of time contains trillions of imprisoned images«*, schreibt Markopoulos 1975. *»Who can dare to imagine what a single frame might contain.«*

Ming Green und *Sorrows* sind Porträts von Orten. Sie werden durch ein Gewebe von Überblendungen, Doppelbelichtungen, aufblinkenden und verlöschenden Bildern in atemberaubende *filmische* Landschaften und Räume der *Imagination* überführt. *Ming Green* ist das *zeit*-kubistische Bildnis von Markopoulos' Apartment im New Yorker Greenwich Village und entsteht im Frühjahr 1966 kurz *nach* einem Abschied und knapp *vor* einem anderen: dem Tod der Mutter, dem bevorstehenden Auszug aus der Wohnung. *Sorrows* ist ein im Jänner 1969 gedrehtes prismatisches Porträt von Richard Wagners Villa in Tribschen bei Luzern, einem fürstlichen Geschenk von Bayerns Ludwig II an den Komponisten. *Ming Green* hebt in Stille an, *Sorrows* mit Musik. In *Ming Green* setzt Musik nach einer Weile jäh ein, in *Sorrows* bricht sie ebenso jäh mitten im Film und im Takt plötzlich ab. Beides geschieht ohne Vorwarnung und steigert das Bewusstsein der schieren Existenz von Stille und Musik ins Extreme. Beide Filme beginnen in Außenräumen, um sich danach in Innenräume zu begeben, in denen die Bilder von draußen weiterzittern. Zu verschiedenen Zeitpunkten aufgenommene Teile überlagern einander, Raum-Partien – Drinnen und Draußen, ein Fenster, eine Wand, ein Detail – schieben sich ineinander. Das Ergebnis beider Durchdringungen: die ekstatische Geburt multipler Film-Zeit-Räume. Alle filmischen Akte von *Ming Green* und *Sorrows,* die Montage, der Rhythmus, die Überblendungen, die Doppelbelichtungen, sind von Markopoulos während des Drehens virtuos *in und mit der Kamera* hergestellt worden.

Harry Tomicek

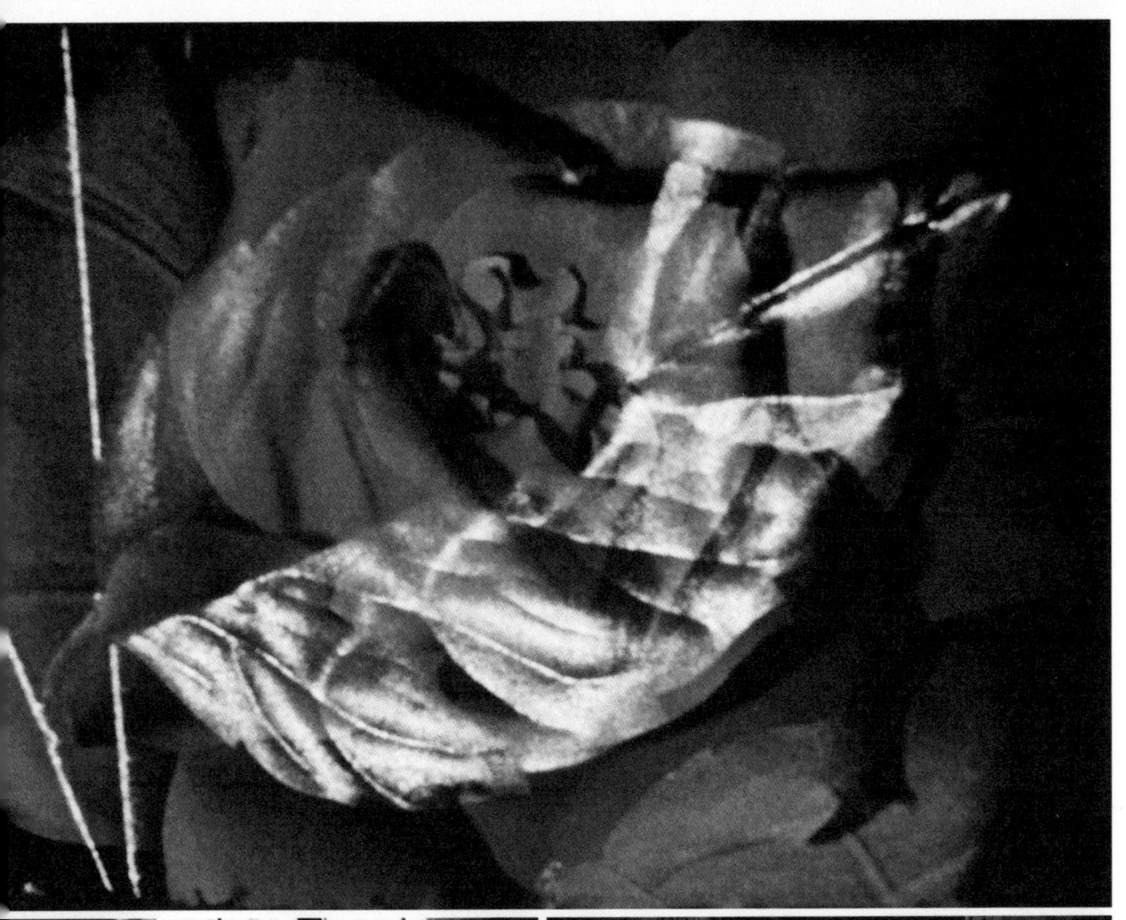

Ming Green

49

HANS RICHTER
Rhythmus 21 (1921) 4 min (16 B/Sek)
Rhythmus 23 [Fragment] (1923/24) 4 min (16 B/Sek)
Filmstudie (1926) 6 min (16 B/Sek)
Vormittagsspuk (1927) 6 min
Inflation (1928) 3 min
Rennsymphonie (1928) 8 min (16 B/Sek)
Der Zweigroschenzauber (1929) 3 min (18 B/Sek)
Alles dreht sich, alles bewegt sich (1929) 3 min
LEN LYE
A Colour Box (1933) 3 min
Rainbow Dance (1936) 4 min
Trade Tattoo (1937) 6 min
Rhythm (1957) 1 min
Free Radicals (1958) 4 min
PAUL SHARITS
N:O:T:H:I:N:G (1968) 35 min

Filmstudie

Abstrakter Film, absolutes Kino, handgemachte Filme, Material- und struktureller Film: Das Programm beschreibt eine zweite Entwicklungslinie, die das avantgardistische Kino der 1920er Jahre von Europa aus ins Nachkriegsamerika zieht – neben jener des (Post-)Surrealismus, die im Programm 45 zum Ausdruck kommt. Ursprünglich sind es Bestrebungen innerhalb der Malerei, vor allem in Deutschland, die – an die Grenzen des statischen Mediums stoßend – den Film in einer neuen Spielart zu sich selber kommen lassen.

In Berlin entwickelt Hans Richter nach dem Ersten Weltkrieg gemeinsam mit dem schwedischen Maler Viking Eggeling Rollenbilder. Die Erweiterung ihrer abstrakten Malereien um die Dimensionen Zeit und Bewegung führt die beiden konsequent zur Kinematografie. Während Eggelings einziger Film *Diagonalsymphonie* mehr einer direkten Umsetzung im Sinne einer Animation seiner zeichnerischen Arbeit gleichkommt, entdeckt Richter bei dem technisch herausfordernden Medienwechsel während jahrelanger Entwicklungsarbeit die dem Film eigenen ästhetischen Potentiale. Zu einer Zeit, als sich der Langspielfilm bereits fest als vorherrschende Form des Kinos etabliert hat, trägt seine Arbeit dazu bei, die instrumentelle Wende der modernen Kunst – die Reflexion der jeweils medienspezifischen Mittel – im Film nachzuvollziehen.

Rhythmus 21 besteht zur Gänze aus bewegten Rechtecken, die von der Form des Bildfensters abgeleitet werden und die zweidimensionale Projektionsfläche als realen Schauplatz des Films etablieren – im Gegensatz zur Leinwand als (selbst unsichtbares) Fenster auf eine realistisch abgebildete Welt. Dabei erzeugen

Trade Tattoo

die ständigen Größenveränderungen der geometrischen Figuren ihrerseits eine neue, filmische Raumwahrnehmung. Die Reduktion auf Grundelemente des Mediums, auf Schwarz und Weiß als Licht und Dunkel sowie auf Bewegung, führt zu einer Bereicherung des filmischen Vokabulars.

Mit *Filmstudie,* einem Übergangswerk, das abstrakte Formen mit Realaufnahmen mischt, und den folgenden Filmen, oftmals Auftragswerken, arbeitet Richter eine Vielzahl experimenteller Möglichkeiten von Kameraaufnahme, Montage und Kopierverfahren heraus. *Vormittagsspuk,* »ein echtes dadaistisches Dokument« (Richter), in dem die Objekte gegen die Menschen rebellieren, präsentiert ganze Szenen im Rückwärtslauf oder seitenverkehrt oder auf dem Kopf stehend. Als Lehrer und Autor beeinflusst Richter nach seiner Emigration – 1933 in die Schweiz, 1941 in die Vereinigten Staaten – Generationen von Filmschaffenden.

Len Lye, geboren in Neuseeland, ausgebildet in Australien, geht 1927 nach England, wo er mit Animationsfilmen in herkömmlicher Technik beginnt. Seine Erfindung ist der handgemachte, gänzlich ohne Kamera hergestellte Film: *A Colour Box,* so wie die anschließenden Arbeiten als Werbung für die britische Post entstanden, ist mit freier Hand und Schablonen direkt auf den Filmstreifen gemalt und gekratzt. Mit der Umgehung des fotografischen Prozesses gewinnt der abstrakte Film neue Qualitäten, durch den direkten Auftrag ein reicheres Spiel von Farben, Texturen, Schichtungen, durch die flächige, den Einzelkader sprengende Bearbeitung des Streifens visuelle Geschwindigkeit und Dichte.

In *Rainbow Dance* und *Trade Tattoo* kombiniert Lye die Oberflächenbearbeitung mit Realaufnahmen, die durch aufwändige Maskentechniken und manuelle Nachbehandlung hochgradig abstrahiert werden. *Trade Tattoo,* die üppige Synthese von Lyes verschiedenen Verfahren, montiert dokumentarisches Ausschussmaterial im Rhythmus kubanischer Tanzmusik. Der Film oszilliert ständig zwischen reinem Formenspiel und direkter Lesbarkeit, wenn die beim Kopieren partiell in satte Farben getauchten Schwarzweißaufnahmen mit den aufschablonierten Mustern verschmelzen, um alsbald wieder auseinanderzutreten.

Nach dokumentarischen Filmen für britische und amerikanische Regierungsstellen während des Zweiten Weltkriegs und weiteren Werbefilmen (*Rhythm* zeigt in Hunderten von *jump cuts* die Assemblage eines Autos, wurde ob seiner Radikalität vom Auftraggeber Chrysler jedoch abgelehnt) findet Lye in den USA erst in den späten Fünfzigerjahren zu einer völlig autonomen künstlerischen Praxis. Mit seinen letzten Werken kehrt er zum handgemachten Film zurück und reduziert die Mittel drastisch. *Free Radicals* besteht allein aus in Schwarzfilm gekratzten Linien und abstrakten Figuren. Die Wirkung, der Reichtum visueller kinetischer Phänomene, unterstützt von einer ebenso zurückgenommenen Musik, verhält sich umgekehrt proportional zur Kargheit des Materials.

Der abstrakte Film und seine Spielarten: immer neue Anfänge wie aus dem Nichts – die weiße Leinwand, der leere, durchsichtige Filmstreifen. Komplexität baut sich auf, um erneut reduziert zu werden, Klärungsprozess, Tabula rasa. Auch Paul Sharits rührt in seinen aus Einzelkadern komponierten Flicker-Filmen an die elementaren Grundlagen des Kinos. Ausgehend von seinen Erfahrungen im Umfeld der konzeptuellen, kunst-ironischen New Yorker Fluxus-Bewegung entledigt er sich sukzessive der gegenständlichen Bilder – und damit der Prozesse des Bedeutens –, um die vibrierende Energie des Lichts als eigentlichen »Kinostoff «zu entfesseln. Sharits attackiert die »retinale Leinwand« der Zuseher/innen physisch, um das innere Auge, Gehirn- und Bewusstseinsströme direkt zu stimulieren.

Free Radicals

In *N:O:T:H:I:N:G* wird das zum Teil nach einem tibetanischen Mandala strukturierte Farbflickern durch scheinbar banale Abbildungsreste unterbrochen (eine »blutende« Glühbirne, ein fallender Stuhl), die eine verstörende Wirkung entfalten, nicht zuletzt durch ihre »Bedeutungslosigkeit«, den Entzug zeichenhaften Bedeutens. Sharits: »The film will strip away anything [that stands] in the way of the film being its own reality, anything which would prevent the viewer from entering new levels of awareness. The theme of the work is to deal with the non-understandable, the impossible, in a tightly and precisely structured way. The film will not ›mean‹ something – it will ›mean‹, in a very concrete way, nothing.«

Thomas Korschil

JONAS MEKAS
Zefiro Torna or Scenes From the Life of George Maciunas (1992) 36 min
The Brig (1964) 66 min

Ein später und ein früher Film von Jonas Mekas: das fragmentarische Porträt eines verstorbenen Künstler-Freundes, posthum zusammengesetzt aus unzähligen Fundstücken aus Mekas' eigenem Archiv, und die film-dokumentarische Aneignung eines politisch intendierten Theaterstücks.

In seiner litauischen Heimat war Mekas schon früh als Dichter anerkannt. 1944 verschleppen ihn die nazistischen Besatzer zur Zwangsarbeit nach Deutschland. 1949 kommt er nach New York und beginnt wenige Wochen später mit ersten Filmversuchen und damit, die neue Umgebung aufzuzeichnen. Jahrzehnte werden vergehen, ehe das Gefilmte zu einer für ihn gültigen Form findet, bis Mekas klar wird, was er vom Film will und was der Film von ihm. Ab Mitte der 1950er wird er zunächst als Autor, Mentor und Organisator zu einer der zentralen Figuren des erwachenden New American Cinema. Angesichts widriger Umstände für den neuen Film sieht Mekas sich in die Rolle des Vorkämpfers gedrängt: »I had to take a sword and become a self-appointed minister of defense and propaganda of the New Cinema.« Das eigene Filmwerk entwickelt sich daneben langsam, aber stetig und durchläuft größere Transformationen. Mekas beginnt mit dem Schreiben von Filmen, er orientiert sich am unabhängigen Spielfilm und realisiert selber einen (*Guns of the Trees*, 1961). *The Brig* ist ein Werk des Übergangs, dessen Vorlage, ein Theaterstück, nicht von Mekas stammt. Er wird hier vom Autor/Regisseur zum Filmer, der das zentrale Instrument, die Kamera, selbst handhabt, sie sich geradezu einverleibt, um damit direkt *in* und *auf* Film zu schreiben.

Kenneth Browns antimilitaristisches Stück *The Brig* zeigt den Tagesablauf in einem Straflager des US-Marine-Corps im Japan der 1950er Jahre, den Sadismus der Wärter und das Parieren der (amerikanischen) Häftlinge. Die Inszenierung des Living Theatre gilt als Meilenstein eines neuen, »subkulturellen« Theaters; die Aufführung erscheint als dokumentarische Performance, die mehr durch die Rhythmen gebellter Befehle und soldatisches Aufstampfen als durch Handlung geprägt ist. Hauptelement der Kommunikation ist das beständige Um-Erlaubnis-fragen-Müssen der zu Nummern degradierten Gefangenen, wenn sie für alltägliche Verrichtungen aus ihrem Käfig gescheucht werden (»Sir, prisoner nr. X requires permission to cross the white line, Sir!«). Als Folge dieser Produktion verlor das Living Theatre (nicht zum ersten Mal) seine Spielstätte und emigrierte – nach vorübergehender Festnahme seiner Leiter, die aus Protest gegen das US-Engagement in Vietnam ihre Steuern zurückhielten – nach Europa.

Mekas filmt das Stück mit Handkamera, im Stil des Cinéma vérité; zumeist steht er auf der Bühne, zwischen den Darstellern, auf die er unmittelbar reagiert. Mekas' eigene Beschreibung der Kameraarbeit gibt das Programm für seine weiteren Filme vor: »The camera movements are reflections of the body movements; the body movements are reflections of the emotional and thought movements – which, in turn, are caused by what came in through the eye.« Die ursprünglich starke emotionale und politische Wirkung des Stücks (wie des Films) ist heute schwer nachvollziehbar. Mit Blick auf die Eskalation des Vietnamkriegs meinte Mekas selbst schon bald: »During the last five years we have become so involved in senseless violence that something like *The Brig* seems just another play, no matter how you perform it.« Um einem Publikum in einer solchen Situation noch irgendwie »Realität« zu vermitteln und es zu mobilisieren, bliebe, so Mekas, nichts anderes übrig, als es physisch zu attackieren und gelegentlich eine echte Kugel in den Saal zu feuern.

Bekanntlich radikalisierte Mekas sich nicht in diese Richtung. Geprägt durch unmittelbar erlebte Grausamkeit und Unmenschlichkeit während des Zweiten Weltkrieges (»before my eyes the heads of children were smashed«), die Erfahrung des Untergangs (s)einer Welt, setzt er, Jahre später, auf die erneuernde Kraft einer Kunst, die beim Individuum ansetzt und sich als Lebenspraxis versteht. Während der 1960er Jahre erkennt Mekas, dass sein eigentliches Werk nicht die Spielfilme sind, zu denen er aus Zeit- und Geldmangel nicht mehr kommt, sondern das filmische Tagebuch, das er seit Beginn seiner Zeit in den USA geführt hat. Mitgerissen durch das Aufblühen des Avantgardefilms in den frühen 1960ern, der als *Underground Film* zu einer Bewegung mit eigenem sozialen Umfeld wird, fügt er das ohne bewusste Absicht angehäufte Material nachträglich zu großen autobiografischen Erzählungen zusammen: »I had to collect myself again, bit by bit.«

Zefiro Torna or Scenes From the Life of George Maciunas

Mit *Zefiro Torna* setzt Mekas einem seiner vielen Mitstreiter in der Neuen Welt, dem ebenfalls aus Litauen emigrierten George Maciunas, Mitbegründer der Fluxus-Bewegung, ein kleines Denkmal. Fragmentarisch wie alles bei Mekas, ist es die Chronik eines angekündigten Todes. Während die Bilder, nach einem Prolog (1952), vom bewegten Leben während der 1970er Jahre erzählen, Einblicke geben in das Treiben einer Gemeinschaft von Kunstschaffenden in New York, liest Mekas aus seinen Tagebucheintragungen über das letzte, durch Krankheit geprägte Lebensjahr von Maciunas. Ob solche privaten Filme nicht apolitisch seien? Mekas: »Our home movies are manifestoes of the politics of truth and beauty, beauty and truth. Our films will help to sustain man, spiritually, like bread does, like rain does, like rivers, like mountains, like sun. Come come, you people, and look at us; we mean no harm. So spake little home movies.«

Thomas Korschil

Anticipation of the Night

STAN BRAKHAGE
Loving (1956) 4 min
Anticipation of the Night (1958) 40 min
Window Water Baby Moving (1959) 13 min
The Dead (1960) 10 min
Fire of Waters (1965) 6 min
Love Making 1–4 (1968) 36 min

Seine Filme hat Stan Brakhage bis in die 80er Jahre hinein tatsächlich signiert, als wären sie Einzelstücke: Der über die Leinwand zuckende Schriftzug »By Brakhage«, vom Filmemacher selbst manuell, Kader für Kader in den Film gekratzt, wurde in den Sechzigern des vergangenen Jahrhunderts, der großen Zeit des New American Cinema, zu einem Leitmotiv, zu einer Kunstmarke und Qualitätsgarantie. Zu einem Signal des unbedingten Individualismus.

Als James Stanley Brakhage im März 2003 70jährig starb, hinterließ er ein nahezu unüberblickbares Lebenswerk, Produktionen aus 51 Jahren unaufhörlicher Arbeit. Man wird, unterwegs durch diese Filme, das Gefühl, Brakhage habe nicht nur *mit* seinem Kino, sondern vor allem *durch* sein Kino gelebt, nicht mehr los. Das frühe Underground-Psychodrama *Anticipation Of The Night* macht dies deutlich: Brakhage konstruiert seine Arbeit als filmische Ich-Erzählung, die eine Schattenfigur auf die Reise durch eine Welt kindlichen Staunens und albträumerischen Schreckens schickt – der Desillusionierung entgegen, auf das Ende der Adoleszenz zu. *Anticipation Of The Night,* eine auch farblich subtile Komposition lyrischer Nacht- und Naturbilder, endet – in der Dämmerung des neuen Tages – mit dem symbolischen Suizid des Protagonisten. (Der Legende zufolge habe sich Brakhage während der Dreharbeiten zur Schlussszene um ein Haar selbst erhängt – im Rahmen eines Unfalls, dessen »Zufälligkeit« der psychoanalytisch geschulte Filmemacher stets in Abrede gestellt hat.)

Das dringende Interesse am Physischen, das bis zu Brakhages gespenstisch sachlichem Autopsiefilm *The Act of Seeing With One's Own Eyes* reicht, erfüllt auch das avancierte Home-Movie *Window Water Baby Moving,* ein bewegtes Familienbild um den Filmemacher, seine junge Frau Jane und die Geburt ihres ersten gemeinsamen Kindes. Brakhage nimmt, nicht nur hier, das eigene Leben als filmisches Rohmaterial an: *Window Water Baby Moving,*

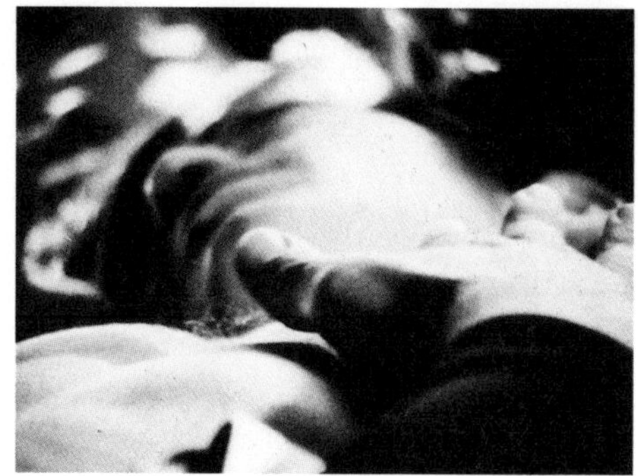

Love Making 1–4

in den warmen Farben eines sonnendurchfluteten Zimmers gehalten, dreht sich um Licht und Körper, um das Glitzern des Wassers in der Wanne und im Nabel der Hochschwangeren, um Spiegelungen, tanzendes Licht. Man sieht: ein paar Küsse, intime Berührungen, eine kurze Schwarzphase; ein Körper im Halbschlaf, die Textur der Haut der Frau; die Wölbung ihres Bauches, die Leinwand füllend, bis das Baby im Körperinnern sich unsanft rührt: Szenen eines Kinos der Emphase, der Erotik des Kreatürlichen. Dabei verzichtet *Window Water Baby Moving* keineswegs darauf, an ein paar Tabus (jedenfalls: an die sittlichen Schranken der späten fünfziger Jahre) zu rühren – und etwa die Details des Geburtsvorgangs zu konkretisieren. Brakhage zeigt Schwellungen, Blut, Wasser, Fleisch, den greifbaren Schmerz im Gesicht seiner Frau, die drängende Bewegung des Babys in die Welt hinein. Nach der Geburt werden die Bilder der Kamera zittrig, verwackelt, unscharf, wird der sich lösende Druck auf den Filmemacher unmittelbar übersetzt. Ein »Sakrileg« nannte Maya Deren diesen Film, weil er ein »Mysterium« enttarnt habe, das den Frauen vorbehalten bleiben sollte.

Den Rahmen dieses Programms, zeitlich und motivisch, stellt die Liebe her: *Loving* ist das Porträt der Intimität eines Paares – der Künstlerin Carolee Schneemann und des Komponisten James Tenney – im Gras, geschossen mit beweglicher Kamera, fixiert in assoziativer Montage. Expliziter verfährt Brakhage in der vierteiligen Arbeit *Love Making,* einer der sexuellen Meditationen des Filmemachers. Er selbst bezeichnete *Love Making* als »die Antwort der Liebe auf die filmische Pornografie«. Der Tod kann neben der Liebe als der zweite thematische Fixpunkt in Brakhages Schaffen gelten: Das enorme Gewicht der Vergangenheit, das auf Europa laste, habe seinen Film *The Dead* geprägt. Er habe sich in Europa stets als Tourist gefühlt, so Brakhage, hätte in der Alten Welt nie leben können. So habe der Pariser Friedhof Père Lachaise für seine Auseinandersetzung mit dem Symbolismus stehen können, von dem er sich erst mit diesem Film zu lösen vermochte. *The Dead* offeriert heftig bearbeitete und mehrfach belichtete Paris-Impressionen, setzt den städtischen Alltag an der Seine gegen die innere Schattenwelt eines morbide gestimmten Filmemachers. *Stefan Grissemann*

GREGORY J. MARKOPOULOS
The Illiac Passion [Fragment] (1964–67) 32 min
Galaxie (1966) 82 min

»Auf buntgewirkter Schönheit, wenn man sterblich ist, / zu schreiten – mir wär's niemals möglich ohne Furcht.« (Aischylos, Agamemnon 923-4)

The Illiac Passion: eine kurze, unter der Bezeichnung »Fragment« laufende Version jenes über Jahrzehnte hinweg leidenschaftlich geplanten, ursprünglich vierstündigen und später auf neunzig Minuten reduzierten *opus magnum,* in dem Gregory J. Markopoulos den Mythos des Menschen-Erschaffers Prometheus in die phantastisch anmutende Gegenwart New Yorks versetzt. Prometheus (Richard Beauvais) trägt Jackett und Gilet. Er lehnt, statt geschmiedet an die Felsen des Kaukasus, brütend an einem Baumstamm inmitten lichter, frühlingsgrüner Wälder New Englands. Der Adler, der seine Leber Tag um Tag zerhackt, findet sich mit klagendem Zirpen auf die Tonspur verbannt, die Funktion des Chors übernimmt die Skyline Manhattans, und Poseidon, ausgestattet mit den milchweißen Zügen Andy Warhols, reitet im Sattel eines wie blödsinnig wippenden *Exercycle* statt auf Delfinen oder Meereswogen. Aber Markopoulos' Film ist kein Pop-Pastiche, sondern eine pathetisch wilde, verwilderte und hemmungslos ausufernde Vision, angereichert mit einem guten Dutzend weiterer mäandernder Mythen, die durch *The Illiac Passion* wetterleuchten, opalisierend zwischen Kitsch und Genie und allesamt *»molecules of the protagonist«:* Phantasmen jenes an den Baumstamm gelehnten, von den eigenen Imaginationen überwältigten Prometheus-Beau und Alter ego des Filmemachers.

Von der New Yorker Kunstszene der *Sixties,* deren Geschöpfe er zu seinen Akteuren macht (Jack Smith verkörpert Orpheus, Gerard Malanga Ganymed, Taylor Mead einen grimassierend umherschwirrenden Kobold-Dämon) ist Markopoulos trotz aller Gleichzeitigkeit so weit entfernt wie Attika vom Mond. Der Film ist erfüllt von schmerzvoller Melancholie und kämpft in jedem Augenblick mit den Waffen der Schönheit dagegen an. Eine Geste von Prometheus geht in einen Blick Persephones über, in eine Pose Narkissos', eine Drehung Aphrodites, den Gang eines blonden Mädchens eine Mauer entlang, die Verzweiflung eines alten Mannes auf verschneiter Terrasse, ins Erklimmen einer Feuerleiter. Kalt flammende Montage-Gewitter aus Farbe, Form, Zeit und Gegensatz. Zooms als Mittel des onirischen Hin-oder-Weggleitens im Raum. Oder als zuckender, visueller Koitus, teils siegreich, teils prätentiös. Cluster aus Gebärden. Akkorde aus Akteuren. Und eine Komposition sublimer, unentwegt aufeinander reagierender Farbkontraste. *»Colour is Eros«,* verkündet Markopoulos. Modernste filmische Form, gepaart mit einer ästhetischen Tugend, die sich emphatisch zum Zeitalter Parmigianinos und Pontormos hingezogen fühlt, zu den Gemälden der *Pre-Raphaelite Brotherhood,* der hellenistischen Plastik, der Fotografie Julia Margaret Camerons, den Umrissen Ingres', Farben Monets, Perspektiven Tintorettos. Was Markopoulos unter Verächtern zum Schmock, unter Verehrern zum *maestro,* unter Unvoreingenommenen zum Schillerndsten aller großen Künstler des US-Avantgardekinos macht. Für seine Filmbilder gelten Ideale aus einer fernen, anderen Welt, Eigenschaften, die ausnahmslos der Epoche des europäischen Manierismus zugehören. In Begriffe gefasst: *bellezza, disegno, invenzione, maestà, morbidezza,* *chiaroscuro, colorito, grazia, ingenio, fantasia, rilievo, dolcezza, prontezza, misura, oscurità.*

Galaxie: das makelloseste Werk von Gregory J. Markopoulos. Der Filmemacher am Zenith. Ein philosophischer Film und ein Werk für Wissbegierige, Neugierige, Sich-dem-Staunen-Öffnende, die Genuss daran finden, mit offenen Augen zu denken. Dreißig Drei-Minuten-Porträts von Künstlern und Freunden, gefilmt 1966 in New York City mit einer Bolex Reflex Camera, die den Bildern auf 16mm die Qualität von 35mm-Filmen verleiht. In jedem Aspekt das Werk eines autarken Autors. Beschränkung auf den Kosmos des Gesichts. Nur Augenblicke lang aufblitzend: ein Fuß, eine Hand, ein Detail, ein die Person charakterisierender oder ihr wichtiger Gegenstand. Ein *face & shoulder film.* Die Porträtierten sind Filmemacher (Jonas Mekas, Jerome Hill, Charles Boultenhouse, Tom Chomont, Shirley Clarke, Ed Emshwiller, Mike und George Kuchar), Schriftsteller und Dichter (W.H. Auden, Susan Sontag, Allen Ginsberg, Peter Orlovsky, Storm De Hirsch, Gregory Battcock, Robert C. Scull), Maler, Bildhauer, bildende Künstler (Jasper Johns, Harry Koursaros, Jan Cremer, Alfonso Ossorio, Maurice Sendak, Paul Thek, Gordon Herzig), Komponisten (Ben Weber, Gian Carlo Menotti), Filmkritiker (Parker Tyler), Wissenschaftler (Eric Hall, Robert Ossorio), Herausgeberinnen (Frances Steloff), Schauspielerinnen, Performerinnen und Tänzer (Louise Grady, Amy Taubin, Erick Hawkins), Galeristen (Donald Droll), Psychoanalytiker (Hendrik M. Ruitenbeek).

Menschen, unbewegt verharrend in der Isolation dunkler Innenräume. Keine Straßen. Keine Natur. Kein New York. Keine Gesellschaft. Keine so genannte Realität. Stumm sitzende Personen. Sie haben die Augen geschlossen. Sie schauen in die Kamera – oder ins Leere – oder in sich. Einzige Bewegung: ein Neigen des Kopfs, Wenden des Blicks. *Still lives.* Es sprechen einzig die pure Präsenz und die in Gesichtern verschlossenen Spuren der Daseinsgeschichte. *Galaxie* ist erfüllt von machtvoller, Furcht und Ehrfurcht einflößender Einsamkeit, die fundamentaler und prinzipieller ist als jene in Liedern, Romanen oder Filmen besungene Einsamkeit der *lonely people.* Diese Gestimmtheit rückt dreißig Porträts in die Nähe *eines* Gemäldes – des ungeheuerlichsten Porträts der Malerei: Innozenz X, gemalt von Diego Velázquez, eine vor Vitalität, Grimm und Macht vibrierende, fast schnaubende Person und ein einsamer, in der Einzelhaft seiner Existenz erstarrter Sterblicher. Einsamkeit ist hier essentiell und zugleich eine Würde, die Markopoulos an den Porträtierten zum Vorschein bringt – oder ihnen für drei Minuten verleiht. Sie ist weiters der Raum einer Rückkehr, die Basis eines Aufbruchs. *»Ich bin der Welt abhanden gekommen.«* Doch ich bin bei mir. Drei Minuten schweigendes Leben, das jedem Porträtierten gewährt ist – unerbittlich *bemessen.* Dann das Ende, rätselhaft eingeleitet durch Glockenschläge. Ein Film über *Endlichkeit.*

Markopoulos' Blick ist weder kalt noch vertraulich, sondern sorgfältig, streng, forschend, distanziert, ruhig – und leidenschaftlich *ernst.* *Galaxie* ist die Begegnung verschiedener Personen mit einem Filmemacher, der *gravity* besitzt, etwas Dunkles, Schweres, Gewichtiges in der Art der Patriarchen auf byzantinischen Mosaiken, mit denen man nicht ungestraft zu scherzen versucht. Er arbeitet mit strikt limitiertem Material: dem Filmstreifen von hundert Fuß Länge, den er *wiederholte Male* belichtet. Das Ergebnis der vielen Belichtungen des nämlichen Filmstreifens: ein Kopf, aus dem zeitweilig vier oder fünf Augenpaare blicken, eine

The Illiac Passion

Nase nach links ragt, eine andere nach rechts, ein Mund in einem andern oder unter einem Ohr erscheint, eine Wange im Kinn verlöscht, Blüten flackern und Fotografien blitzen. Die solcherweise entstehenden, zu einem Katarakt aus *beats* und *off beats* gefügten Metamorphosen sind sowohl räumlicher als zeitlicher Natur. Dasselbe Gesicht von *hier* und *dort* gefilmt, aber auch *jetzt, danach, eine Minute später, eine Stunde zuvor.* Mit seinem Reigen an Überblendungen und Mehrfachbelichtungen erfüllt *Galaxie* auf vielfältigste Weise die Angst-Wünsche Hamlets: *»O, that this too too solid flesh would melt, / Thaw and resolve itself into a dew.«* Zerfließendes, in Raum und Zeit fließendes Fleisch: tauend, schmelzend, anwachsend zu neuen Gesichtszügen, neuen Formen, die die alten in ein sonderbares, Staunen machendes *anderes* Licht rücken. Die Inauguration einer phantastischen Physiognomie.

Harry Tomicek

53

JORIS IVENS & MANNUS FRANKEN
Branding (1929) 22 min (24 B/Sek)

RICHARD LEACOCK
A Stravinsky Portrait (1966) 57 min

PETER HUTTON
Images of Asian Music (1973–74) 27 min

Drei Generationen von Filmemachern; drei Zugangsweisen zum dokumentarischen Kino, das sich hier als Fiktion, als Reportage und als Tagebuchfilm manifestiert.

Die frühen Filme von Joris Ivens sind von der Avantgarde der 1920er Jahre und deren Streben nach einem »absoluten Film« beeinflusst. An das meist autodidaktische Experimentieren der Maler-Filmer schließt der gelernte Techniker Ivens mit der gezielten Ausformulierung neuer Kamera- und Schnitttechniken an. Eine eigene, aus dem Medium heraus entwickelte Sprache soll das Kino zum Instrument einer visuellen Erforschung der modernen Welt werden lassen. Mit den formalen Bewegungsstudien *De Brug (Die Brücke*, 1928) und *Regen* (1929) erzielt Ivens schnell internationale Erfolge, sein dazwischen entstandener einziger Spielfilm *Branding* findet damals jedoch kaum Beachtung. Die Brandung der Nordsee bildet den atmosphärischen und erzählerischen Rahmen für dieses stumme Liebesdrama, in dem Ivens – in Kooperation mit dem Autor Mannus Franken – das technische Experiment und die Arbeit mit Laiendarsteller/innen zu verbinden sucht. Ein junger Fischer verliert die Arbeit und dadurch zusehends die Grundlagen seiner Existenz. Zuletzt sieht er sich genötigt, seinen Verlobungsring zu verpfänden und verliert auch die Geliebte an den Pfandleiher.

Bemerkenswert ist die dokumentarische Darstellung des kleinen niederländischen Küstenorts und seiner Bewohner/innen in kurzen Alltagsszenen, vor allem aber Ivens' dynamische Handkamera, die meist nah an den Personen ist, Räume oft in subjektiver Sicht durchmisst und ungewöhnliche Perspektiven einnimmt. Als der tragische Held, watend im stürmischen Meer, sich am Ende fragt, ob er aufgeben oder weiterkämpfen soll, mündet eine dramatische Parallelmontage in eine lange Doppelbelichtung, in der die solcherart alles umspülende Brandung sich nicht als Endstation, sondern als Ausweg erweist. Das soziale Thema verweist auf Ivens' spätere Karriere: Bald schon beschäftigt sich der überzeugte Sozialist direkter mit Menschen in Arbeitszusammenhängen sowie mit politischen Krisen rund um den Globus und dreht während der folgenden fast 60 Jahre nahezu ebenso viele engagierte, oft propagandistische Dokumentarfilme, viele davon in kommunistisch regierten Ländern.

Der aus England stammende Richard Leacock erlernte das Filmhandwerk u. a. an der Seite des Dokumentarfilmpioniers Robert Flaherty und gilt als Mitbegründer des Direct Cinema, der nordamerikanischen Variante eines um 1960 entstehenden neuen realistischen Kinos. Voraussetzung für einen direkteren Zugang zur Wirklichkeit war die Entwicklung kleiner, leichtgewichtiger Tonaufnahmegeräte, die erstmals ein wirklich mobiles Filmen mit Synchronton ermöglichten.

A Stravinsky Portrait, entstanden für den Norddeutschen Rundfunk wenige Jahre vor dem Tod des Komponisten, ist nicht so sehr ein Film *über* als *mit* Igor Strawinsky. Der 84jährige ist als Dirigent bei Orchesterproben und Einspielungen eigener Werke in Hamburg zu sehen, den Hauptteil macht jedoch eine Vielzahl unterschiedlicher Gesprächskonstellationen mit Freunden und Kollegen im Haus der Strawinskys in Beverly Hills aus. Strawinsky

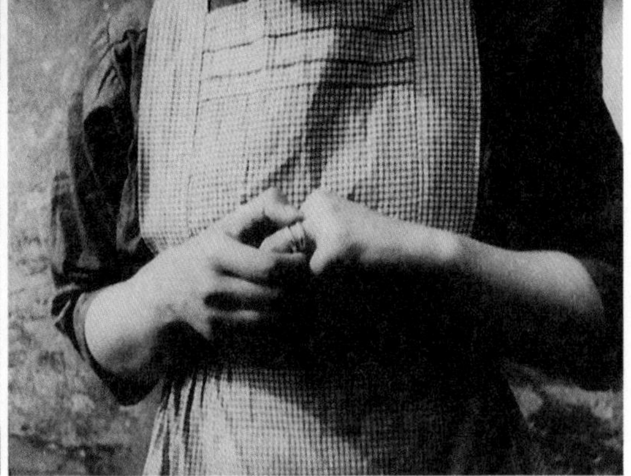

Branding

erscheint als lebendiger, humorvoller und hellsichtiger Zeitgenosse, der zurückhaltend, aber bestimmt auftritt und sein Gegenüber auch einmal wissen lässt, dass er jetzt lieber komponieren als zur Kamera sprechen würde. Weit davon entfernt, nur zu beobachten, hat Leacock, der sich immer ganz nah an seinem Sujet befindet, ohne dabei je aufdringlich zu wirken, einen Großteil der Gespräche für den Film initiiert. Gleichsam als Moderator fungiert der Komponist und Opernintendant Rolf Liebermann, zugleich Co-Autor und Produzent, so dass der Film ohne eigentliches Interview auskommt.

Beabsichtigt ist nicht das Unmögliche eines umfassenden Überblicks über Leben und 60jähriges Schaffen eines großen Komponisten; wie schon der unbestimmte Artikel im Titel anzeigt, ist es *ein*, notwendig skizzenhaftes Porträt. Die unterhaltsamen, zum Teil tiefsinnigen Plaudereien (»The creative process?« – Strawinsky bezweifelt, dass es so etwas überhaupt gibt, er kenne nur die Lust am Komponieren) ergeben ein eindrückliches Bild vom Hier und Jetzt: dieser Mann zu dieser Zeit an diesen Orten. Artefakte an den Wänden (ein Strawinsky-Porträt Picassos; überraschende Wagner-Bildnisse im Komponierzimmer), das Anspielen lange zurück liegender, weltberühmter Kompositionen am Piano oder auch der Sprachenmix lassen die reiche Biografie anklingen, z. B. wenn Strawinsky im hauptsächlich englischsprachigen Film plötzlich das Idiom wechselt und ein sarkastisches »very hübsch« oder ein selbstironisches »I am not so lucky, I am böse« ausstößt.

Peter Hutton macht nach eigenen Angaben »Tagebuchfilme, die nicht autobiografisch sind« – paradox wie manches an einem Werk, das nach gängigen Kategorien (des avantgardistischen oder dokumentarischen Kinos) nicht leicht einzuordnen ist. Auf Reisen und an seinen US-amerikanischen Wohnorten entstehen stumme, fast ausschließlich in Schwarzweiß gefilmte Porträts von Städten und Landschaften.

Huttons reduziertes Handwerk erinnert ebenso an die frühen Filmpioniere wie seine Faszination für die einzelne, lange Einstellung, die in der Montage meist für sich steht und oft durch Schwarzfilm isoliert wird. Diesem historischen Fotorealismus und dem ihm eingeschriebenen Staunen über die Reproduzierbarkeit von Weltbildern arbeitet immer die Abstraktion entgegen: durch den Entzug von Farbe, Ton, oft auch von Bewegung und Ereignis im Sinne des Spektakulären, vordergründig Bildwürdigen. Hutton interessiert sich für Subtiles, Ungreifbares, nicht sogleich Sichtbares wie für Stimmungen des Lichts oder des Wetters, Veränderungen im Bild, die sich erst in der Betrachtung entfalten.

Das Material zu *Images of Asian Music* entstand, als Hutton in Thailand lebte und auf einem Handelsschiff arbeitete. Zu sehen ist Alltägliches – die Gesichter der Seeleute, das Meer, ein Sturm, ein Feuerwerk, Landschaften etc. –, dem Hutton filmisch das Besondere entlocken, wofür er einen neuen Blick ermöglichen möchte: »For the most part people don't allow themselves the time or the circumstances to get into a relationship with the world that provides freedom to actually look at things. There's always an overriding design or mission behind their negotiation with life.« Insofern ist der Film auch bei Hutton vermittelnde Instanz, wenngleich weniger von vermeintlich direkt lesbaren Bildinformationen als durch seine Aufforderung, die Bedingungen eigener Sichtweisen aufs Neue zu hinterfragen.

Thomas Korschil

KARL VALENTIN

Im Photoatelier (1932) 28 min. Mit Liesl Karlstadt

Theaterbesuch (1934) 24 min. Mit Liesl Karlstadt

Der Zithervirtuose (1934) 9 min. Mit Adolf Grondell

GEORGE KUCHAR

Hold Me While I'm Naked (1966) 15 min

Eclipse of the Sun Virgin (1967) 12 min

Wild Night in El Reno (1977) 6 min

Der Zithervirtuose

In den Amateurproduktionen der 1942 geborenen New Yorker Zwillingsbrüder George und Mike Kuchar werden Hollywoods Melodramen- und Ausstattungstechniken ebenso systematisch untergraben wie die Sixties-Avantgardeszene selbst. »Camp« ist die gängige Bezeichnung für den bizarren Witz ihrer Kino-Collagen. (Während sein Bruder Mike um 1970 als Filmemacher das Handtuch geworfen hat, dreht George Kuchar seit Mitte der achtziger Jahre unaufhörlich kurze bis mittellange Videoarbeiten, One-Man-Low-Tech-Produktionen.) Im leider selten bearbeiteten Subgenre des Duschfilms kommt (neben Hitchcocks *Psycho*) George Kuchars *Hold Me While I'm Naked* eine Schlüsselposition zu. Das Werk listet die psychologisch-ästhetischen Möglichkeiten ungehemmter Badezimmerwasserspiele auf, zeigt, wie fern das einsame Duschen dem Liebesspiel-Duschen sein kann und wie sirkianisch bunt sich freudianische Tristesse umsetzen lässt. *Hold Me While I'm Naked* ist autobiografisch und selbstreflexiv: Als Farce der Frustrationen eines Underground-Filmemachers, gespielt von George Kuchar selbst, gerät die Arbeit zu einer Demonstration der eigenen Produktionsmittel, zu einem Mock-Technicolor-Psychodrama über die kreativen Zumutungen des New American Cinema. Wie sehr sich Kuchars cartoonistischer Stil auch in weniger erzählerischen Formaten als Dominante durchsetzt, belegt *Wild Night in El Reno.* Kuchar unterlegt Bilder der weiten Wolkenhimmel über Oklahoma mit banalen Geräuschen (plätscherndes Wasser, *canned laughter* und Gute-Laune-Musik) und den Blick auf eine in Zeitlupe wogende Wiese mit Pathos-Orchester und synthetischen Vogelstimmen. Kuchars *wild night,* fotografiert im Mai 1977 aus dem Fenster des Frontier Motels in El Reno, schaukelt sich von abendlichen Gewitterstimmungen zur dramatischen Blitz- und Regennacht hoch.

Im Defätismus sehen sich George Kuchar und Karl Valentin geeint, wenn sie auch sonst nahezu alles (Epoche, Sprache, Kontinent, Filmverständnis und Kinokultur) voneinander trennt. Wie bei den Kuchars alles vom Kino kommt, ist Valentins Kunst eindeutig vom Theater abgeleitet: Die Sprache ist sein entscheidendes Mittel, die Kamera dazu nur ein Vehikel. Der deutsche Alltag ist die Bühne für das nihilistische Theater Valentins: Es findet seine Orte beim Nervenarzt und beim Rechtsanwalt, im Schallplattenladen, im Orchestergraben und in Unterschichtswohnzimmern. Dem Kino steht Valentin skeptisch gegenüber: Wo fotografiert wird, fällt Arbeit an, und die braucht keiner. Über den Abgang ihres humorlosen Chefs sind daher *Im Photoatelier* Karl Valentin als unwilliger Studiofotograf und Liesl Karlstadt als Lehrlingsbengel mit Lausbubikopf hocherfreut. Über die trotzdem einfallenden Kunden weniger. Die körperliche Gegensätzlichkeit der beiden erhöht die komische Wirkung: In weißen Kitteln sorgen Karlstadt mit kreisrundem Gesicht und der in jeder Hinsicht spitz zulaufende Valentin mit Messerschmidt-Visage und Spitzweg-Physis für maximale Unordnung bei minimalem Zeitaufwand.

Valentin und Karlstadt feiern ihre eigene, sehr infantile Form der Libertinage, sind autoritätsfeindlich, arbeitsscheu, geschäftsschädigend und genusssüchtig: Ihr hellsichtiger, sozial korrekter Witz ist selbstverständlich nicht kompatibel mit den spießigen Amüsement-Verordnungen im Dritten Reich. Das einzige, was hier noch produziert wird, ist Sprachverwirrung und äußere Verwüstung. Ironischerweise inszeniert *Im Photoatelier* ein gewisser Karl Ritter, der spätere Regisseur nationalsozialistisch-todessehnsüchtiger Spektakel. Dem Sprachwitz Valentins hat Ritter nichts entgegenzusetzen: Fotoplatten müsse man, so lernt man hier, nach Belichtung erst »auswickeln«, und Säuglinge könne man nicht fotografieren, die seien »noch zu jung«. Einen Scharfrichter, dem es schon beruflich an Humor gebricht (»Ich kann nicht lachen, ich will nicht lachen«), müsse man vor der Kamera erst einmal »hinrichten«. Die surrealistischen Ideen Valentins gehen bisweilen auch über das Sprachliche hinaus: Zwei baumlange Herren, einer vehement geschminkt, einer *en nature,* treten als Ehepaar mit Fotowunsch ins Zimmer. Den Visionen des Brecht-Freundes Karl Valentin eignet ein ganz eigener V-Effekt: der Valentin-Effekt als wilde Travestie.

Hold Me While I'm Naked

Valentinfilme sind Zeremonien des Sinnlosen: In *Theaterbesuch* scheitelt Hausherr Valentin akribisch die eigene Glatze, das sei er »so gewöhnt von Jugend her«. Wegen eines drohenden Theaterabends, man gibt *Faust,* müssen Wurst und Kraut in erhöhter Geschwindigkeit verzehrt werden. *Theaterbesuch* ist die Komödie der Redundanz, der unnötigen Komplikationen, die ganz logisch in Slapstick und Zerstörungswut gipfeln. Erneut bespotten Valentin und Karlstadt virtuos das deutsche Kleinbürgertum, allerdings nicht ohne Mitleid mit dessen Armut, gegen deren Schmach notdürftig nur die mühselig aufrecht erhaltenen Fassaden schützen.

Stefan Grissemann

ROBERT J. FLAHERTY
Man of Aran (1932–34) 76 min
BRUCE BAILLIE
All My Life (1966) 3 min
Castro Street (1966) 10 min
Valentin de las Sierras (1968) 10 min
BRUCE CONNER
Valse Triste (1978) 5 min

Man of Aran

»Das Objekt ist immer wichtiger, interessanter, rechts-fähiger: Es hat mir gegenüber keinerlei Pflicht, ich bin es, der im Blick auf es alle Pflichten hat«, schreibt Francis Ponge über den »heftigen Sinn für die Dinge«, der seine poetische Prosa bestimmt. »Es geht darum, sich bewusst zu sein, ob man ein Gedicht machen oder einem Ding gerecht werden will.« Aber was ist ein Ding? Und was heißt »ihm gerecht werden wollen«? Welche Erfahrung oder Blickweise, fragt Heidegger, wird dem Ding »Kathedrale« eher gerecht: die des Architekten, des Andächtigen oder des in ihrem Schatten spielenden Kinds?

Man of Aran. Ein im Titel verkündetes Programm. Nicht *Men,* sondern *Man*. Nicht die von speziellen, soziologisch beschreibbaren Tagesnöten geprägten Bewohner einer entlegenen westirischen Inselgruppe in den Dreißigerjahren des 20. Jahrhunderts. Nicht ein Dasein, das von Elektrifizierung, aufkeimendem Tourismus und Konflikten mit der britischer Polizei geprägt wird. Sondern: *der Mensch* im Zeitalter von »Aran«. *Flahertys* Aran, in dem die Gegenwart Mittelalter und das Mittelalter Neolithikum ist. Eine Ära, in welcher der Mensch mit archaischen Werkzeugen – Hammer, Harpune, Boot, Seil, Fischleine, Eisen – den Überlebenskampf gegen die Elemente der Natur besteht. Kampf ist *Drama,* und Flaherty ist willens, darauf entweder zu *warten* oder aber das Drama *herzustellen* – es unmittelbar in der Realität *in Szene zu setzen*. Wie die Harpunenjagd auf den Riesenhai, die die Aran-Men 1933 schon seit langem aufgegeben haben: »Um die Wahrheit im Film zu zeigen, ist es oft notwendig, sie zu *rekonstruieren.*« Man muss sich mit dem Malen beeilen, sagt Cézanne, die Dinge *verschwinden*. Da die rekonstruierten Handlungen nicht *völlig* ins Historische versunken sind, sondern als Erinnerung nachwehen oder in Resten fortbestehen und von Personen vollzogen werden, die sie noch tatsächlich ausgeübt haben, ist Flahertys Rekonstruktion weder willkürlich noch total.

Kracauer sagt über Flahertys Filme, ihre eigentümliche Schönheit sei der Lohn fürs geduldige Warten darauf, dass die Dinge zu sprechen beginnen. Um *Nanook of the North* zu drehen, lebt er sechzehn Monate mit den Inuit an der Hudson Bay. Für *Moana* verbringt er – studierend, suchend, filmend – zwei Jahre auf der Samoa-Insel Savai'i. *Man of Aran* schließlich entsteht zwischen Herbst 1931 und April 1934 – und ein Gutteil der 32 langen Monate wird fürs Erkunden, Beobachten, Sich-vertraut-Machen und Vertrauen-Finden in einer fremden, sich nur langsam erschließenden

55

All My Life

Umwelt verwendet. Er findet auch, Misstrauen und Widerständen zum Trotz, seine Triade von *characters:* Colman King, genannt »Tiger King«, Maggie Dirrane, unter ärmlichen Verhältnissen lebend, und den Jungen Mikeleen Dillane. Drei Personen, die im *Film* zwar namen- und geschichtslos sind, doch als majestätisch einfache Ikonen »Mann«, »Frau«, »Kind«.

Flahertys Vision von Wahrhaftigkeit: die *Essenz* einer Lebensform sichtbar machen und sei es durch Stilisierung oder Zurückdrehen der Uhr um Jahrzehnte. Bilder finden, die zu Inbegriffsbildern und Paradigmen geraten. Colman »Tiger« King, den Hammer schwingend, und hinter der Kontur seines Körpers das Meer der Galway Bay und dreißig Meilen entfernte irische Berge, gekrönt von Wolkenballen wie gigantische, in den Himmel geschleuderte Watte. Bei jedem Niederwuchten des Hammers ein donnernder Akzent des Orchester-Scores, denn auch auf der Tonspur scheut *Man of Aran* sich nicht, vergrößernd und *unrein* zu sein. Heraufbeschwörung der Magie des Ozeans durch Schamanismus-Regie. Der Blick des Zusehers gefangen, gelenkt und beschränkt durch Medizinmann Robert J. Flaherty.

Valse Triste. Ein Knabe schläft ein und träumt … Im Traum erscheinen Bilder der Welt, in die hinein er geboren worden ist: Kansas in den *forties* und *fifties, corn belt,* Farmen, Holzzäune, Kleinstädte, Lieferwägen, Lokomotiven, Laubfeuer im Herbst, Obstbäume und von Stacheldraht umzäunte Weizenfelder unter großen Himmeln. Er träumt von Minenarbeitern und *newsreels,* von Mannequins und Katastrophen. Ein Traum, der durch den Filter von *Filmbildern* hindurchgegangen ist, und ein Film, der in *found footage* träumt: alten Wochenschauen, Propaganda- und patriotischen Dokumentarproduktionen, die sich der Mühe unterzogen haben, wie wohl ausgeleuchtete *Kinofilme* auszusehen. Kein Bild stammt von Bruce Conner, aber jedes findet sich von ihm zum Sprechen gebracht – jenseits simpler Behauptungen, denen es gedient haben mag, und gelöst vom Zweck, etwas anderes zu zeigen als sich selbst. *Valse Triste:* fünf Minuten kurzes Meisterwerk, das die vorgefundenen Stücke in der Moll-Schwermut und im zögernden, enigmatischen, dann belebten, dann in Melancholie zurücksinkenden ¾-Takt von Jan Sibelius' gleichnamigem Orchesterstück traumtanzen lässt. Trauriger Walzer.

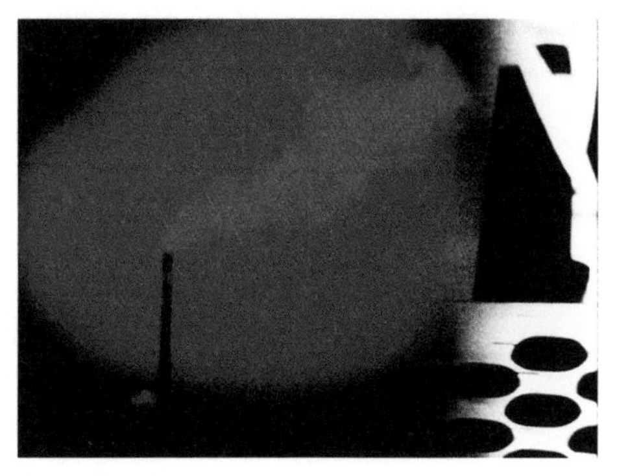

Castro Street

Im Mittelstück des Programms: drei Ergebnisse eines Umgangs mit Kamera und Montage, der ganz und gar mit dem Namen Bruce Baillie verschwistert ist – für Jonas Mekas »die fließendste lyrisch-pastorale Filmsprache, die ich kenne«.

All My Life ist eine einzelne und einzige Geste der Kamera. *One film – one shot – one pan*. Ein langsamer, horizontaler Schwenk über einen Lattenzaum, sonst nichts. Gerahmt im Kader eine Böschung mit Sommergras und Blumen. Gegen das Blassblau des wolkenlosen Himmels sich abhebend: höhere und kürzere Latten eines Holzzauns, den an drei Stellen Rosenbüsche umgeben wie große, karmesinrot erstarrte Wellen. Unbewegte Dinge. Nur einige Halme und Rankenspitzen schwanken im Wind – während der Jazzstandard »All My Life« erklingt. Der Ton, die Musik verwandelt das Bild, schiebt sich zwischen den Blick und das, was er sieht. Teddy Wilson improvisiert 52 Sekunden im Pianosolo mit Stride-Bässen in der linken Hand, die Kamera schwenkt kontinuierlich am Stativ von rechts nach links über Gras, weiße Blumen und Zaun. Die Latten scheinen vorüber zu ziehen und werden zum Bild des *Bogens,* der – wir sehen ihn durch den Titel des Films hindurch – auch ein *Lebensbogen* ist. Latte an Latte, Intervall an Intervall: wie Zählstriche des Schicksals. Und dennoch *leicht* – wie der Film selbst, der in seiner Schlichtheit auch monumental ist, lustvoll, heiter, poetisch und absurd wie Morgensterns »Es war einmal ein Lattenzaun, mit Zwischenraum, hindurchzuschaun«. Wenn schon fast in der Lebensmitte des Films die Bläser einsetzen und Ella Fitzgerald *»all my life I've been waiting for you«* zu singen beginnt, erscheint vor dem Zaun dreimal die Blütenfülle eines Rosenstrauchs. Wolke aus Rot. Der Kamerablick löst sich und steigt – an den Linien zweier Telefonleitungen vorbei – firmamentwärts: sachter Umschwung der horizontalen in *vertikale* Bewegung. Der Titel inmitten celestischen Blaus. Dann, handgeschrieben, Signatur, Ort, Zeit: *»Bruce Baillie, Caspar, Summer 1966.«* Himmelfahrt, die mit dem *fade-out* des Films und Ende des Songs zusammen fällt.

Castro Street. Sechshundert Sekunden lang eine Vision des Ineinandergleitens. Es paaren sich, gleiten, fließen und strömen: Güterzüge, Schriftzüge, Gras, Silos, Schornsteine, Buchstaben, Rohre, Dampfwolken, Portalkräne,

Valse Triste

Zahlen, Kabel, Lagerhallen, Lokomotiven, Industrielandschaften. Aber auch: Farbe, Schwarzweiß. Innen, Außen. Positiv- und Negativbild. Realzeit und Slow Motion. In Maskenrahmen isolierte Details. Konturen mit irisierenden Regenbogen-Auren. Verzerrtes, Verschwimmendes, Übereinanderkopiertes, vom Film Gefaltetes. Ein Zug fährt nach rechts, ein anderer durch ihn hindurch nach links. Verwandlung. Das Gefühl, durch die Castro Street in San Francisco hellwach und zugleich wie im Drogenrausch zu schweben. Oder als hätten die Dinge – zentnerschwere Gegenstände aus Eisen und Beton – ihr Gewicht verloren und würden amöbengleich von den Filmströmungen umher geweht. Ebbe und Flut der Geräusche. Das Rollen von Eisenbahnen, das ferne Klimpern eines Klaviers. Klirren, Stimmen, Sirenen aus dem Nirgendwo. Einmal inmitten der driftenden Dinge ein Mensch: Rangierarbeiter auf Lok 3229. Und nochmals eine Person oder die im Negativbild gebannte Ahnung davon: der von hinten gefilmte Mann in Arbeitskluft.

Valentin de las Sierras. Ein Film, der vom Geheimnis der Nähe spricht. Etwas im Halbdunkel, das sich bewegt und dem die Kamera so dicht folgt, dass es greifbar ist, jedoch unscharf, auf erregende Weise präsent, aber kaum erkennbar. Tuchstoff? Ein Arm? Ein Oberkörper? Auf der Tonspur: Morgendliche Hahnenschreie, Glockengeläut. Ein umschattetes Gesicht – so nah, dass nur Wangen und Glanzlichter auf den Pupillen sichtbar sind. Ein zum Tanzen gebrachter Pfad, gefilmt über den wippenden, den Vordergrund füllenden Nacken eines Pferdes im Trab, wodurch ein farbloser Himmel vor Sonnenaufgang und schwarze Mesas in Maisfelder torkeln, deren Blätter im ersten Licht in chaotischen Mustern leuchten. Baillie ist filmend so nahe an Menschen und Dingen, dass deren Bewegung auch ihn bewegt – oder seine Bewegung sie. Kein übersichtliches Bild des blinden Sängers, statt dessen Schläfe, gegerbte Wange, gesenkte Wimpern, Krähenfüße. Bildfüllend: Gitarrensteg, Griffe und Saiten, über welche hinweg die Kamera zur Hand fließt und dann weiter zur Wange und zu einem Auge im Schatten. Eine Evokation der *Haut der Dinge*. Ein »Dokumentarfilm« über das ärmliche mexikanische Dorf Santa Cruz de la Soledad – jedoch in Form eines Gedichts aus Details, gefertigt von einem Filmemacher, der weder an Barockkirchen noch Sombreros noch Folklore interessiert ist, sondern an der physischen Präsenz und Dynamik der *Oberfläche,* das heißt an deren Tiefe, Sprache, Reichtum und Labyrinth.

Harry Tomicek

HARRY SMITH
Early Abstractions (1939–50) 22 min
PAT O'NEILL
Saugus Series (1974) 19 min
Water and Power (1989) 55 min

In Harry Smiths *Early Abstractions* werden jene Psychedelia vorweggenommen, die in O'Neills bestechenden Realtrickfilmen Jahrzehnte später als bereits historische Basis fungieren. In den *Early Abstractions,* entstanden zwischen 1939 und 1950, finden bewegte Farb- und Formenspiele statt: absolute Animation, wie P. Adams Sitney das nennt. So sehr Smiths Bewegungsbildfindungen aus heutiger Sicht prophetisch wirken, so sehr spielen sie doch, neben allen Verweisen in die Malerei, auch schon auf das frühe abstrakte Kino an (das Smith zu kennen allerdings glaubhaft geleugnet hat). Um Universalität ist Harry Smith immerhin bemüht; das verleiht seinen frühen Arbeiten den Charakter ästhetischer Laborstudien, kunstwissenschaftlicher Experimente. Von Anfang an lotet er möglichst verschiedene Abstraktionsdarstellungsformen aus: Seine *Early Abstractions* reichen von groben, »dreckigen«, scheinbar unkontrolliert wuchernden Formen (und der Anmutung mikroskopierter Organismen) bis zu dem modernistischen, para-industriellen Design seiner Balken, Gitter und Pseudo-Logos. Als subversiver Hohepriester eines New American/ New Age Cinema (und als lebenslang glühender Verehrer des Okkultisten Aleister Crowley und seines filmemachenden Komplizen Kenneth Anger) nimmt Smith mit spürbarem Sarkasmus zuletzt auch die morbide Esoterik archaischer Zeichen und unentschlüsselbarer Mythologien in den Blick: die Himmel- und Erdmagie eines hochbegabten Kinoeigenbrötlers.

Early Abstractions

Während bei Harry Smith, einem *pilgrim father* auch des Videoclips, kleine Lichtpunkte durch die Bilder stürzen, sich nervös rhythmisierte Kreise und Quadrate in- und übereinander gelegt auf fleckigem Grund liieren, um in giftigen Gelb-, Rot- und Grüntönen zu schillern, und sich plötzlich wieder streng geordnete Farbkompositionen formieren, legt der Kalifornier Pat O'Neill, 16 Jahre jünger als Smith, in seinen Filmen größeren Wert auf technoide Durchformung und komplizierte Strukturen. Die exzentrischen, der Abstraktion nur zugeneigten, aber im Gegenständlichen letztlich fixierten Raumstudien des 1939 geborenen Filmemachers verdichten sich in der *Saugus Series* zur rätselhaften Meditation: ein Wandgemälde in Transformation; Schattenrisse von Topfpflanzen; ein Ast, an dem ein Unbekannter sägt, während kleine Bilder in den Bildern in noch fremdere Räume führen, begleitet von trivialen Alltagsgeräuschtonspuren, die man aus den Filmen Robert Breers zu kennen meint; anderswo wird zähe Flüssigkeit malerisch-sinnlich ausgegossen, um den tanzenden Mustern an den Bildrändern ein Zentrum zu geben; am Ende treibt ein großer dunkler Hut durchs Bild, durch eine künstlich schillernde

Water and Power

Textur, die – wie sich erweist – »in Wahrheit« nur eine ruhige Wasseroberfläche ist.

Der seltsame Witz der *Saugus Series* nimmt der multimedialen Anlage dieser zwischen Video, Film und Malerei changierenden Arbeit jede Prätention: O'Neills synthetische, mehrschichtige Einstellungen geben sich als gebaut, geformt jederzeit zu erkennen – als surreale Zustandsbilder aus dem Kopf eines Visionärs mit kühn erweitertem Bewusstsein. 1989 stellt O'Neill nach achtjähriger Arbeit sein Opus magnum fertig: *Water and Power,* eine knappe Stunde lang. Er habe ohne Script gedreht, so der Filmemacher, sich lieber auf das »zufällige Zusammenspiel von Orten, Menschen und Zuständen« verlassen. Die Regeln des Spiels, das wir »Wirklichkeit« nennen, sind in *Water and Power* außer Kraft gesetzt: In Zeitrafferbewegungen ziehen die Wolken am Himmel über eine Brücke, von der ein Selbstmörder in Normalgeschwindigkeit springt. Alte Hollywood-Soundtracks begleiten die bewegten Muster, die das Tageslicht beschleunigt durch ein karges Zimmer zieht. Wenig später vollzieht die Kamera eine langsame, unmögliche 360-Grad-Bewegung, wirft ihren Blick stoisch auf architektonische Details und die Abläufe in einer anonymen Metropolis. Die Großstadt wird bei O'Neill mit der Natur assoziiert, in Doppelbelichtung werden Stadt und Land ineinander gesetzt; sie bilden im Kino keinen Gegensatz: Das Glitzern im Wasser ist den in der Nacht aus der Ferne blinkenden Lichtern jener Kulissenstadt, die O'Neill filmisch konstruiert, eng verwandt.

In den magischen Animationen, die O'Neill aus Bildern von Höhlen und Felsformationen, vom Himmel und seinen Gestirnen macht, trifft er sich noch einmal mit der *Heaven and Earth Magic* des alten Harry Smith. Das Kino verformt die »natürliche« Welt, deren Bewohner nur noch Schemen, Gespenster sind unter einem Himmel, der in apokalyptischen Feuerfarben glüht: *Water and Power* ist ein Film aus der Zukunft, ein Film über Erdumdrehung, Ebbe und Flut und unaufhörliche Kreisschwenks: Zuletzt haben die zyklischen Bewegungen, von denen *Water and Power* handelt, den Film selbst in sich aufgenommen – und als Teil eines Zyklischen Programms folgerichtig auf Endlosschleife gesetzt. *Stefan Grissemann*

GEORGES MÉLIÈS
Le Voyage à travers l'impossible (1904)
20 min (16 B/Sek)
JEAN VIGO
Taris, roi de l'eau (1931) 9 min
BRUCE CONNER
A Movie (1958) 12 min
FERRY RADAX
Sonne halt! (1959) 32 min
MORGAN FISHER
Standard Gauge (1984) 35 min

Taris, roi de l'eau

Beiträge zum Verhältnis von Kunst und Industrie im Kino. Das Künstlerische wird als ursprünglicher Antrieb sichtbar, aber mehr noch als Effekt der Industrie – als Gegenstück, Abfall, Reflexion. Untrennbar bleibt es mit ihr verbunden, auch und gerade noch in der Destruktion und Distanzierung, allein schon durch technische Grundlagen, Normen der Industrie wie etwa die Filmformate. Hier bildet der 35mm-Film, der früh etablierte und bis heute gängige Standard kommerzieller Produktion, die materielle Basis von Werken, die sich betreffs Entstehungskontext und künstlerischem Anspruch stark unterscheiden. Alle thematisieren sie jedoch zu unterschiedlichen Graden Filmisches, zeugen vom Erfinden, Ausprobieren oder einer bewussten Auseinandersetzung mit den Verfahren des Kinos.

Le Voyage à travers l'impossible: Georges Méliès am Höhepunkt seines kommerziellen Welterfolges, gerade dabei, sich durch künstlerische Beharrlichkeit in den Ruin zu wirtschaften. Die phantastische Reise quer durchs Unmögliche, nach dem gleichnamigen Stück von Jules Verne, führt über Alpengipfel in den Weltraum und in die Tiefen der Meere. Von weisen Männern geplant, geht bei diesem Abenteuer dennoch alles schief, aber genau deshalb gelingt – nach zahlreichen Unfällen und technischen Gebrechen – die Rückkehr unversehrt. Der Film ist durchgehend zusammengesetzt aus statischen, jeweils aus einer einzigen Einstellung bestehenden Szenen; es sind die Stop-Trick-Verwandlungen, die reiche Handkolorierung und die mit Realaufnahmen kombinierten Animationen, die der bühnenhaften Inszenierung filmisches Leben einhauchen. In tiefrot gefärbten Explosionen zeigt sich das Eigenleben widerspenstiger Transportmaschinen – sowie eine bizarre, feindliche Welt jenseits der Zivilisation. Der Triumph der eleganten, für eine wirkliche Abenteuerreise nicht ausgerüsteten Reisegesellschaft ist dann auch die Heimkehr auf sicheren Boden.

Taris von Jean Vigo: Ein als Auftragswerk entstandener Lehrfilm mit dem Weltklasseschwimmer Jean Taris. Eine Kommentarstimme erläutert die korrekten Bewegungsabläufe der verschiedenen Schwimmstile, die im Bild vielfältig analysiert werden: durch Kadrage, Zeitlupe, alternierend vor- und rückwärtslaufende Sequenzen und zahlreiche Unterwasseraufnahmen. Ein an der Avantgarde der 20er Jahre

A Movie

geschulter Blick, wissenschaftlich und spielerisch zugleich im Umgang mit den Mitteln des Kinos. An der Kamera: Boris Kaufman, Bruder von Dziga Vertov. Ob Taris die Aufnahmen von sich studierte und dabei vielleicht die kleine Unregelmäßigkeit beim Kraulen entdeckte? (Bei der von ihm mitentwickelten Technik des Atmens im Dreierrhythmus dreht er den Kopf zum Luftholen auf der linken Seite zuerst entgegen dem Bewegungsablauf kurz nach rechts.)

Der Film entstand knapp nach der Wiederentdeckung von Méliès, dessen Werk lange Jahre völlig vergessen war. Am Ende des Films fliegt Taris rückwärts aus dem Wasser, steht plötzlich mit Hut und Mantel am Bassinrand und wandelt über das Wasser davon.

Bruce Conners *A Movie* beginnt wie ein »richtiger Film«, mit Sex und Action, Verfolgungsbildern aus Western, Autorennen, Unfällen. Darauf ein verfrühtes »The End«, Abbruch, Schwarz. Dann erst die Titel, eine andere, düstere Musik und Bilder, die sich zaghaft aus dem Dunkel lösen. Ein U-Boot taucht ins Meer, Blick durchs Periskop auf eine fast nackte Frau, ein Torpedo wird abgeschossen, ein gewaltiger Atompilz steigt aus dem Meer, Surfer reiten riesige Wellen. Immer wieder springt die Montage katastrophischer Archivbilder aus aller Welt vom Schrecklichen zum Komischen, allerdings derart, dass einem das Lachen zusehends im Hals stecken bleiben mag. Bei aller Ambivalenz dominieren zuletzt eindeutige Bilder von Krieg und Zerstörung. Ein brennender Zeppelin, ein sinkendes Kriegsschiff, eine Exekution, Gehenkte ... Zur Vernichtung wiederholt Bilder, die »Dritte Welt« bedeuten und damit Ausbeutung und Unterwerfung. Aus Georges Méliès' bunten Rauchschwaden ist bitterer Ernst geworden. Dessen rückwärts gewandter Utopie einer ästhetischen Welterkundung stehen bei Conner Nachbilder stattgefundenen Schreckens unversöhnlich gegenüber. Am Schluss befinden wir uns auch hier unter Wasser, eine Rückkehr bleibt aus.

Zunächst als Zeitrafferstudie gedreht, wandelte sich Ferry Radax' *Sonne halt!* nach dem Verlust des ursprünglichen Materials zu einem narrativen Projekt mit einer geplanten Laufzeit von 100 Minuten. Peter Kubelka präferiert die Urfassung von 1959 mit 32 Minuten, die für Radax gültige ist jene von 1962 mit 26 Minuten. Der Film spielt im winterlichen Monterosso al Mare, einem Küstenort bei La Spezia. Eine nacherzählbare Handlung ist bei dem ohne Drehbuch entstandenen Film kaum zu erkennen. Radax spricht von einer »Doppelgänger- und Doppelliebesgeschichte«, in der der Schriftsteller Konrad Bayer einen Dandy und einen Matrosen spielt, denen zwei Frauenfiguren gegenüberstehen. Dazu liest Bayer aus seinem Romanfragment *der sechste sinn* und kommentiert zusätzlich die vom *jump cut* beherrschten Filmbilder in breitem Wiener Dialekt. Eine »Gratwanderung zwischen äußerster Präzision in den Bild-Ton-Montagen und frei

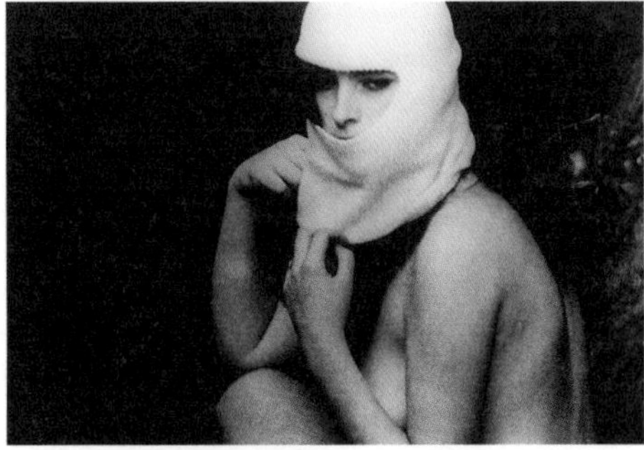

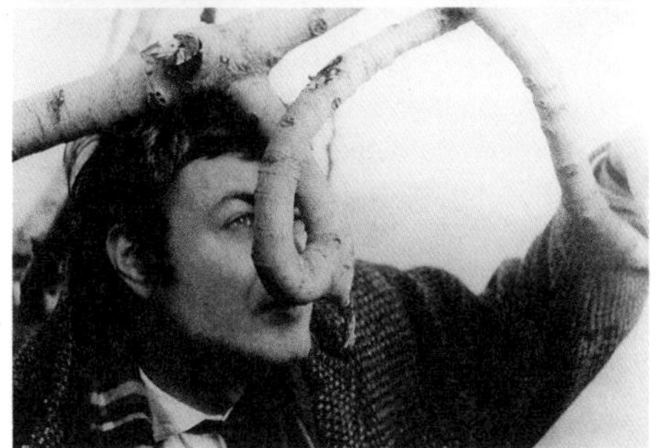

Sonne halt!

Standard Gauge

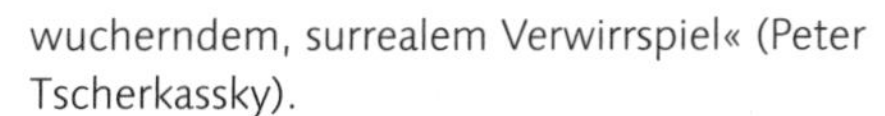

wucherndem, surrealem Verwirrspiel« (Peter Tscherkassky).

In seinem 16mm-Film *Standard Gauge* präsentiert Morgan Fisher 35mm-Fundstücke als physische Objekte inklusive Tonspuren und Perforationslöchern. Einzelne Kader stehen unbewegt, bevor der Streifen rasch durchs Bildfenster gezogen wird, so dass die Inhalte verwischen. Zumeist sind keine Bilder im eigentlichen Sinn zu sehen, Abbilder von Gefilmtem, sondern Teile von Vor- und Nachspannmaterialien, scheinbar rein Funktionelles, dessen historische, ästhetische oder politische Gehalte Fisher im Kommentar freilegt. Den Leitfaden bildet seine anekdotisch und mit großem, trockenem Witz erzählte Laufbahn in der Filmindustrie. Bei der Suche nach Archivbildern für einen Spielfilm stößt er auf die von Conner in *A Movie* verwendete Exekutionsszene, die er nicht zeigt, aber als Hinrichtung eines faschistischen Gefängnisleiters in Italien 1944 identifiziert. Unsichtbar bleiben in der Regel auch die sogenannten *china girls,* Frauen, deren Bilder zur richtigen Darstellung von Hauttönen verwendet werden: »This figure's sex, her being in the margin of the film, her serving to establish and maintain a standard of correct appearance: these are aspects of a single question that deserves thought.« Fisher erhellt, wie jeder Film potentiell oder tatsächlich mit allen anderen verbunden ist.

Thomas Korschil

58

STAN BRAKHAGE
Dog Star Man (1961–64) 74 min
PAT O'NEILL
Trouble in the Image (1978–95) 38 min

Im Kern jener Geschichten, die sich die Menschen entworfen haben, toben regelrechte Bilderkriege. Diese verborgenen Materie- und Energieströme freizusetzen, gehört zu den vordringlichen Aufgaben eines Kinos jenseits literarisch-theatralischer Erzähltraditionen. Die entscheidenden Bilder machen Ärger, das ist ihr Job: Sie fordern zu kritischer Lektüre auf, während sie in komplizierten Schichtungen einander unentwegt neu beleuchten, färben, durchfluten. Pat O'Neill thematisiert in seiner Kino-Assemblage *Trouble in the Image* (Arbeitstitel: *Lazy Susan III*) die vielgestaltigen Probleme, die einem das ambivalente Erzählen bereiten kann. (»Perceptual ambiguity« nennt O'Neill dies trocken.) Als Konzentrat visueller und akustischer Materialien aus alten Industrie- und Spielfilmen, amerikanischer Landschaftsbilder und experimenteller Animationen befragt *Trouble in the Image* schonungslos auch jenes US-Mainstream-Kino, das O'Neill neben seiner eigenen Filmarbeit als hoch bezahlter High-Tech-*troubleshooter* beliefert. Seine digital bearbeiteten Montagen geben sich bei näherer Inspektion als extensive, bisweilen pervers gegen sich selbst gerichtete *special effects* zu erkennen, als befremdliche, aber bildschöne Akte der Re- und Dekontextualisierung.

Zu den zentralen Inspirationen O'Neills zählt Stan Brakhages fünfteiliges Kinomonument *Dog Star Man*. Die autobiografische Basis des Brakhage-Œuvres ist – nicht nur hier – unübersehbar. Die knapp halbstündige Ouvertüre *(Prelude: Dog Star Man)* gibt alle wesentlichen Leitmotive vor; die vier Filmsegmente, vage den Jahreszeiten zugeordnet, detaillieren anschließend die zentralen Themen dieser Arbeit. Brakhages Ambitionen sind alles andere als gering: *Dog Star Man* reicht vom Biologischen ins Metaphysische, vom Wissenschaftlichen ins Kosmologische – und bleibt doch als ein in die Grundfragen des Existenziellen erweiterter Familienfilm, als »the very prototype of epic domesticity« (David E. James) erkennbar.

Im halbabstrakten Formenfarbenspiel des Präludiums beginnt das Bild zu zittern, zu flirren, es verwischt sich in Momentaufnahmen plastischer Texturen, in unstillbarem Bewegungsdrang, in Lichtblitzen und Lichtpunkten, in glühendem Rot und kühlem Blau. Brakhages Kino schließt nichts aus, versöhnt die Blicklust mit dem Denken, ist philosophisch und sinnlich zugleich – eine Feier der flüssigen, schaumigen, staubigen Oberflächen. Bedingungslos kostet Brakhage sein Trickarsenal aus, schwelgt in kunstvoll versehrten, traktierten Bildern, im künstlichen Regen der Kratzer und Kaderbemalungen. Und immer wieder öffnet er den Blick auf den nassen Glanz blutroter Farbe im Innern eines Körpers mit wild schlagendem Herzen. *Dog Star Man* ist mehr als alles andere ein malerischer Akt, ein Bewegungsbilderrausch: abstrakter Expressionismus für die Kinoleinwand. Von den Nahansichten der Stadt, der offenen Natur und der Körper bewegt der Filmemacher seinen Blick weiter ins All, zu Teleskopaufnahmen von Protuberanzen und Spiralnebeln. Den Boden unter den Füßen büßt Brakhage dabei nicht ein, dazu ist *Dog Star Man* zu deutlich im Irdischen verankert. Der Film beschreibt eine Reise in die Tiefe der Räume: eine psychodynamische Bewegung, in der die Solar- und die Mikrofotografie ganz selbstverständlich ihren Platz haben. Ein Mann mit Hund, Brakhage selbst, die Axt geschultert,

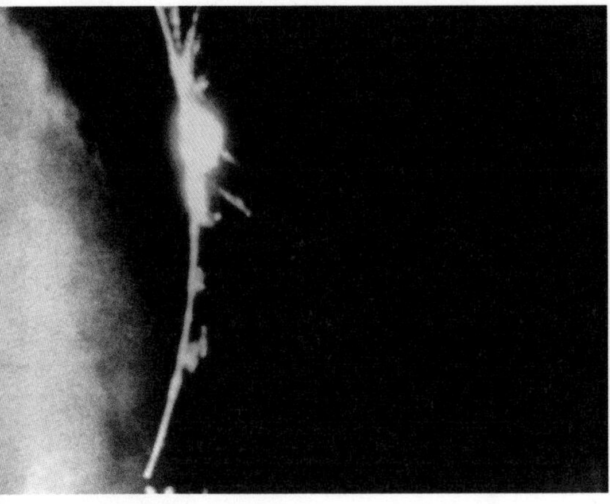

Dog Star Man

kämpft sich strauchelnd die Schneehänge hinauf. Die Filmmaschine widersetzt sich in *Dog Star Man* launisch den Gegebenheiten der Natur, bedrängt und denaturiert die Bilder, lässt selbst die winterlichen Landschaften gefährlich kippen. Eines der Kinder des Künstlers gerät im zweiten Teil des Films kurzfristig ins Zentrum. Die nervöse Form der Montage bricht sich im gähnenden, ins Tageslicht blinzelnden Gesicht eines Säuglings, der sich kaum beeindruckt zeigt vom Chaos der entfesselten Bilder, von all dem Eis und Feuer, am wenigsten vom parallel gezeigten Absturz und Zusammenbruch seines Sisyphos-Vaters. Ein erotischer Tagtraum zeichnet sich im dritten Teil ab. Die in die Bilder gekratzten und gemalten Spuren fügen sich mühelos dieser Vision: eine bespritzte, befleckte Welt unaufhörlich fließender Kompositionen. In Teil vier führt Brakhage als sein eigener Schmerzensmann sich noch einmal als gepeinigte Christusfigur vor, als Eremit der letzten Tage. Und er überlässt sich erneut dem beunruhigenden Assoziationsstrom des Träumenden, der sich gefangen sieht in sexuellen wie christlichen Fantasien. Am Ende des Films dringt das Licht der Sonne heiß durch die Bilder, während der Mann durch Wald und Schnee stürzt, zurückfällt, sich in einem gestischen, unerbittlich subjektiven Kino, in reinem Licht verliert.

Brakhages Unternehmen, vielleicht zu offensichtlich als Opus magnum geplant (eine mehr als vierstündige Fassung von *Dog Star Man* folgt wenig später unter dem nicht allzu bescheidenen Titel *The Art of Vision*), stößt keineswegs auf ungeteilte Zuneigung. Tatsächlich erscheint *Dog Star Man* von Anfang an nicht als Triumph, sondern als schmerzhafte Selbstbefragung: als ein Akt vehementer Selbstkritik, ein Dokument der panischen Suche und Versagensangst, formuliert in paradoxer Schönheit und formaler Vollkommenheit.

Stefan Grissemann

59

Gefundenes bearbeitet – Perfekt Gefundenes

STAN BRAKHAGE
Murder Psalm (1981) 17 min
BRUCE CONNER
Take the 5:10 to Dreamland (1977) 5 min
America Is Waiting (1981) 4 min
Report (1963–67) 13 min
10 Second Film (1965) 10 sek
JOSEPH CORNELL
Cotillion (1930/68) 10 min
KEN JACOBS
Perfect Film (1986) 22 min

10 Second Film

»O, for a Museum of Found Footage, or cable channel, library, a shit-museum of telling discards accessible to all talented viewers/ auditors. A wilderness haven salvaged from Entertainment.« Wenn sich Ken Jacobs' Wunsch nach solchen Sammlungen beredten Schrotts heute im Internet zu erfüllen scheint, bleibt die Frage, ob dieser direktere Zugang auch zu einem reflektierteren Umgang verleitet. Es wird weiterhin die Aufgabe von Museen bleiben, die Klassiker des Genres in gebührlicher Form aufzuführen, bei aller Paradoxie der Kanonisierung dieser manchmal buchstäblich aus Abfall gefertigten Filme. Hier versammelt: Meister – männlich – des US-amerikanischen Found-Footage-Films. Ein möglicher Leitfaden: Gewalt gegen Mensch und Natur sowie deren massenmediale Vermittlung.

In *Murder Psalm* führt Stan Brakhage einen breiten Bilderdiskurs mit äußerst heterogenem Material: Er bleicht, färbt, solarisiert eigene, gefundene und vom Fernsehschirm abgefilmte Bilder, die zu unterschiedlichen Graden lesbar bleiben oder zur reinen Fläche werden, zu Textur. So als ob wir ausgehend von Zelluloid und Emulsion – diesem visuellen Grundrauschen – neu sehen lernen müssten. Die oft nur schemenhaft auszumachenden Bilder aus der (Gewalt-)Geschichte der USA (westwärts ziehende Pioniere, Bürgerkrieg) interpunktiert Brakhage mit Material aus seinem eigenen Autopsie-Film *The Act of Seeing With One's Own Eyes.* Ein junges Mädchen aus einem Lehrfilm über Epilepsie führt durch den schnell geschnittenen, seine Elemente ständig permutierenden Film. Als einzige scheint sie für den Horror empfänglich zu sein. Sind ihre Anfälle Ausdruck von Überwältigung oder heilsamer Schock? Jedenfalls schreibt Brakhage in seiner pessimistischen

Perfect Film

Sicht auf das kriegerische Vermächtnis der USA den Medien, zumal dem Fernsehen, eine zentrale Rolle in der Tradierung von Gewalt zu.

Bruce Conner, unumstrittener Meister des Found-Footage-Films, zielte in seiner Auseinandersetzung mit Bildern der Populärkultur immer auch auf eine Erweiterung des als elitär empfundenen Avantgardefilms ab. *Take the 5:10 to Dreamland:* eine Traumreise, getragen von einfachen, an sich harmlosen Bildern, die – über trennende Schwarzphasen hinweg – sublime Verbindungen miteinander eingehen und im Zusammenspiel mit der Musik (Patrick Gleeson) eine unheimliche Atmosphäre entfalten.

America Is Waiting: In präziser Kurzmontage zum gleichnamigen Track von Brian Eno und David Byrne baut der Film ein kriegerisches Bedrohungsszenario auf: Satellitenschüsseln spähen nach Botschaften, Luftschutzübungen, Paranoia und Patriotismus. Ambivalent bleibt, wo der Aggressor sitzt, in Werbungen führen Kinder Kriegsspielzeug vor. Im Weißen Haus residierte damals Ronald Reagan, der bald sein »Star Wars«-Programm (SDI) initiierte.

Report: Das Attentat auf John F. Kennedy wird gleich zu Beginn vorweggenommen, wonach der Film zusammenbricht und minutenlang bilderlos bleibt. Tragendes Element ist die

Live-Radioberichterstattung mit authentisch erregten Reporterstimmen und Augenzeugen vom Tatort. Conner tastet das Nachrichtenmaterial eingehend ab, wie um das Unbegreifliche zu verstehen, den kollektiven Schock zu verarbeiten. Auch seine Wiederholungen spiegeln das endlose Ritual des kommerziellen Fernsehens nach dem Attentat wider und beuten Kennedys Bilder potentiell aus. Conner gibt jedoch in seiner (De-)Konstruktion den Leerstellen Raum und belässt seine Montage insgesamt transparent. *Report* findet zu immer freieren Assoziationen, die den dokumentarischen Soundtrack mit abgründigen Bildern aufladen und den unsichtbaren Kräften hinter dem Medienereignis nachzuspüren scheinen. Wiederholte Werbungen deuten darauf, dass auch die Bilder des Attentats zur Ware gemacht wurden und so zur perversen Reklame für den Betrieb einer Zivilisation.

Joseph Cornell, vom Surrealismus beeinflusster Künstler, ist vor allem für seine *Boxes* bekannt, kleine Kästchen, in denen er Fundgegenstände hinter Glas arrangierte. In den 1930er und 40er Jahren war er einer der ersten in den USA, die mit *found footage* experimentierten. *Cotillion,* ursprünglich entstanden in den 30ern, überarbeitet in den späten 60er Jahren gemeinsam mit Larry Jordan, zeigt einen Reigen von Bildern einer Kinderparty durchmischt mit diversen Zirkusszenen. Wiederholt werden einzelne Einstellungen mitten im Lauf abgestoppt, das Bild wird eingefroren, um erst nach Sekunden wieder in die Bewegung freigegeben zu werden. Blicke auf Kinderglück und -träume, wo auch die Angst nicht fehlt wie beim Messerwerfen am Ende. Mit seiner Wertschätzung für Filme aus der Unterhaltungsindustrie übte Cornell großen Einfluss auf jüngere Filmemacher wie auf Brakhage oder Jacobs aus, mit denen er gelegentlich zusammenarbeitete.

Mit *Perfect Film* veröffentlicht Ken Jacobs eine Rolle TV-Nachrichtenmaterial von der Ermordung des schwarzen Bürgerrechtlers Malcolm X (1965) genau so, wie er sie beim Trödler gefunden hat: Die Mischung von unbearbeiteten, teilweise geschnittenen und wie zufällig aneinander gereihten Szenen ist voll von unaufgelösten, unverbrauchten Spannungen. Das Publikum gerät mitten in den Entstehungsprozess einer Darstellung oder eher: Inszenierung von Wirklichkeit. Man sieht ein ungeschnittenes Interview mit dem Polizeichef (inkl. Fehlstart, Maßregelung der Journalisten und Wiederholung) und später ein paar herausgelöste Fragmente davon in einem halbfertig montierten Beitrag. Man lauscht einem Augenzeugen der Tat und sieht/hört ihn dieselben Fragen für eine andere Fernsehgesellschaft noch einmal beantworten. Plötzlich erscheinen phantomartig die für einen Nachruf gesammelten stummen Archivbilder des lebendigen Malcolm X, der als Toter nie ins Bild kommt. Wie in *Report* fehlt auch hier das zentrale Bild. Der geplante Kommentar, der dem Ganzen einen Sinnzusammenhang hätte geben sollen, fehlt ebenso. Das Durcheinander wird dem Ereignis aber eher gerecht als ein fertig polierter Fernsehbeitrag. Als Film *in Arbeit,* als unfertiger Film, führt *Perfect Film* die Arbeit von Film & TV, ihre Umwandlungen und Unterwerfungen von Wirklichkeit, in flagranti vor. Tom Gunning: »The minimal nature of Jacobs' intervention allows the material to reveal not so much the essence of an event as a failed attempt to obscure and distort it. The mechanisms of manufacturing meaning are unmasked by simply showing their seams, the gaps within reality that they would seek to conceal.« *Thomas Korschil*

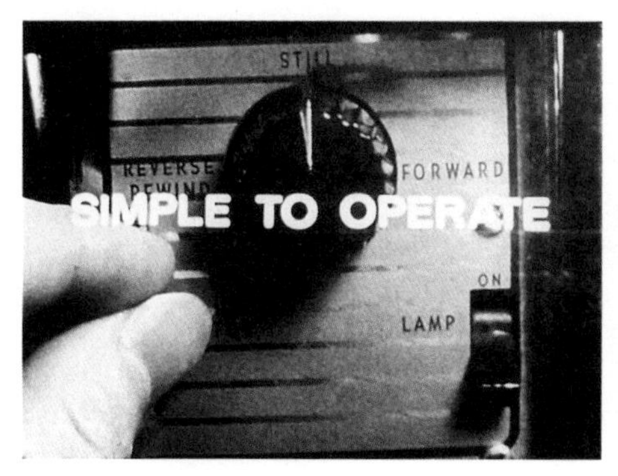

Institutional Quality

New Improved Institutional Quality

STAN BRAKHAGE
Mothlight (1963) 5 min
OWEN LAND (GEORGE LANDOW)
Fleming Faloon (1963–64) 5 min
Film in Which There Appear Edge Lettering, Sprocket Holes, Dirt Particles, Etc. (1965–66) 5 min
Institutional Quality (1969) 5 min
New Improved Institutional Quality: In the Environment of Liquids and Nasals a Parasitic Vowel Sometimes Develops (1976) 10 min
Remedial Reading Comprehension (1970) 5 min
Wide Angle Saxon (1975) 22 min
On the Marriage Broker Joke as Cited by Sigmund Freud in Wit and its Relation to the Unconscious, or Can the Avant-Garde Artist Be Wholed? (1977–79) 18 min
PAUL SHARITS
Piece Mandala / End War (1966) 5 min
Word Movie (Fluxfilm 29) (1966) 4 min
T,O,U,C,H,I,N,G (1968) 12 min

Man muss die Substanz des Kinos schon physisch nehmen, um zu verdeutlichen, was Film ist und sein kann. Das ist der alte Materialismus der Avantgarde: In der Ästhetisierung von Bildkratzern, Perforation und Projektionsapparat findet sich ein – höchst sinnliches – Gegenkino, das nebenbei noch, im Bruch mit der Illusion, die Strategien des traditionellen Films zu decouvrieren vermag.

Dabei ist alles möglich, sogar ein Kino ohne Kamera. *Mothlight,* eine frühe Arbeit von Stan Brakhage, entstanden 1963, demonstriert dies schlüssig: Brakhage schickt die Texturen von Grashalmen, Blättern, Pflanzenresten und Mottenflügeln, die der Filmemacher auf perforierte Streifen geklebt hat, durch die Kinomaschine. Dabei belebt er das Tote, haucht ihm das Leben der technischen Reproduzierbarkeit ein: In *Mothlight* schwirren und zucken die Flecken und Risse, die Härchen und Äderchen, die Kratzer und Verschmutzungen – die gespenstische Nachempfindung des Flatterns einer Motte an ihrer Lichtquelle. Das Kino macht aus der Natur etwas Untotes: Es feiert die künstliche Verlängerung des Natürlichen in die Kunst hinein. Florale Muster zeichnen sich in *Mothlight* ab, in zarten Beige-, Rot- und Grüntönen, in jähen Schärfen und kurzen verschwommenen Phasen, in Verdunkelungen und gleichsam mikroskopischen Vergrößerungen. Brakhages

Film läuft jenseits der Kategorien *abstrakt* und *gegenständlich* ab: *Mothlight* ist zugleich konkret und völlig ungreifbar.

Ähnliches gilt für Owen Lands *Film in Which There Appear Edge Lettering, Sprocket Holes, Dirt Particles, Etc.*, dessen Titel schon das Materielle betont, von dem er handelt. Ein auf Schleife gesetztes (und in Lands Filmbild versetzt fotografiertes) gefundenes Stück Kino ist die Basis dieser Arbeit: das Brustbild eines anonymen Models, das ursprünglich bloß der Farbkorrektur zu dienen hatte, eines »Phantoms des industriellen Kinos« (David E. James). Land macht so nicht nur eine zur Unsichtbarkeit verdammte Figur sichtbar, er speist das kurze, scheinbar so simple Material auch in seinen hoch komplizierten Reflexionskreislauf: Die filmische Materie verfällt, während sie noch ausgestellt wird, und selbst dieser Verfall findet schichtweise statt (in der Bearbeitung der *found footage* während der Konstruktion des Films – und danach im Abspielen der Filmkopie, nunmehr ohne Zugriff des Regisseurs). Zudem gewährt Owen Land der Protagonistin (und seinen Zuschauern) kaum mehr Bewegung als ein Blinzeln, das auf die charakteristische Mechanik des Kinos verweist: Film ist eine Abfolge einander sehr ähnlicher Standbilder, deren minimale Verschiebungen die Illusion von Bewegung generieren – und zwar »schneller als ein Lidschlag«.

Sieben Filme von Owen Land, *formerly known as* George Landow, sind das Zentrum dieses Programms: surreal-komödiantische Vermessung kinematografischer Kernfragen. Land spricht sein Publikum gern direkt an – und stellt sonderbare Verbindungen her; das ist schon in *Fleming Faloon* so, einer Studie verfremdeter, gespaltener Fernsehbilder und Störtöne. Owen Land ist ein Künstler des Selbstzitats, der freien Bearbeitung eigener Zwangsvorstellungen: Die beiden Versionen von *Institutional Quality* ergeben zwei Varianten eines scheinbar interaktiven Films (»How well can you follow orders?«), in dem schließlich sogar eine Doppelgängerin des blinzelnden Mädchens aus *Film in Which There Appear ...* erscheint. Der Filmemacher befragt in *Institutional Quality* mit schulpädagogischer Geste (»Pencil down!«) die eigenen filmischen Entscheidungen und führt unaufhörlich den Kinoapparat und seine Manipulationsmöglichkeiten vor. Owen Lands seltsam gebrochene, streng heterogene Erzählungen sind auch wortspielerisch deformiert: *Wide Angle Saxon* etwa macht sich über die Versprecher von Fernsehjournalisten und langweilige Avantgardefilme lustig. Der absurde Witz und die aufs Unbewusste zielende Untersuchung filmischer Konstellationen beginnen hier gern schon bei den Filmtiteln: In *On the Marriage Broker Joke as Cited by Sigmund Freud in Wit and its Relation to the Unconscious, or Can the Avant-Garde Artist Be Wholed?* findet Lands intellektueller Slapstick auf der Ebene des Kinderfernsehens und der Sitcom statt, als antikapitalistische Farce mit zugespieltem Publikumslachen und zwei falschen Pandabären. »What's a structural film?« fragt einer der Pandas – und verweist damit auf jene Marke, die der Avantgarde-Kinohistoriker P. Adams Sitney 1969 erfunden und auf Künstler wie Owen Land angewendet hat.

»There is no motion in a motion picture«, sagt ein Dichter in *Marriage Broker Joke.* Auch die mit stark begrenzten Bilderreservoirs ausgestatteten Arbeiten des Flickerfilmspezialisten Paul Sharits veranschaulichen diese Arbeitshypothese. Bewegung entsteht in ihnen allein aus der enervierenden Montage, dank der Trägheit des Auges. Sharits ist an der *Message,*

On the Marriage Broker Joke …

Wide Angle Saxon

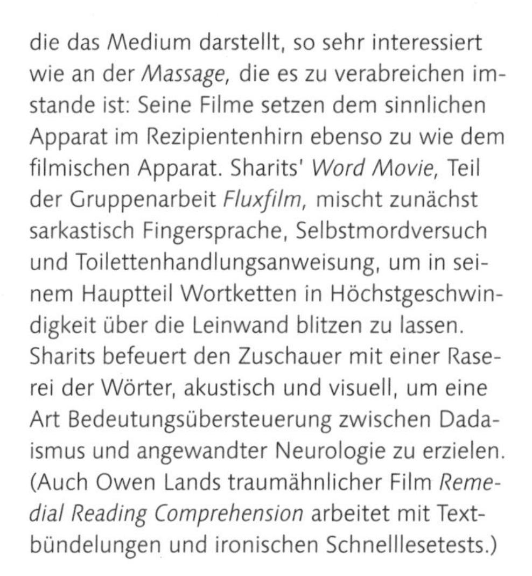

die das Medium darstellt, so sehr interessiert wie an der *Massage,* die es zu verabreichen imstande ist: Seine Filme setzen dem sinnlichen Apparat im Rezipientenhirn ebenso zu wie dem filmischen Apparat. Sharits' *Word Movie,* Teil der Gruppenarbeit *Fluxfilm,* mischt zunächst sarkastisch Fingersprache, Selbstmordversuch und Toilettenhandlungsanweisung, um in seinem Hauptteil Wortketten in Höchstgeschwindigkeit über die Leinwand blitzen zu lassen. Sharits befeuert den Zuschauer mit einer Raserei der Wörter, akustisch und visuell, um eine Art Bedeutungsübersteuerung zwischen Dadaismus und angewandter Neurologie zu erzielen. (Auch Owen Lands traumähnlicher Film *Remedial Reading Comprehension* arbeitet mit Textbündelungen und ironischen Schnelllesetests.)

T,O,U,C,H,I,N,G, ein Hauptwerk in Paul Sharits' Werkliste, ist erneut aus wenigen Einzelbildmotiven gebaut, aus Andeutungen aktionistischer Selbstverletzung, Operationsstandbildern im schnellen Positiv-Negativ-Wechsel und intensiven Monochromien. Wie Peter Kubelkas *Schwechater* läuft auch *T,O,U,C,H,I,N,G* ganz linear auf sein Ende zu: Der Titel wird in den zwölf Minuten Filmlaufzeit nebenbei, aber systematisch durchbuchstabiert. Die Tonspur wird, neben einem stetig wiederholten Pochen, von dem Wort »Destroy« geprägt, das sich nach einer Weile, als akustisches Vexierbild, in den Begriff »Histoire« zu verwandeln beginnt. Das ist künstlerisch stimmig: Das Kino ist und erzählt eine Geschichte der schönen Vernichtung.

Stefan Grissemann

61

VIKING EGGELING
Diagonalsymphonie (1921) 8 min (16 B/Sek)
STAN BRAKHAGE
A Child's Garden and the Serious Sea
(1991) 71 min

Als sich die blühende europäische Filmavantgarde um 1920 der bildenden Kunst verschreibt und neben Expressionismus, Dada und Surrealismus auch noch Kubismus und Konstruktivismus für ihre Zwecke kapert, gewinnt das Kino, changierend zwischen Fantasy, *newsreel* und Theater, eine neue Front: die Abstraktion. Neben Künstlern wie Richter, Duchamp, Léger, Fischinger und Ruttmann beginnt sich auch der schwedische Zeichner und Maler Viking Eggeling für die neue Disziplin der bewegten Malerei zu interessieren. Die *Diagonalsymphonie* von 1921, eine stumme, dabei hochmusikalische Animation aus mobilen Diagonalen und Wellenlinien, die sich in der virtuellen Tiefe des Bildes zu abstrakten grafischen Objekten fügen, bleibt Eggelings einziger Film. 1925 stirbt er, kaum 45jährig, an Herzversagen.

Die Grauzonen zwischen dem Gegenständlichen und dem Abstrakten hat auch der Amerikaner Stan Brakhage in seinem immensen Werk auszuloten versucht. Elementar war Brakhages Kino stets, eine fortgesetzte Feier natürlicher Ereignisse. Auch *A Child's Garden and the Serious Sea* dreht sich um das Glitzern des Wassers und die Farben der Blüten, vor allem aber: um die Spiele und Launen des Lichts. Brakhages frenetisch bewegte Kamera setzt die Spuren, die das tanzende Licht im dunklen Filmmaterial hinterlässt, wie die vergängliche Farbenpracht eines tachistischen Gemäldes in der Zeit ein. Ein magischer Realismus mischt sich unter die Bilder, eine poetisch-dokumentarische Bilderlust. Das nächtliche

A Child's Garden and the Serious Sea

Meer ist das Zentrum, die Basis dieser Arbeit – und ein Grundmodell des Kinos: weißes Licht spielt auf schwarzer Wasseroberfläche. In dem Zaubergarten, den Brakhage aufschließt, wird eine primitive ästhetische Lust entfesselt, scheinen die Sinne sich kurzfristig die Kraft des kindlichen Blicks wiederaneignen zu können. Das Paradies aber ist brüchig: Die Finsternis des Ernsten Meeres droht die flüchtigen Glücksbotschaften des Lichts mit sich in die Tiefe zu nehmen, zu verschlingen.

Stefan Grissemann

62

8mm Filme von Günter Zehetner

GÜNTER ZEHETNER
Alle Filme: 18 B/Sek
Liebesland (1993) 15 min
Radfahrerinnen (1991) 3 min
Barfrau (1991) 3 min
Paar (1991) 3 min
Schlafen (1991) 3 min
Schlafen II (1992) 3 min
Fernsehen, Christine und ich (1993) 9 min
Die Zeit heilt alle Wunder (1997) 64 min

Fernsehen, Christine und ich

Drei Minuten: Das ist die traditionelle Dimension des perfekten Popsongs, zugleich die Normlänge einer Super-8-Spule. In den Selbsterkundungen des Günter Zehetner ist dieser Zusammenhang evident. Seine Filme vertrauen auf ihre Musikalität, die frühen stummen Dreiminutenstudien ebenso wie die tönenden längeren Arbeiten, die sehr deutlich, mit kurzen Schwarzphasen, auf ihre je dreiminütigen Einzelteile verweisen: auf den nötigen Zeit- und Bildbruch, der zwischen zwei Super-8-Segmenten liegt. Zehetners Filme zeigen: Ereignissplitter, Lebensfetzen, Momentaufnahmen einer Innenwelt, in Farbe und im groben Korn des Super-8-Materials. Man kann sich ihnen nähern wie Objekten ohne Kontext, kann sie wahrnehmen wie ein Stück Natur, wie etwas ganz Simples, aus sich selbst Entstandenes.

Die Filme *Barfrau* und *Paar* sind Sonderfälle in Zehetners Werk geblieben, insofern sie ein Außen zeigen und den Filmemacher selbst nur als blickendes *Subjekt,* noch nicht als *Objekt* führen. In *Paar* lugt die Kamera wie aus einem Versteck, die Sicht halb blockiert, wie in Kurt Krens *15/67 TV* in die Tiefe, fasst ein zufällig sich ergebendes Bewegungsbild ins Auge: Ein junges Paar steht, aneinander gedrängt, im Wind, wähnt sich unbeobachtet. Auch in *Barfrau* kompiliert Zehetner – mit der Kamera nun viel näher an den Menschen, die er filmt – periphere Beobachtungen und knappe Bewegungsabläufe, Nebensächlichkeiten: ein Mädchennacken, ein Arm, ein Gesicht, der Stoff eines Kleides, eine Hand, die an einem Zapfhahn zu hantieren scheint. Etwas leise Irritierendes begleitet diesen Film: eine Lüsternheit des Blicks, die jede Bewegung erotisch auflädt.

Der Film hat ein Nachspiel: Die darin Abgelichtete setzt sich gegen die Verwendung ihrer Bilder zur Wehr – und Zehetner justiert seine Spielart des filmischen Voyeurismus neu. Er wendet den Blick von der Außenwelt ab und beginnt ihn nach innen zu richten: auf den Binnenraum des eigenen Privatlebens, auf sich selbst. Das Aufnahmegerät, mit dem er dem Eigenen zu Leibe rückt, wird Zehetner zum ständigen Begleiter, das Drehen zur Gewohnheit; er nimmt die Kamera als Sonde, die ihm Aufschluss über Qualität und Oberflächen des Ereignislosen, der tagtäglichen Banalität in den eigenen vier Wänden geben soll. Das Privat-

Die Zeit heilt alle Wunder

leben ist Film, die ungeschützte Selbstbeobachtung Zehetners Thema geworden. Er betreibt Feldforschung am eigenen Leib. Ums Schauen geht es bei Zehetner zuerst, ums Hören erst ein wenig später, in seinen längeren Produktionen. Sein tonloses Frühwerk untersucht die Grundbedingungen des filmischen Sehens: Blicklust und Intimität, Bildausschnitt, Raum- und Zeiterfassung. Mit Zuschaltung des Tons verwandeln sich Zehetners Home-Movies noch einmal grundlegend. Über die Musik, die in ihnen zu wirken beginnt, gewinnen die Selbstbespiegelungen des Autors seltsam revuehafte Züge. Einer, der sich selbst fremd geworden ist, versucht sich beharrlich zu durchleuchten: *Autoethnografisch* könnte man die Mini-Musicals nennen, die Zehetner ab 1993 entwirft.

Als eine Serie verwackelter Selbstporträts, zugleich als Musik-Experiment mit übersteuertem Direktton ist *Liebesland* (1993) konzipiert: Der Regisseur singt daheim, während er die Kamera entweder durchs Zimmer dreht oder auf sich selbst gerichtet hält, eine Reihe heftig verzerrter Schlager mit. Eine »Reise ins Liebesland« schnarrt und dröhnt aus irgendeinem Kassettenrecorder, verstärkt von Zehetners Stimme, schmerzlich in den Ohren. Er beschreitet und betanzt mit der Schmalfilmkamera seine Lebensräume, fast schwebt er durch die Zimmer seiner Wohnung, wie entbunden von den Gesetzen der Schwerkraft. Zehetners Arbeiten sind von berückender Kunstlosigkeit, von einem visuellen Primitivismus, der in einer Zeit der alles durchdringenden optischen Raffinesse absolut augenfällig wirkt.

Zehetners 64minütiges Opus magnum *Die Zeit heilt alle Wunder* von 1997 setzt an, wo *Liebesland* geendet hatte. Der erste Teil ist das Protokoll eines enthemmten Abends unter Freunden: eine Hymne ans Trinken und Singen, an die Selbstvergessenheit – ein bacchantisch-regressives Kino. Das Alleinsein tritt in diesem Film stufenweise, aber unaufhaltsam ein. Zehetner fixiert das Auge seiner Kamera, als müsste er darin etwas finden. Die Einsamkeit holt ihn ein, am Ende bleiben ihm nur die Musik und seine Filmrituale: die Kommunikation mit einem toten Ende. Ekstatisch heult und tanzt er zu Grace Jones' »La Vie en rose«, divenhaft vollzieht er Hildegard Knefs dringenden Wunsch nach einem Regen roter Rosen nach. Alles wird mitgefilmt, das Nichtige, der Schmerz. Sentimental schwelgt er in alten Fotos, in seinem abgedunkelten Zimmer, nach dem Ende einer Liebe. Zu den Klängen von Dusty Springfields »Son of a Preacher Man« wendet er sich plötzlich um, legt seine Hose ab und stellt seinen Hintern zur Schau: die Kehrseite seiner Philanthropie. Aller Wert ist hier in eine Geste der bloßen Verachtung, des Weltekels gelegt. Der Hass ist nötig, er authentifiziert die Liebe, erst mit ihm ist das Spektrum komplett, die Mission erfüllt. Günter Zehetners Kino hat seine sanften, seine manischen und seine depressiven Momente: Zwischen Narzissmus und Selbstabscheu ist ihm nichts Menschliches fremd.

Stefan Grissemann

63

PETER KUBELKA

Mosaik im Vertrauen (1955) 16 min

Mitarbeit: Ferry Radax

Unsere Afrikareise (1966) 13 min

Pause! (1977) 11 min

Dichtung und Wahrheit (1996/2003) 13 min

Adebar (1957) 1 min

Adebar (1957) 1 min

Schwechater (1958) 1 min

Schwechater (1958) 1 min

Arnulf Rainer (1960) 6 min

Mosaik im Vertrauen

Peter Kubelkas monolithisches Kinowerk unterhält offene und geheime Verbindungen zur Weltkunstgeschichte; es strahlt aus in die Malerei, den Tanz, in die Musik und die Skulptur, als sei es eine nachgelieferte oder spät gefundene Urzelle der Kunst. Er könne Film, sagt Peter Kubelka, nur als Projektion von Standbildern begreifen. Seine Ökonomie sei der einzelne Kader, jedes unnötige Bild verringere die Artikulationsfähigkeit eines Films. Aber der Handlungsspielraum des Regisseurs sei fast unbegrenzt: Er verfüge über 24 Kommunikationsmöglichkeiten in der Sekunde. Wenn er nur ein einziges »richtiges« Bild am Tag herstelle, meint Kubelka, sei das bei weitem genug. In dieser Hinsicht ist er Andy Warhols Antipode; zwar teilt Kubelka dessen Interesse an minimalen filmischen Verschiebungen, zugleich aber ersetzt er Warhols gleichmütigen Kinoblick, die Dramaturgie der subversiven Überdehnung und Verschleppung durch dessen Gegenteil: das Gesetz der maximalen Verknappung.

In den fünfziger Jahren entwickelt Kubelka – Leichtathlet, Judoka und Abgänger der Filmhochschulen in Wien und Rom – sein »metrisches Kino« als Ergebnis einer Jagd auf das vollkommene filmische Maß in radikaler Verdichtung: 1957 und 1958 stellt er die beiden einminütigen Filme *Adebar* und *Schwechater* fertig, zwei strukturalistische Studien hypnotischer Loops und synkopischer Bewegungsvariationen. *Adebar* kreist, als Werbespot für das gleichnamige Wiener Café, um eine Serie systematisch wiederholter, flüchtiger Tanzfilmfragmente, die Kubelka mit einem repetitiven Musikfundstück aus Zentralafrika konfrontiert. Das limitierte audiovisuelle Inventar (wenige kurze Sequenzen tanzender Silhouetten; eine knappe musikalische Phrase) wird in wechselnden Kombinationen zu einem fremd anmutenden Filmtanz montiert, in dem Bewegung und Erstarrung, Synchronität und Arhythmie in Negativ-Positiv-Bildsprüngen zelebriert werden: ein Schattentheater komplizierter Licht- und Klangrhythmen.

Einen Werbeauftrag der Schwechater-Brauerei nützt Kubelka erneut für seine Zwecke und seine Vision einer unerhörten filmisch-metrischen Harmonie: Zwar sieht er sich von seinen Geldgebern gezwungen, banale Szenen Bier trinkender Models am Wirtshaustisch zu drehen, aber die Kompromisslosigkeit seiner Montage verwandelt den Standard-Werbefilm in ein irrlichterndes Meisterwerk des Avantgardekinos, in ein methodisch manipuliertes, schwarz, weiß und rot getöntes Bilderstakkato. Mit *Schwechater* demonstriert Kubelka die Austauschbarkeit des Sujets für sein Kino – und bringt doch den Werbefilm auf seine Essenz zurück und dadurch zur Perfektion (auch weil seither schlechtes Bier, so Kubelka ironisch, in vielen guten Büchern verewigt sei). Die gebündelte filmische Gewalt dieses Films, in dem eine aufs Wesentliche reduzierte, konsequent auf das Firmenlogo zulaufende Dramaturgie am Werk ist, und seine gnadenlose Konzentration auf Form, Farbe und Rhythmus stoßen im Wien der späten fünfziger Jahre auf Empörung und Unverständnis. Wenige Jahre später emigriert Peter Kubelka, auch wegen des Hasses, der ihm entgegenschlägt, nach New York City, wo er auf eine in jedem Sinn offenere, empfänglichere Filmkultur trifft.

Von Anfang an gilt Kubelkas Interesse dem Material Kino, der physischen Erscheinung seines Mediums: Früh schon stellt er entwickelte Filmstreifen aus, weist so auf die skulpturalen Grundlagen der Kinokunst hin, träumt von der »Ewigkeit« seiner Erfindungen: Die suprematistische Kubelka-Produktion *Arnulf Rainer* etwa wird man, wenn in Tausenden von Jahren nur dessen Partitur übrig geblieben sein wird, tatsächlich nahezu vollständig rekonstruieren können. *Arnulf Rainer* ist ein Film, der Fotografie nicht mehr nötig hat, der die sinnliche Macht der Basiselemente des Kinos umso vehementer offen legt – Weiß, Schwarz, Geräusch, Stille: *Arnulf Rainer* ist aus Licht und Nichtlicht gemacht und aus Ton und Nichtton. Der Titel geht auf die Idee eines Filmporträts des österreichischen Malers zurück, der erst 17 Jahre später als Star in Kubelkas Menschmaschinen-Groteske *Pause!* persönlich ins Bild treten wird. Vorerst kommt der Filmemacher, unter dem Druck seiner revolutionären Kunstideen, davon ab, Rainer selbst abzulichten. Er hat Wesentlicheres im Sinn: Er feiert die Entmachtung der Kamera als Film generierende Maschine. (Zudem muss dieser Film zu jenen ganz wenigen Arbeiten in der Geschichte des Kinos gerechnet werden, in denen Ton und Bild als gleichrangige Kinokonstituenten behandelt werden.) Kubelkas Pädagogik verschmilzt mit der rauschhaften Anlage des Films – die ohrenbetäubende Lautstärke, die der Künstler den Projektionisten vorschreibt, ist Teil der körperlichen Wirkung, die *Arnulf Rainer* erzielen soll (und kann). Fred Camper hat sich angesichts des blitzenden und donnernden Spektakels an ein künstliches Gewitter erinnert gefühlt: an die »rohe, primitive Kraft eines Naturereignisses«. Die Natur liegt stets nahe im Reden über Kubelkas Kino. Jonas Mekas etwa sieht in diesen Arbeiten eine Gegenmaßnahme zum dominierenden emotionalen Bewegungsbild: Dem Kitsch des Mainstreamkinos setze Kubelka Filme entgegen, die »kristallin« seien – von der Perfektion eines in der Natur gefundenen Objekts.

Als erbitterter Gegner der Spezialisierung ist der Universalkunstdenker Kubelka, in Wort und Tat, ein Verfechter der gattungsübergreifenden Philosophie. Die Kunst geht über die Natur hinaus, bricht mit den alten, scheinbar ehernen Gesetzen – und sie reicht jederzeit in

Adebar

Dichtung und Wahrheit

Schwechater

63

Arnulf Rainer

den Alltag hinein: Wie der Fisch und das Feuer sich in *Unsere Afrikareise* anmutig, Bild an Bild, eine Zehntelsekunde lang zu vereinen bereit sind, so finden sie auch in der Speisenzubereitung zueinander. So etwas bringt nur die Kunst zuwege, zu der nach Kubelka auch das Kochen selbstverständlich zu rechnen ist. Der zum Bild strikt kontrapunktisch gesetzte Ton gehört zu Kubelkas liebsten Arbeitsfeldern: Schon sein Debüt, die Spielfilm-Paraphrase *Mosaik im Vertrauen,* die er 1954/55 mit Ferry Radax anfertigt, lebt von den tragikomischen Abgründen zwischen dem Sicht- und dem Hörbaren. Ein parodistischer sozialer Realismus verbindet sich in *Mosaik im Vertrauen* mit dem Skelett einer Spielhandlung und beispielsweise mit der aus dem Off zynisch kommentierten *found footage* einer Karambolage im Zuge eines Autorennens. Dabei wird eine befremdliche neue »Logik« konstruiert, die kühne semantische Sprünge wagt und elliptische Erzählungen generiert. In *Unsere Afrikareise,* der filmischen Aufzeichnung einer Safari im Sudan, treibt Kubelka seine poetischen Bild-Ton-Kollisionsmanöver auf die Spitze: Aus 18 Stunden Tonmaterial und 180 Minuten Film destilliert Kubelka in fünfjähriger Schnittarbeit ein mit höchster Präzision nach Farbe, Klang, Raum, Bewegung, Zeit und Sprache geordnetes dreizehnminütiges Werk, eine wie die Kompositionen Anton Weberns hoch verdichtete Arbeit. Brutal demontiert Kubelka den gedankenlosen Kolonialismus der österreichischen Safari-Teilnehmer.

Das Filmwerk des Perfektionisten ist schmal geblieben: Zwischen der *Afrikareise* und *Pause!* liegen elf Jahre, zwischen *Pause!* und *Dichtung und Wahrheit,* Kubelkas bislang letztem Film, einem stummen Reigen seltsamer Werbefilmphantasien gar 26. Kubelka lehnt Begriffe wie Experimental- oder Avantgardefilm für sich selbst ab, er nimmt in Anspruch, einfach Filme zu machen, »normale Filme«. Dass seine Ideen nicht zur Norm geworden sind, liegt an anderen, nicht an ihm. An den ersten Blick im Kino glaubt er sowieso nicht: Wenn etwas gut und genau gefertigt ist, *verdient* es nicht nur mehr als einen Blick, es *braucht* auch, um ein Grundverständnis zu gewährleisten, mindestens zwei. Kubelkas komplexes Kinogesamtwerk ist ein klingendes, bewegliches Denkmal für die tief ins Herz der Menschheitsgeschichte reichende Filmkunst: ein Monument für die Alte Welt.

Stefan Grissemann

Anhang

Index der Künstler/innen

Die folgenden Informationen über die im Zyklus *Was ist Film* vertretenen Filmkünstler/innen sind bewusst knapp gehalten. Sie sollen eine erste Lokalisierung ermöglichen (Lebensdaten, Geburtsorte). Sie geben zweitens – sofern der Zyklus keine umfassende Darstellung des Lebenswerks offeriert – einige zusätzliche Filme der betreffenden Künstler an. Und sie stellen drittens kurze Literaturhinweise bereit (Bücher, Aufsätze, Buchkapitel, Broschüren über die jeweiligen Künstler). Der Index bietet nicht mehr als eine kleine Startrampe für jegliche weitere Beschäftigung mit den Filmemacher/innen des Zyklus. Nicht vertreten sind hier jene verschiedentlich als Mitautor/inn/en einzelner Filme genannten Künstler/innen, die Peter Kubelka in seinen Credit-Angaben zum Zyklus nicht inkludiert hat wie z. B. Salvador Dalí *(Un chien andalou)*, Frances H. Flaherty *(Man of Aran)*, Robert Freeman *(Swain)*, Alexander Hammid *(Meshes of the Afternoon)*, Alfred Leslie *(Pull My Daisy)*, Dudley Murphy *(Ballet mécanique)* oder William T. Wiley *(The Great Blondino)*.

Zu Beginn seien einige deutsch- und englischsprachige Quellen genannt, die sich grundsätzlich mit den Kulturen des avantgardistischen Films in den USA und Europa beschäftigen und jeweils mehrere Künstler des Zyklus thematisieren. Abgesehen von einschlägigen (historischen) Zeitschriften wie *Film Culture*, *Afterimage* oder *Millennium Film Journal* sind dies z. B. die Bücher:

→ **von P. Adams Sitney:** *Film Culture Reader* (Hg., New York 1970); *Visionary Film: The American Avant-Garde, 1943–2000* (New York 2002 [1974], 3., erweiterte Auflage); *The Essential Cinema: Essays on the Films in the Collection of Anthology Film Archives* (New York 1975); *The Avant-Garde Film: A Reader of Theory and Criticism* (New York 1978); *Eyes Upside Down. Visionary Filmmakers and the Heritage of Emerson* (Oxford 2008) u. a.

→ **von Scott MacDonald:** *A Critical Cinema: Interviews with Independent Filmmakers* (5 Bände, Berkeley 1988, 1992, 1998, 2005, 2006); *Avant-Garde Film. Motion Studies* (Cambridge 1993); *Screen Writings: Scripts and Texts by Independent Filmmakers* (Berkeley 1995); *The Garden in the Machine* (Berkeley 2001); *Adventures of Perception. Cinema as Exploration* (Berkeley 2009) u. a.

→ **deutschsprachige Übersichtswerke wie:** *Avantgarde Film* (von Peter Weiss, Frankfurt/Main 1995 [1956]); *Film im Underground. Von seinen Anfängen bis zum Unabhängigen Kino* (von Birgit Hein, Frankfurt/Main 1971); *Avantgardistischer Film 1951–1971, Theorie* (Hg. Gottfried Schlemmer, München 1973); *Eine Subgeschichte des Films. Lexikon des Avantgarde-, Experimental- und Undergroundfilms* (von Hans Scheugl & Ernst Schmidt jr., 2 Bände, Frankfurt/Main 1974); *Film als subversive Kunst* (von Amos Vogel, St. Andrä-Wördern 1997 [1974]); *Film als Film. 1910 bis heute. Vom Animationsfilm* *der zwanziger Jahre zum Filmenvironment der siebziger Jahre* (von Birgit Hein & Wulf Herzogenrath, Stuttgart 1977); *Avantgardefilm. Österreich. 1950 bis heute* (Hg. Alexander Horwath, Lisl Ponger & Gottfried Schlemmer, Wien 1995); *Erweitertes Kino. Die Wiener Filme der 60er Jahre* (von Hans Scheugl, 2002); *X-Screen. Filmische Installationen und Aktionen der Sechziger- und Siebzigerjahre* (Hg. Matthias Michalka, Wien/Köln 2003); *Golden Years. Materialien und Positionen zu queerer Subkultur und Avantgarde zwischen 1959 und 1974* (Hg. Diedrich Diederichsen u.a., Graz 2006); *Kino aus zweiter Hand. Zur Ästhetik materieller Aneignung im Film und in der Medienkunst* (von Christa Blümlinger, Berlin 2009); *Cinéma brut. Eine alternative Genealogie der Filmavantgarde* (von Gabriele Jutz, Wien/New York 2010) u. v. a.

→ englischsprachige Übersichtswerke wie:
The New American Cinema. A Critical Anthology (von Gregory Battcock, New York 1967); *An Introduction to the American Underground Film* (von Sheldon Renan, New York 1967); *Underground Film; A Critical History* (von Parker Tyler, New York 1969); *Experimental Cinema: A Fifty Year Evolution* (von David Curtis, London 1971); *Movie Journal – The Rise of the New American Cinema, 1959–1971* (von Jonas Mekas, New York 1972); *Film Is – The International Free Cinema* (von Stephen Dwoskin, London 1975); *Structural Film Anthology* (Hg. Peter Gidal, London 1976); *Abstract Film and Beyond* (von Malcolm Le Grice, Cambridge 1977); *Abstraction in Avant-Garde Films* (von Maureen Turim, Ann Arbor, Michigan 1985); *Experimental Animation. Origins of a New Art* (von Cecile Starr & Robert Russett, New York 1988); *Allegories of Cinema: American Film in the Sixties* (von David E. James, Princeton 1989); *Film at Wit's End: Eight Avant-Garde Filmmakers* (von Stan Brakhage, New York 1989); *Indiscretions. Avantgarde Film, Video & Feminism* (von Patricia Mellencamp, Bloomington 1990); *Points of Resistance: Women, Power & Politics in the New York Avant-Garde Cinema, 1943–71* (von Lauren Rabinovitz, Chicago 2003 [1991]); *Light Moving in Time. Studies in the Visual Aesthetics of Avant-Garde Film* (von William C: Wees, Berkeley 1992); *Recycled Images. The Art and Politics of Found Footage Film* (von William C. Wees, New York 1993); *The British Avant-Garde Film 1926 to 1995. An Anthology of Writings* (Hg. Michael O'Pray, Luton 1996); *Bike Boys, Drag Queens & Superstars: Avant-Garde, Mass Culture, and Gay Identities in the 1960s Underground Cinema* (von Juan Antonio Suarez, Bloomington 1996); *Experimental Cinema: The Film Reader* (Hg. Wheeler Winston-Dixon & Gwendolyn Audrey Foster, London/New York 2002); *Avant-Garde Film: Forms, Themes and Passions* (von Michael O'Pray, New York 2003); *A Line of Sight. American Avant-Garde Film since 1965* (von Paul Arthur, Minneapolis 2005); *The Most Typical Avant-Garde: History and Geography of Minor Cinemas in Los Angeles* (von David E. James, Berkeley 2005); *Shadows, Specters, Shards: Making History in Avant-Garde Film* (von Jeffrey Skoller, Bloomington 2006); *Women's Experimental Cinema: Critical Frameworks* (Hg. Robin Blaetz, Durham 2007); *Moving Forward, Looking Back: The European Avant-Garde and the Invention of Film Culture 1919–1939* (von Malte Hagener, Amsterdam 2007) u. v. a.

Diese sowie die im Folgenden genannte Literatur ist mit wenigen Ausnahmen durchwegs in der Bibliothek des Österreichischen Filmmuseums verfügbar.

KENNETH ANGER
1927, Santa Monica, Kalifornien

→ **P 13, 20, 26, 47** Siehe auch P 2. Weitere Werke: *Kustom Kar Kommandos* (1965), *Lucifer Rising* (1970–80), *Mouse Heaven* (2005). Literatur: *Into The Pleasure Dome: The Films Of Kenneth Anger* (von Jayne Pilling and Michael O'Pray, London 1990), *Anger: The Unauthorized Biography of Kenneth Anger* (von Bill Landis, New York 1995), *Éloge de Kenneth Anger* (von Olivier Assayas, Paris 1999)

MARTIN ARNOLD
1959, Wien

→ **P 16, 30** Weitere Werke: *Alone. Life Wastes Andy Hardy* (1998), *Deanimated* (2002), *Shadow Cuts* (2010). Literatur: *Afterimage* Vol. 24 (New York 1997, Aufsatz von Akira M. Lippit), *Deanimated* (Hg. Gerald Matt & Thomas Mießgang, Wien/New York 2002)

BRUCE BAILLIE
1931, Aberdeen, South Dakota

→ **P 55** Siehe auch P 2. Weitere Werke: *A Hurrah for Soldiers* (1963), *Mass for the Dakota Sioux* (1964), *Quixote* (1965–68), *Quick Billy* (1970). Literatur: *Film Culture* no. 67–69 (New York 1979), *A Critical Cinema 2* (von Scott MacDonald, Berkeley 1992, Interview)

ROBERT BEAVERS
1949, Brookline, Massachusetts

→ **P 46**. Siehe auch P 2. Weitere Werke: *From the Notebook of…* (1971/98), *Sotiros* (1976–78/96), *The Hedge Theater* (1986–90/2002), *Pitcher of Colored Light* (2007). Literatur: *Millennium Film Journal* no. 32–33 (New York 1988), *Robert Beavers* (Hg. Österreichisches Filmmuseum, Wien 2010)

STAN BRAKHAGE
1933, Kansas City – 2003, Victoria (Kanada)

→ **P 3, 12, 26, 30, 37, 38, 40, 51, 58, 59, 60, 61** Siehe auch P 2. Weitere Werke: *Desistfilm* (1954), *Chartres Series* (1994), *The God of Day Had Gone Down Upon Him* (2000). Literatur: *Essential Brakhage. Selected Writings on Filmmaking* (Hg. Bruce McPherson, New York 2001), *Stan Brakhage: Filmmaker* (Hg. David E. James, Philadelphia 2005)

ROBERT BREER
1926, Detroit

→ **P 26, 41, 42** Siehe auch P 2. Literatur: *Robert Breer* (von Sandy Moore, St. Paul 1980), *Robert Breer, A Study of His Work in the Context of the Modernist Tradition* (von Lois Mendelson, Ann Arbor, Michigan 1981)

DIETMAR BREHM
1947, Linz

→ **P 44** Weitere Werke: *Sekundenfalle* (1982), *Perfekt 1–3* (1983–84/96), *Roter Morgen* (1990), *Verdrehte Augen (2. Version)* (2002). Literatur: *Dietmar Brehm: Perfekt* (Hg. Gottfried Schlemmer, Wien 2000), *Dietmar Brehm. Party. Filme 1974–2003* (Hg. Alexander Horwath, Wien 2003)

JAMES BROUGHTON
1913, Modesto, Kalifornien – 1999, Port Townsend, Washington

→ **P 45** Weitere Werke: *The Potted Psalm* (mit Sidney Peterson, 1946), *The Pleasure Garden* (1953), *Dreamwood* (1972). Literatur: *Film Culture* no. 61 (New York 1975/76), *ALL: A James Broughton Reader* (Hg. Jack Foley, Brooklyn 2007)

LUIS BUÑUEL
1900, Calanda (Spanien) – 1983, Mexico-Stadt
→ **P 14, 17, 19** Weitere Werke: *Los olvidados* (1950), *Ensayo de un crimen* (1955), *Viridiana* (1961), *El ángel exterminador* (1962), *Belle de jour* (1967). Literatur: *Luis Buñuel* (von Raymond Durgnat, London 1967), *Mein letzter Seufzer* (von Luis Buñuel, Berlin 1984), *Luis Buñuel: New Readings* (Hg. Peter William Evans, Isabel Santaolalla, London 2004)

RENÉ CLAIR
1898, Paris – 1981, Neuilly-sur-Seine
→ **P 17** Weitere Werke: *Paris qui dort* (1925), *Un chapeau de paille d'Italie* (1927), *Sous les toits de Paris* (1930), *À nous la liberté* (1931), *I Married a Witch* (1942). Literatur: *Kino. Vom Stummfilm zum Tonfilm* (von René Clair, 1995 [1952]), *René Clair* (von Jean Mitry, Paris 1960), *The Films of René Clair* (von R. C. Dale, Metuchen, N. J. 1986)

JEAN COCTEAU
1889, Maisons-Laffitte – 1963, Milly-la-Forêt
→ **P 45** Weitere Werke: *La Belle et la Bête* (1946), *Les Parents terribles* (1948), *Orphée* (1950), *Le Testament d'Orphée* (1960). Literatur: *Kino und Poesie. Notizen* (Hg. Klaus Eder, München/Wien 1979), *Vollendete Vergangenheit* (von Jean Cocteau, München 1989)

EMILE COHL
1857, Paris – 1938, Villejuif, Val-de-Marne
→ **P 7** Weitere Werke: *Fantasmagorie* (1908), *Le Peintre néo-impressionniste* (1910), *Jobard ne peut pas voir les femmes travailler* (1911), *Les Aventures des Pieds Nickelés* (1917). Literatur: *Emile Cohl, Caricature, and Film* (von Donald Crafton, Princeton 1990), *Emile Cohl – L'inventeur du dessin animé* (von Pierre Courtet-Cohl, Bernard Génin, Montreuil 2008)

BRUCE CONNER
1933, McPherson, Kansas – 2008, San Francisco
→ **P 8, 55, 57, 59** Siehe auch P 2. Weitere Werke: *Breakaway* (1966), *Marilyn Times Five* (1968–73), *Mongoloid* (1978), *Television Assassination* (1963–64/95). Literatur: *Bruce Conner* (von Anthony Reveaux, St. Paul 1981), *2000 BC: The Bruce Conner Story Part II* (Hg. Joan Rothfuss, Minneapolis 1999), *Bruce Conner. Die 70er Jahre* (Hg. Gerald Matt & Barbara Steffen, Wien/Nürnberg 2010)

JOSEPH CORNELL
1903, Nyack, N.Y. – 1972, New York City
→ **P 12, 30, 59** Literatur: *The Untutored Eye: Childhood in the Films of Cocteau, Cornell, and Brakhage* (von Marjorie Keller, Rutherford/London 1986), *Utopia Parkway: The Life and Work of Joseph Cornell* (von Deborah Solomon, New York 1997)

CHARLES DEKEUKELEIRE
1905, Ixelles (Belgien) – 1971, Werchter (Belgien)
→ **P 9** Weitere Werke: *Combat de Boxe* (1927), *Histoire de détective* (1929), *Witte Flam/Flamme blanche* (1930). Literatur: *Eine Subgeschichte des Films* (von Hans Scheugl & Ernst Schmidt jr., Frankfurt/Main 1974), *Millennium Film Journal* no. 7–9 (New York 1980/81, Aufsatz von Kristin Thompson)

MAYA DEREN
1917, Kiev – 1961, New York City
→ **P 45** Siehe auch P 2. Weitere Werke: *At Land* (1944), *The Private Life of a Cat* (1947, mit Alexander Hammid), *Meditation on Violence* (1949), *Divine Horsemen: The Living Gods of Haiti* (1947–55, unvollendet, 1981 editiert von Teiji und Cherel Itō). Literatur: *Maya Deren and the American Avant-Garde* (Hg. Bill Nichols, Berkeley 2001), *Essential Deren: Collected Writings on Film* (Hg. Bruce R. McPherson, New York 2005)

WILLIAM KENNEDY LAURIE DICKSON
1860, Le Minihic-sur-Rance (Frankreich) – 1935, Twickenham (England)

→ **P 1** Literatur: *Before the Nickelodeon: Edwin S. Porter and the Edison Manufacturing Company* (von Charles Musser, Berkeley 1991), *The Man Who Made Movies: W. K. L. Dickson* (von Paul Spehr, Eastleigh 2008)

ALEKSANDR DOVŽENKO
1894, Sosnica (Ukraine) – 1956, Moskau

→ **P 5, 22, 37, 39** Weitere Werke: *Jagodka ljubvi* (1926), *Sumka dipkur'era* (1927), *Ivan* (1932), *Ščors* (1939, mit Julija Solnceva). Literatur: *In the Service of the State: The Cinema of Olexandr Dovzhenko* (von Vance Kepley Jr., Madison 1986), *Olexandr Dovzhenko: A Life in Soviet Film* (von George O. Liber, London 2002)

CARL THEODOR DREYER
1889, Kopenhagen – 1968, Kopenhagen

→ **P 10, 11, 20, 32** Weitere Werke: *Prästänkan* (1920), *Der var engang* (1922), *Michael* (1924), *Gertrud* (1964). Literatur: *The Cinema of Carl Dreyer* (von Tom Milne, London/New York 1971), *Transcendental Style in Film. Ozu, Bresson, Dreyer* (von Paul Schrader, Berkeley 1972), *The Films of Carl Theodor Dreyer* (von David Bordwell, Berkeley 1981)

MARCEL DUCHAMP
1887, Blainville-Crevon – 1968, Neuilly-sur-Seine

→ **P 7** Siehe auch P 17. Literatur: *The Exiles of Marcel Duchamp* (von T. J. Demos, Cambridge 2007)

VIKING EGGELING
1880, Lund, Schweden – 1925, Berlin

→ **P 7, 61** Literatur: *Viking Eggeling, 1880–1925, Artist and Filmmaker: Life and Work* (von Louise O'Konor, Stockholm 1971)

VALIE EXPORT
1940, Linz

→ **P 12, 31** Siehe auch P 2. Weitere Werke: *Abstract Film No. 1* (1968), *Tapp- und Tast-Kino* (1968, Expanded Cinema), *Adjungierte Dislokationen* (1973), *Unsichtbare Gegner* (1977). Literatur: *VALIE EXPORT. Fragments of the Imagination* (von Roswitha Müller, Bloomington 1994), *EXPORT Lexikon* (Hg. Sylvia Szely, Wien 2007)

RAINER WERNER FASSBINDER
1945, Bad Wörishofen – 1982, München

→ **P 34** Weitere Werke: *Händler der vier Jahreszeiten* (1972), *Fontane Effi Briest* (1974), *In einem Jahr mit 13 Monden* (1978), *Berlin Alexanderplatz* (1980), *Lola* (1981). Literatur: *Rainer Werner Fassbinder* (von Thomas Elsaesser, Berlin 2001), *Fassbinder über Fassbinder. Die ungekürzten Interviews* (Hg. Robert Fischer, Frankfurt/Main 2004)

MORGAN FISHER
1942, Washington D. C.

→ **P 57** Weitere Werke: *Production Stills* (1970), *Picture and Sound Rushes* (1973), *Projection Instructions* (1976), *( )* (2003). Literatur: *Avant-Garde Film: Motion Studies* (von Scott MacDonald, Cambridge 1993), *Screen Writings: Scripts and Texts by Independent Filmmakers* (Drehbuch zu *Standard Gauge*, Hg. Scott MacDonald, Berkeley 1995)

ROBERT J. FLAHERTY
1884, Iron Mountain, Michigan – 1951, Dummerston, Vermont

→ **P 3, 55** Weitere Werke: *Moana* (1926), *Tabu* (mit F. W. Murnau, 1931), *Louisiana Story* (1948). Literatur: *The Odyssey of a Filmmaker: Robert Flaherty's Story* (von Frances H. Flaherty, Urbana 1960), *Flaherty: A Biography* (von Paul Rotha, Philadelphia 1983), *The Vision of Robert Flaherty: The Artist As Myth and Filmmaker* (von Richard Barsam, Bloomington 1988)

GEORGES FRANJU
1912, Fougères – 1987, Paris

→ **P 26** Weitere Werke: *Hôtel des Invalides* (1951), *Les Yeux sans visage* (1960), *Thérèse Desqueyroux* (1962), *Judex* (1964), *Thomas l'imposteur* (1965). Literatur: *Franju* (von Raymond Durgnat, Berkeley 1968), *Georges Franju* (von Kate Ince, Manchester 2005)

ROBERT FRANK
1924, Zürich

→ **P 4** Weitere Werke: *Me and My Brother* (1969), *Conversations in Vermont* (1971), *Cocksucker Blues* (1972), *Home Improvements* (1985), *The Present* (1996). Literatur: *Robert Frank* (von Sarah Greenough, Washington/Zürich/New York 1994), *frank films – The Film and Video Work of Robert Frank* (Hg. Brigitta Burger-Utzer & Stefan Grissemann, Göttingen 2009)

MANNUS FRANKEN
1899, Deventer – 1953, Lochem

→ **P 53** Weitere Werke: *Regen* (1929, Mitarbeit), *Tanah Sabrang, land van de overkant* (1929), *Pareh, het lied van de rijst* (1936). Literatur: *Het land aan de overkant* (von Mannus Franken, Naarden 1946)

ERNIE GEHR
1943, Milwaukee

→ **P 30** Siehe auch P 2. Weitere Werke: *Serene Velocity* (1971), *Shift* (1972–74), *Signal – Germany on the Air* (1982–85), *Side/Walk/Shuttle* (1992), *Cotton Candy* (2002). Literatur: *Ernie Gehr* (von P. Adams Sitney, Minneapolis 1980), *Shadows, Specters, Shards: Making History in Avant-Garde Film* (von Jeffrey Skoller, Bloomington 2006)

JEAN GENET
1910, Paris – 1986, Paris

→ **P 12** Literatur: *Jean Genet. A Biography* (von Edmund White, New York 1993)

PETER HUTTON
1944, Detroit

→ **P 23, 53** Weitere Werke: *New York Portrait: Chapter One/Two/Three* (1979/1981/1990), *Lodz Symphony* (1993), *Study of a River* (1997), *At Sea* (2007). Literatur: *Art Forum* Vol. 25, no. 2 (New York 1986, Aufsatz von J. Hoberman), *Adventures of Perception. Cinema as Exploration: Essays/Interviews* (von Scott MacDonald, Berkeley 2009)

JORIS IVENS
1898, Nijmegen – 1989, Paris

→ **P 8, 53** Weitere Werke: *Misère au Borinage* (1933, mit Henri Storck), *The Spanish Earth* (1937), *Know Your Enemy: Japan* (1945, mit Frank Capra), *Le 17e parallèle: La guerre du peuple* (1968, mit Marceline Loridan-Ivens), *Une histoire de vent* (1988). Literatur: *Living Dangerously: A Biography of Joris Ivens* (von Hans Schoots, Amsterdam 2000), *Poesie und Politik. Der Dokumentarfilmer Joris Ivens (1898–1989)* (Hg. Jan-Pieter Barbian & Werner Ruzicka, Trier 2001)

KEN JACOBS
1933, Brooklyn

→ **P 16, 18, 59** Siehe auch P 2. Weitere Werke: *Little Stabs at Happiness* (1963), *The Doctor's Dream* (1978), *Disorient Express* (1995), *Star Spangled to Death* (1957–2004). Literatur: *Ken Jacobs* (Hg. Freunde der Deutschen Kinemathek, Berlin 1986), *Back and Forth: Early Cinema and the Avant-Garde* (von Bart Testa, Toronto 1992)

KARL KELS
1960, Düsseldorf

→ **P35** Weitere Werke: *Elefanten* (2000), *Prince Hotel* (1987/2003), *Sidewalk* (2008). Literatur: *Karl Kels* (von Georg Elben, Berlin 1993), *Visions du Réel* (Nyon 1996, Aufsatz von Miryam van Lier)

KURT KREN
1929, Wien – 1998, Wien

→ **P 31, 43** Siehe auch P 2. Weitere Werke: *1/57 Versuch mit synthetischem Ton* (1957), *17/68 Grün-rot* (1968), *28/73 Zeitaufnahme(n)* (1973), *39/81 Which way to CA?* (1981). Literatur: *Ex Underground. Kurt Kren* (Hg. Hans Scheugl, Wien 1995), *Kurt Kren. Das Unbehagen am Film* (Hg. Thomas Trummer, Wien 2006)

PETER KUBELKA
1934, Wien

→ **P 63** Siehe auch P 2, 29. Literatur: *Peter Kubelka* (Hg. Christian Lebrat, Paris 1990), *Peter Kubelka* (Hg. Gabriele Jutz & Peter Tscherkassky, Wien 1995), *Peter Kubelka* (Hg. Martin Mazanec, Olomouc 2008)

GEORGE KUCHAR
1942, New York City

→ **P 23, 54** Siehe auch P 52. Weitere Werke: *I Was A Teenage Rumpot* (1960, mit Mike Kuchar), *Pussy On A Hot Tin Roof* (1961, mit Mike Kuchar), *Knocturne* (1968), *The Devil's Cleavage* (1973). Literatur: *Desperate Visions* (von Jack Stevenson, London/San Francisco 1996), *Reflections from a Cinematic Cesspool* (von George & Mike Kuchar, Berkeley 1997)

OWEN LAND (GEORGE LANDOW)
1944, New Haven, Connecticut

→ **P 60** Weitere Werke: *Bardo Follies* (1967–76), *What's Wrong With This Picture 1/2* (1971/72), *No Sir, Orison!* (1975). Literatur: *behind the facts. interfunktionen 1968–1975* (Hg. Gloria Moure, Barcelona 2004), *Two Films by Owen Land* (Hg. Mark Webber, London/Wien 2005)

RICHARD LEACOCK
1921, London

→ **P 4, 53** Siehe auch P 2. Weitere Werke: *The Chair* (1962, mit Robert Drew), *Happy Mother's Day* (1963, mit Joyce Chopra), *Campaign Manager* (1964, mit Noel E. Parmentel), *The Anatomy of Cindy Fink* (1966, mit Patricia Jaffe), *Community of Praise* (1981). Literatur: *Documentary Explorations: 15 Interviews with Film-makers* (von G. Roy Levin, New York 1971, Interview), *Der amerikanische Dokumentarfilm der 60er Jahre. Direct Cinema und Radical Cinema* (Hg. Monika Beyerle, Christine N. Brinkmann, Frankfurt/Main 1991)

FERNAND LÉGER
1881, Argentan – 1955, Gif-sur-Yvette

→ **P 7** Literatur: *Fernand Léger 1911–1924: The Rhythm of Modern Life* (Hg. Dorothy M. Kosinski, Christoph Asendorf, München 1994)

LOUIS JEAN LUMIÈRE
1864, Besançon – 1948, Bandol

→ **P 1, 16, 30** Literatur: *Louis Lumière* (von Georges Sadoul, Paris 1964), *Les Lumière* (von Bernard Chardère, Guy und Marjorie Borgé, Paris 1985), *Louis Lumière, inventeur et cinéaste* (von Vincent Pinel, Paris 1994)

AUGUSTE MARIE LOUIS NICOLAS LUMIÈRE
1862, Besançon – 1954, Lyon

→ **P 1, 16, 30** Siehe auch: Louis Lumière

LEN LYE
1901, Christchurch (Neuseeland) – 1980, Warwick, New York

→ **P 49** Siehe auch P 2. Weitere Werke: *Tusalava* (1929), *Kill or Be Killed* (1942), *Color Cry* (1952), *Particles in Space* (1979). Literatur: *Figures of motion: Len Lye, Selected Writings* (Hg. Wystan Curnow & Roger Horrocks, Auckland 1984), *Len Lye: A Biography* (von Roger Horrocks, Auckland 2002)

ÉTIENNE-JULES MAREY
1830, Beaune – 1904, Paris

→ **P 1** Literatur: *Le Mouvement* (von Étienne-Jules Marey, Paris 1894), *Etienne-Jules Marey. Chronophotographie* (Hg. Jürgen Berger & Ronny Loewy, Frankfurt/Main 1985)

GREGORY J. MARKOPOULOS
1928, Toledo, Ohio – 1992, Freiburg (Deutschland)

→ **P 25, 48, 52** Siehe auch P 2. Weitere Werke: *Bliss* (1967), *Eros, O Basileus* (1967), *Index Hans Richter* (1969), *Eniaios* (1948 – ca. 1990). Literatur: *Gregory J. Markopoulos. Mythic Themes, Portraiture, and Films of Place* (Hg. John G. Hanhardt & Matthew Yokobosky, New York 1996), *Millennium Film Journal* no. 32–33 (New York 1998)

JONAS MEKAS
1922, Semeniškiai (Litauen)

→ **P 2, 29, 50** Siehe auch P 52. Weitere Werke: *Walden/Diaries, Notes, and Sketches* (1964–69), *Paradise Not Yet Lost* (1979), *He Stands in a Desert Counting the Seconds of His Life* (1985), *As I Was Moving Ahead Occasionally I Saw Brief Glimpses of Beauty* (2000). Literatur: *Movie Journal* (von Jonas Mekas, New York 1972), *To Free the Cinema: Jonas Mekas & the New York Underground* (Hg. David E. James, Princeton 1992)

GEORGES MÉLIÈS
1861, Paris – 1938, Paris

→ **P 7, 8, 57** Weitere Werke: *Le Voyage dans la lune* (1902), *Le Chaudron infernal* (1903), *Á la conquête du pôle* (1912). Literatur: *Georges Méliès* (von Georges Sadoul, Paris 1961), *Georges Méliès: The Birth of the Auteur* (von Elisabeth Ezra, Manchester 2000), *L'Œuvre de Georges Méliès* (Hg. Jacques Malthête & Laurent Mannoni, Paris 2008)

MARIE MENKEN
1909, New York City – 1970, New York City

→ **P 1** Weitere Werke: *Glimpse of the Garden* (1957), *Arabesque for Kenneth Anger* (1961), *Bagatelle for Willard Maas* (1961), *Andy Warhol* (1965), *Lights* (1966). Literatur: *Marie Menkens Filmpoesie. Ihr filmisches Gesamtwerk aus den Jahren 1945 bis 1967* (Hg. Ute Aurand & Regina Schütze, Berlin 1992), *Women and Experimental Filmmaking* (Hg. Jean Petrolle & Virginia Wright Wexman, Chicago 2005)

ROBERT NELSON
1930, San Francisco
→ **P 8** Weitere Werke: *Confessions of a Black Mother-Succuba* (1965), *Oh Dem Watermelons* (1965), *Grateful Dead* (1967), *The Off-Handed Jape* (1967, mit William T. Wiley), *Bleu Shut* (1970). Literatur: *To Tightrope Walkers Everywhere: The Collaborative Films of Robert Nelson and William T. Wiley* (von J. Hoberman, Minneapolis 1979)

PAT O'NEILL
1939, Los Angeles
→ **P 23, 33, 56, 58** Weitere Werke: *By the Sea* (1963, mit Robert Abel), *Decay of Fiction* (2002), *Horizontal Boundaries* (2008). Literatur: *Pat O'Neill: Views From the Lookout Mountain* (Hg. Stephanie Emerson, Göttingen/Santa Monica 2004), *The Most Typical Avant-Garde: History and Geography of Minor Cinemas in Los Angeles* (von David James, Berkeley 2005)

D. A. PENNEBAKER
1925, Evanston, Illinois
→ **P 4** Weitere Werke: *Daybreak Express* (1953), *Jane* (1962, mit Robert Drew & Richard Leacock), *Don't Look Back* (1967), *Monterey Pop* (1968), *The War Room* (1993, mit Chris Hegedus). Literatur: *Cinéma Vérité in America. Studies in Uncontrolled Documentary* (von Stephen Mamber, Cambridge 1974), *Direct Cinema: Observational Documentary and the Politics of the Sixties* (von Dave Saunders, London 2007)

FRANCIS PICABIA
1879, Paris – 1953, Paris
→ **P 17** Literatur: *The Artwork Caught by the Tail: Francis Picabia and Dada in Paris* (von George Baker, Cambridge 2007)

FERRY RADAX
1932, Wien
→ **P 57** Siehe auch P 63. Weitere Werke: *Am Rand* (1961–63), *H. C. Artmann* (1967), *Konrad Bayer, oder: die welt bin ich und das ist meine sache* (1969), *Thomas Bernhard – 3 Tage* (1970). Literatur: *Filmkunst* Nr. 93 (Wien 1982), *Avantgardefilm. Österreich. 1950 bis heute* (Hg. Alexander Horwath, Lisl Ponger & Gottfried Schlemmer, Wien 1995)

MAN RAY
1890, Philadelphia – 1976, Paris
→ **P 7, 17** Literatur: *Self Portrait* (von Man Ray, London 1963), *Man Ray, American Artist* (von Neil Baldwin, New York 1988), *Modernism/Modernity* Vol. 8, no. 3 (Baltimore 2001, Aufsatz von Susan McCabe)

RON RICE
1935, New York City – 1964, Mexiko
→ **P 18** Weitere Werke: *The Flower Thief* (1960), *Senseless* (1962), *Queen of Sheba Meets the Atom Man* (1963). Literatur: *Film Culture* no. 39 (New York 1965), *The Naked Lens. An Illustrated History of Beat Cinema* (von Jack Sargeant, London 1997)

HANS RICHTER
1888, Berlin – 1976, Minusio (Schweiz)
→ **P 7, 49** Siehe auch P 2. Weitere Werke: *Dreams that Money can Buy* (1947). Literatur: *Hans Richter* (Hg. Cleve Gray, London 1971), *Der Kampf um den Film* (von Hans Richter, München 1976), *CineGraph – Lexikon zum deutschsprachigen Film* Lieferung 35 (München 2001, Aufsatz von Thomas Tode)

CHARLES A. RIDLEY
In den 1940er Jahren Mitarbeiter des British Ministry of Information
→ **P 30**

LENI RIEFENSTAHL
1902, Berlin – 2003, Pöcking

→ **P 6** Siehe auch P 2. Weitere Werke: *Das blaue Licht* (1932), *Olympia* (1938), *Tiefland* (1940–1954). Literatur: *Hinter den Kulissen des Reichsparteitag-Films* (von Leni Riefenstahl, München 1935), *Leni Riefenstahl – Die Verführung des Talents* (von Rainer Rother, Berlin 2000)

WALTER RUTTMANN
1887, Frankfurt am Main – 1941, Berlin

→ **P 17** Weitere Werke: *Berlin: Die Sinfonie der Großstadt* (1927), *Melodie der Welt* (1929), *Metall des Himmels* (1935), *Deutsche Panzer* (1941). Literatur: *Walter Ruttmann. Eine Dokumentation* (Hg. Jeanpaul Goergen, Berlin 1989), *Walter Ruttmann. Cinema, Pittura, Ars Acustica* (Hg. Leonardo Quaresima, Calliano 1994)

ERNST SCHMIDT JR.
1938, Hadersdorf am Kamp, Niederösterreich – 1988, Wien

→ **P 31** Weitere Werke: *P.R.A.T.E.R.* (1963–66), *Filmreste* (1967), *Ja/Nein* (1968, Expanded Cinema), *Schöpfung* (1968, Expanded Cinema), *Wienfilm 1896–1976* (1977). Literatur: *Eine Subgeschichte des Films. Lexikon des Avantgarde-, Experimental- und Undergroundfilms* (von Hans Scheugl & Ernst Schmidt jr., 2 Bände, Frankfurt/Main 1974), *Ernst Schmidt jr. – Drehen Sie Filme, aber keine Filme!* (Hg. Linda Bilda, Wien 2001)

PAUL SHARITS
1943, Denver – 1993, Buffalo

→ **P 21, 23, 49, 60** Weitere Werke: *S:TREAM:S:S:ECTION:S:ECTION:S:S:ECTIONED* (1968–71), *Tails* (1976), *3rd Degree* (1982). Literatur: *Paul Sharits* (Hg. Alf Bold, Berlin 1988), *Paul Sharits: Les presses du réel* (Hg. Yann Beauvais, Dijon 2008)

ROBERT SIODMAK
1900, Dresden – 1973, Locarno

→ **P 19** Weitere Werke: *Abschied* (1930), *Pièges* (1939), *Phantom Lady* (1944), *The Killers* (1946), *Nachts wenn der Teufel kam* (1957). Literatur: *Siodmak Bros. Berlin – Paris – London – Hollywood* (Hg. Wolfgang Jacobsen & Hans Helmut Prinzler, Berlin 1998), *Robert Siodmak. A Biography* (von Deborah Lazaroff Alpi, Jefferson/London 1998)

HARRY SMITH
1923, Portland, Oregon – 1991, New York City

→ **P 56** Siehe auch P 2. Weitere Werke: *Heaven and Earth Magic* (1943–62), *Mahagonny* (1970–80). Literatur: *American Magus: Harry Smith. A Modern Alchemist* (Hg. Paola Igliori, New York 1996), *Think of the Self Speaking: Harry Smith, Selected Interviews* (Hg. Rani Singh, Seattle 1999)

JACK SMITH
1932, Columbus, Ohio – 1989, New York City

→ **P 6, 18** Siehe auch P 2, 52. Weitere Werke: *Scotch Tape* (1963), *Normal Love* (1963), *No President* (1967). Literatur: *Wait For Me at the Bottom of the Pool. The Writings of Jack Smith* (Hg. J. Hoberman & Edward Leffingwell, New York 1997), *Jack Smith: Flaming creature. His Amazing Life and Times* (Hg. Edward Leffingwell, Carole Kismaric & Marvin Heiferman, London/New York 1997)

MICHAEL SNOW
1929, Toronto

→ **P 13, 24, 27, 28, 30** Siehe auch P 2. Weitere Werke: *New York Eye and Ear Control* (1964), *La Région centrale* (1971), **Corpus Callosum* (2002). Literatur: *The Collected Writings of Michael Snow* (Waterloo, Ontario 1994), *The Michael Snow Project: Presence and Absence. The Films of Michael Snow 1965–1991* (Hg. Jim Shedden, Toronto 1995)

HANS-CHRISTOF STENZEL
1935, Berlin

→ **P 31** Weitere Werke: *Sufferloh – von heiliger Liebe und Trutz* (1977), *Obszön – Der Fall Peter Herzl* (1981)

ROSEMARIE STENZEL
1943, Bonn

→ **P 31** Weitere Werke: *Der Mensch ist ein hässliches Tier – R.W. Fassbinder* (1985), *Wenn in der Liebe und im Krieg alles erlaubt ist, ist auch im Kino alles erlaubt. Ein Filminterview mit Lina Wertmüller* (1986)

PETER TSCHERKASSKY
1958, Wien

→ **P 34** Weitere Werke: *Motion Picture* (1984), *Parallel Space: Inter-View* (1992), *Happy End* (1996), *Instructions For a Light and Sound Machine* (2005). Literatur: *Peter Tscherkassky* (Hg. Alexander Horwath & Michael Loebenstein, Wien 2005), *Kino aus zweiter Hand. Zur Ästhetik materieller Aneignung im Film und in der Medienkunst* (von Christa Blümlinger, Berlin 2009)

EDGAR G. ULMER
1904, Olomouc – 1972 Woodland Hills, Kalifornien

→ **P 19** Weitere Werke: *The Black Cat* (1934), *Strange Illusion* (1945), *Detour* (1945), *Ruthless* (1948), *The Naked Dawn* (1955). Literatur: *Mann im Schatten. Der Filmemacher Edgar G. Ulmer* (von Stefan Grissemann, Wien 2003), *Edgar G. Ulmer. Essays on the King of the B's* (Hg. Bernd Herzogenrath, Jefferson 2009)

KARL VALENTIN
1882, München – 1948, Planegg bei München

→ **P 54** Weitere Werke: *Orchesterprobe* (1933), *Im Schallplattenladen* (1934), *Der Firmling* (1934). Literatur: *Karl Valentin und seine Filme* (von Roland Keller, München 1996), *Karl Valentin. Biografie* (von Monika Dimpfl, München 2007)

DZIGA VERTOV
1896, Białystok – 1954, Moskau

→ **P 3, 9, 14, 15** Weitere Werke: *Kinoglaz* (1924), *Šagaj, Sovet!* (1926), *Šestaja čast' mira* (1926), *Tri pesni o Lenine* (1934/38). Literatur: *Tagebücher/Arbeitshefte* (von Dziga Vertov, Konstanz 2000), *Lines of Resistance. Dziga Vertov and the Twenties* (Hg. Yuri Tsivian, Pordenone 2004), *Dziga Vertov. Die Vertov-Sammlung im Österreichischen Filmmuseum* (Hg. Thomas Tode, Barbara Wurm, ÖFM, Wien 2006)

JEAN VIGO
1905, Paris – 1934, Paris

→ **P 13, 57** Weitere Werke: *À propos de Nice* (1929), *L'Atalante* (1934). Literatur: *Jean Vigo* (von Paulo Emílio Salles Gomes, Berkeley 1971 [1957]), *Jean Vigo – Œuvre de Cinéma: Films, Scénarios, Projets de Films* (Hg. Pierre Lherminier, Paris 1985), *Jean Vigo* (von Luce Vigo, Paris 2002)

ANDY WARHOL
1928, Forest City, Pennsylvania – 1987, New York City

→ **P 18, 21, 36** Siehe auch P 2, 29, 52. Weitere Werke: *Blow Job* (1963), *Screen Tests* (1963–66), *Empire* (1964), *My Hustler* (1965), *Poor Little Rich Girl* (1965). Literatur: *Andy Warhol Film Factory* (Hg. Michael O'Pray, London 1989), *Andy Warhol. Filmmaker* (Hg. Astrid Johanna Ofner, Wien 2005)

GÜNTER ZEHETNER
1965, Wels, Oberösterreich

→ **P 62** Literatur: *The Art of Programming: Film, Programm und Kontext* (von Heike Klippel, Münster 2008, Interview)

Index der Filme

Autoren

PETER KUBELKA
Geboren 1934 in Wien. Filmmacher, Lehrer, Musiker, Kulturhistoriker. Zu seinem filmischen Werk siehe S. 181–184. Gründet 1964 mit Peter Konlechner das Österreichische Filmmuseum. 1970 Mitbegründer der Anthology Film Archives in New York, Konzeption und Realisierung des *Invisible Cinema* ebendort und Mitglied der Auswahljury für das *Essential Cinema*. 1976 Konzeption von *Une histoire du cinéma* für die Sammlung des Centre Pompidou Paris. 1978 Aufbau der Filmabteilung an der Staatlichen Kunsthochschule (Städelschule) in Frankfurt am Main, ab 1980 Umbenennung des Lehrstuhls für Film in »Klasse für Film und Kochen als Kunstgattung«, 1985–88 Rektor der Städelschule. 1980 Großer Österreichischer Staatspreis für das Gesamtwerk. 1989 Verwirklichung des *Unsichtbaren Kinos* im Österreichischen Filmmuseum, Konzeption des Zyklischen Programms *Was ist Film* ebendort. 2005 Österreichisches Ehrenzeichen für Wissenschaft und Kunst. Lebt in Wien und Prinzendorf.

HARRY TOMICEK
Geboren 1945. Studium der Philosophie und Kunstgeschichte. Publikationen u. a. über Ozu Yasujiro, Humphrey Jennings, Robert Gardner, Jean Eustache. Schreibt, filmt, lebt in Wien.

STEFAN GRISSEMANN
Geboren 1964. Leitet das Kulturressort des Wiener Nachrichtenmagazins *profil*. Buchveröffentlichungen zu den Regisseuren Edgar G. Ulmer, Ulrich Seidl, Robert Frank und Michael Haneke. Lebt in Wien.

THOMAS KORSCHIL
Geboren 1968 in Salzburg. Studien am San Francisco Art Institute (Film) und der Universität Wien (Philosophie). Autor, Kurator, Lehrbeauftragter, Filmemacher (u.a. *Sunset Boulevard*, 1991, *Artikel 7 – Unser Recht!*, 2005, gem. mit Eva Simmler, *Wien 15*, 2009). Lebt seit 2009 in Cochabamba, Bolivien.

Abbildungsnachweis

Centre National d'Art Moderne, Paris
(S. 66, 133 links, 150, 155, 165)
Sixpack Film (S. 70, 103)
Viennale (S. 80 oben)
Pat O'Neill (S. 107, 166)
Peter Tscherkassky (S. 110, 111)
Dietmar Brehm (S. 131)
Musée d'Art Moderne, Paris (S. 133 rechts)
Arsenal – Institut für Film und Videokunst,
Berlin (S. 173)
Günter Zehetner (S. 179, 180)

Alle anderen Fotos stammen aus der Fotosammlung des Österreichischen Filmmuseums und sind zum Teil Kadervergrößerungen von Georg Wasner und Florian Wrobel.

Das Fotoporträt von Peter Kubelka auf Seite 6 stammt von Michael Rausch-Schott.

FilmmuseumSynemaPublikationen

Seit einigen Jahren arbeiten das Österreichische Filmmuseum und SYNEMA in vielfältiger Weise zusammen. All diese kooperativen Projekte sind von der Überzeugung getragen, dass die Wahrnehmung von Filmen und das Nachdenken darüber zusammengehören: dass die konkrete Anschauung, die »Lektüre« von Filmen im Kino der unverzichtbare Ausgangspunkt jeder Beschäftigung mit dem Medium ist – und dass umgekehrt eine »reine« Anschauung weder wünschenswert noch möglich ist, da die Artikulationsweisen des Films stets andere, ästhetische und gesellschaftliche Artikulationen nach sich ziehen.

Das Ziel, die Vermittlungsarbeit zu vertiefen und über die Veranstaltungen hinaus präsent zu halten, führte zur Idee einer gemeinsamen Buchreihe, in der die inhaltlichen Positionen, die Forschungsschwerpunkte und die Sammlungsbestände zum Ausdruck kommen sollen: FilmmuseumSynemaPublikationen.

Österreichisches Filmmuseum
Augustinerstraße 1
A-1010 Wien
Tel.: +43/1/533 70 54
www.filmmuseum.at

Synema – Gesellschaft für Film und Medien
Neubaugasse 36/1/1/1
A-1070 Wien
Tel.: +43/1/523 37 97
www.synema.at

FilmmuseumSynemaPublikationen sind zu beziehen im gut sortierten Buchhandel, im Filmmuseum und auf www.filmmuseum.at oder direkt bei office@synema.at

Band 1
CLAIRE DENIS. TROUBLE EVERY DAY
Herausgegeben von Michael Omasta, Isabella Reicher
Wien 2005, 160 Seiten, ISBN 3-901644-15-6
Das erste deutschsprachige Buch über die rätselvollen Kinoarbeiten der französischen Regisseurin *(Nénette et Boni, Beau travail, L'Intrus)*. Mit Beiträgen von Peter Baxter, Martine Beugnet, Christine N. Brinckmann, Ralph Eue, Ekkehard Knörer, Jean-Luc Nancy, Vrääth Öhner, einem ausführlichen Gespräch und einer kommentierten Filmografie. Vorwort von Jim Jarmusch

Band 2
PETER TSCHERKASSKY
Herausgegeben von Alexander Horwath, Michael Loebenstein
Wien 2005, 256 Seiten, ISBN 3-901644-16-4
Das bilderstürmerische Œuvre des Peter Tscherkassky hat entscheidend zum international wieder erwachten Interesse am Avantgardefilm beigetragen. Ein reich illustriertes Werkverzeichnis mit Essays von Alexander Horwath, Drehli Robnik und Peter Tscherkassky sowie umfassender Bio-Bibliografie. Text Englisch/Deutsch. (Vergriffen)

Band 3
JOHN COOK. VIENNESE BY CHOICE, FILMEMACHER VON BERUF
Herausgegeben von Michael Omasta, Olaf Möller
Wien 2006, 252 Seiten, ISBN 3-901644-17-2
John Cook, ein kanadischer Fotograf und Filmemacher im Wien der siebziger Jahre, spürte mit unbändiger Lust am Geschichtenerzählen dem Geschmack des Lebens nach. Eine Wiederentdeckung in Essays, Gesprächen, einer Filmografie sowie durch Cooks hier erstmals veröffentlichter Autobiografie »The Life«. (Vergriffen)

Band 4

DZIGA VERTOV. DIE VERTOV-SAMMLUNG IM ÖSTERREICHISCHEN FILMMUSEUM / THE VERTOV COLLECTION AT THE AUSTRIAN FILM MUSEUM

Herausgegeben von Österreichisches Filmmuseum, Thomas Tode, Barbara Wurm

Wien 2006, 288 Seiten, ISBN 3-901644-19-9

In beispielhafter Weise stellt der Band die umfangreiche Sammlung vor, die das Österreichische Filmmuseum zum Schaffen des russischen Filmemachers und -theoretikers Dziga Vertov angelegt hat: Filme, Fotos, Plakate, Briefe sowie eine Vielzahl bislang unpublizierter Schriften, Entwürfe und Skizzen des Künstlers. Text Englisch/Deutsch

Band 5

JOSEF VON STERNBERG. THE CASE OF LENA SMITH

Herausgegeben von Alexander Horwath, Michael Omasta

Wien 2007, 304 Seiten, ISBN 978-3-901644-22-1

Entlang hunderter Originalfotos und Dokumente, einer Reihe literarischer Blitzlichter sowie Essays internationaler Autoren und Autorinnen rekonstruiert dieser Band Josef von Sternbergs verlorengegangenes Filmdrama über eine junge Frau in der Wiener Klassengesellschaft um 1900. Text Englisch/Deutsch

Band 6

JAMES BENNING

Herausgegeben von Barbara Pichler, Claudia Slanar

Wien 2007, 264 Seiten, ISBN 978-3-901644-23-8

Die weltweit erste umfassende Würdigung einer der faszinierendsten Persönlichkeiten des unabhängigen US-Kinos. Mit Beiträgen von Julie Ault, James Benning, Sadie Benning, Dick Hebdige, Sharon Lockhart, Scott MacDonald, Volker Pantenburg, Michael Pisaro, Nils Plath, Allan Sekula, Amanda Yates. Text Englisch

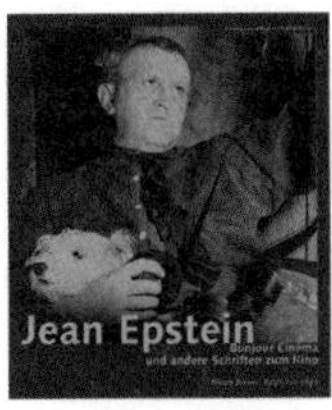

Band 7

JEAN EPSTEIN. BONJOUR CINÉMA UND ANDERE SCHRIFTEN ZUM KINO

Herausgegeben von Nicole Brenez, Ralph Eue, übersetzt aus dem Französischen von Ralph Eue

Wien 2008, 160 Seiten, ISBN 978-3-901644-25-2

Jean Epstein, der große Unbekannte unter den Größten des Films, gehört zur Handvoll jener Autoren, die in ihren Reflexionen über das Kino wie in ihren künstlerischen Arbeiten das moderne Filmdenken miterfunden haben. Der vorliegende Band macht eine Auswahl seiner mitreißenden Schriften erstmals auch in deutscher Sprache zugänglich.

Band 8

LACHENDE KÖRPER. KOMIKERINNEN IM KINO DER 1910ER JAHRE

Claudia Preschl

Wien 2008, 208 Seiten, ISBN 978-3-901644-27-6

Das Buch von Claudia Preschl trägt, mit Blick auf die kurzen Serien- und Lustspielfilme, zur Wiederentdeckung eines frühen, sehr direkten, »anderen« Kinos bei, in dem Komikerinnen eine große Rolle spielten. Der reiche Fundus ihrer grotesk-körperlichen Überschreitungen und anarchischen Rebellion bietet heute Aufschlussreiches zu Geschlechter- wie Handlungskonzepten.

Band 9

FILM CURATORSHIP. ARCHIVES, MUSEUMS, AND THE DIGITAL MARKETPLACE

Herausgegeben von Paolo Cherchi Usai, David Francis, Alexander Horwath, Michael Loebenstein

Wien 2008, 240 Seiten, ISBN 978-3-901644-24-5

Das Buch diskutiert – in Form von Dialogen zwischen Kuratoren und Archivaren dreier Generationen – das Medium Film und seine Vermittlung im Kontext von Museen und Cinémathèquen, Fragen von Kuratorenschaft sowie die Zukunft des filmischen Erbes und sucht eine Form der Auseinandersetzung jenseits des Medienpurismus oder der Zwänge des Marktes. Text Englisch

Band 10

MICHAEL PILZ. AUGE KAMERA HERZ

Herausgegeben von Olaf Möller, Michael Omasta

Wien 2008, 288 Seiten, ISBN 978-3-901644-29-0

Michael Pilz, Regisseur von *Himmel und Erde,* einem der monolithischen Werke des internationalen Dokumentarfilms, genießt nicht einmal annähernd jene Bekanntheit, die er längst verdient: ein Solitär, der sich konsequent seit vier Jahrzehnten jeglicher Kategorisierung verwehrt. Diese erste, in enger Zusammenarbeit mit dem Künstler entstandene Monografie enthält Essays zu seinem Schaffen, ein ausführliches Gespräch, ausgewählte Texte und Dokumente zu seiner Arbeit sowie eine umfassende Filmografie.

Band 11

GUSTAV DEUTSCH

Herausgegeben von Wilbirg Brainin-Donnenberg, Michael Loebenstein

Wien 2009, 252 Seiten, ISBN 978-3-901644-30-6

Mit Meisterwerken wie der mehrteiligen Reihe *Film ist.* oder *Welt Spiegel Kino* ist Gustav Deutsch zu einer Hauptfigur des internationalen Found-Footage-Films avanciert. Diese Monografie zeichnet anhand zahlreicher Materialien, Interviews und Essays sein Schaffen nach. Text Englisch/Deutsch

Band 12

APICHATPONG WEERASETHAKUL

Herausgegeben von James Quandt

Wien 2009, 256 Seiten, ISBN 978-3-901644-31-3

Der Gewinner der Goldenen Palme 2010, Apichatpong Weerasethakul *(Tropical Malady, Syndromes and a Century),* wird weltweit als eine der zentralen Figuren des Gegenwartskinos gefeiert. Dieses erste außerhalb Thailands herausgegebene Buch über ihn betrachtet sein Schaffen aus vielfältiger Perspektive. Mit 245 Farbfotografien verschafft es einen intensiven Eindruck der visuellen Charakteristik seiner Filme und Installationen. Text Englisch

Band 13

ROMUALD KARMAKAR

Herausgegeben von Olaf Möller, Michael Omasta

Wien 2010, 256 Seiten, ISBN 978-3-901644-34-4

Ganz direkt, sehr gegenwärtig: Romuald Karmakars Werk steht im deutschen Kino einzigartig da – und quer zu fast allem, was andere so denken, machen, filmen. Das vorliegende Buch stellt sein bisheriges Schaffen zum ersten Mal in seiner Gesamtheit dar. Ein großer Essay und Gespräche, eine kommentierte Filmografie und ausgewählte Texte des Künstlers, darunter Treatments und Drehbuchentwürfe zu nicht realisierten Filmen, geben Einblick in sein filmisches Denken.